Le libéralisme économique
au milieu des tempêtes :
les nombreux reproches de ses détracteurs

5-7, rue de l'École-Polytechnique, 75005 Paris

www.harmattan.fr

ISBN : 978-2-343-20451-2
EAN : 9782343204512

Jean-Pierre ESTIVAL

Le libéralisme économique au milieu des tempêtes : les nombreux reproches de ses détracteurs

Les leçons de la pandémie du coronavirus, une esquisse du monde d'après

L'Harmattan

L'AUTEUR JEAN-PIERRE ESTIVAL

Docteur d'État ès sciences économique (Paris I).

Diplômé IEP ; ESCAE ; Université de Cambridge, Université de Sienne ; Institut Cervantès ; Goethe Institut.

Ex-Chargé de Mission à la Commission des Comptes commerciaux de la Nation.

Ex-Chargé de conférence à l'Université de Cergy-Pontoise.

Ex-Responsable de la dissémination des acquis communautaires dans les pays PECO au nom de la Commission européenne.

Ex-chef de projets économiques pour des Organisations internationales et États européens. Ancien chef de projets de transports dans de nombreux pays arabo-musulmans.

Ancien chef de projet pour la BERD dans l'ex-Yougoslavie.

Ex-consultant pour l'Europe de la société Booz Allen &Hamilton à Londres, ex-consultant de Systra.

Président général européen non exécutif de l'ONGI AEC au Conseil de l'Europe.

Ancien chef du projet sur les relations « Europe/ pays arabes » au sein de la Commission des ONG du Conseil de l'Europe.

Auteur de nombreux ouvrages et essais.

DU MÊME AUTEUR
CHEZ LE MÊME ÉDITEUR

Le marché mondial des ressources. La guerre fait rage, 2009.

Les nouveaux affrontements économiques entre les nations, 2011.

Le duel économique franco-allemand, 2011.

L'Europe face au printemps arabe, 2012.

La tragédie syrienne. Révolte populaire ou complot international ?, 2013.

Le naufrage de l'Islam politique à l'épreuve du pouvoir, 2013.

Le monde arabo-musulman en pleine tourmente, 2014.

Les ONG au secours des Révolutions arabes, 2014.

L'Occident peut-il vaincre définitivement Daech ?, 2016.

Le Moyen-Orient en feu face à un Occident impuissant, 2016.

La Malédiction des Comptes extérieurs de la France, 2018 (Prix d'Honneur du 32e Prix Turgot).

À Michel

Pour que sa nombreuse famille connaisse prospérité et bonheur.

À Jordi Marquet

Ancien Président de la Chambre de Commerce de la Principauté d'Andorre qui n'a ménagé aucun effort pour projeter son pays dans la modernité du XXIe siècle en sachant s'opposer avec véhémence à toutes les tentatives visant à faire de l'Andorre une place forte internationale du non-droit sur le plan financier.

À Badr Al-Thahab

Un de mes meilleurs étudiants universitaires, pour tout ce qu'il a fait pour son pays natal, le Yémen, déchiré par une guerre injuste et inhumaine, politologue de talent qui fait partie des héros de l'ombre dont les médias ne parlent jamais, mais qui émergera un jour dans la géostratégie de ce Moyen-Orient qu'il a parcouru tant de fois.

« *On ne changera pas le monde sans changer nos modes de pensée.* »

(Einstein)

« *On ne subit pas l'avenir, on le fait.* »

(Georges Bernanos)

« *On est entré dans un monde qu'on ne comprend plus.* »

(Tariq Kim, pionnier du Web, fondateur de *Dissident*
lors de son intervention au *Futurapolis*, Toulouse novembre 2019)

SOMMAIRE

PRÉFACE

Ce livre avait été rédigé juste avant que n'éclate dans le monde la grave crise du coronavirus. Avec l'accord de mon éditeur, il a fallu très vite le compléter avant sa parution, car cette grave pandémie mondiale a contribué à mettre en exergue des lacunes du système libéral actuel et donc du capitalisme transnational, en ce qui concerne notamment sa stratégie de mondialisation maximale, stratégie dépourvue de vision de long terme. Aucun de ces bilans sommaires justifiant de tels transferts à l'époque n'a tenu compte des risques encourus par les populations suite à ces délocalisations en cas de dysfonctionnements graves. En matière pharmaceutique, médicale, mais aussi alimentaire, ces risques étaient pourtant appréhendables depuis des décennies en cas de pandémie. Nous en payons aujourd'hui le lourd tribut, notamment en dizaines de milliers de vies perdues.

Suite à la dramatique pandémie du coronavirus et ses 350 000 morts, la mondialisation heureuse n'est plus, si tant est qu'elle n'ait jamais existé. Elle est devenue tragique faisant en grande partie voler en éclats la théorie du grand économiste classique que fut David Ricardo relative aux avantages des échanges comparatifs, théorie conçue dans une société idéalisée constituée d'un tout petit nombre de pays vivant tous en bonne intelligence, ce qui n'a rien de commun avec le monde tumultueux et incertain dans lequel nous vivons. Dans ce monde réel, c'est avant tout la sécurité des nations qui est l'objectif majeur qui s'impose aujourd'hui, non seulement sécurité militaire, mais aussi industrielle, alimentaire, agricole et sanitaire. À cette sécurité optimale s'ajoute son corollaire, à savoir la recherche de l'indépendance dans tous les domaines stratégiques susvisés. Une trop forte dépendance d'un pays dans des domaines stratégiques fondamentaux l'expose à une perte de liberté comme le grand économiste français du siècle passé, François Perroux, l'avait si bien décrit : cette dépendance, souvent forcée et rarement choisie, transforme les pays en « nations apparentes » sans véritable autonomie, des nations qui n'ont pas d'avenir. Elle conduit aussi à ces « voies de la servitude » si bien analysées par Friedrich Hayek. La dépendance d'un pays dans des domaines stratégiques est devenue aujourd'hui mortelle. Nous venons de l'apprendre à nouveau à nos dépens après avoir attribué à la Chine, et accessoirement à l'Inde, la fabrication de presque tous nos médicaments et des équipements médicaux vitaux nécessaires à la survie de nos populations. Nous en payons le prix avec l'irruption de cette pandémie contre laquelle nous nous sommes retrouvés sans aucune arme valable pour lutter, si ce n'est celle du confinement qui a concerné plus de trois milliards d'individus dans le monde. Ces morts, dont le bilan s'élève, à mi-mai 2020, à 250 000 dans le monde, bilan qui pourrait croitre dans quelques mois selon de sombres prédictions, ne vont pas cesser de nous interroger. Pourquoi ? De telles décisions de transferts de pans entiers de notre appareil industriel prises à partir de simples paramètres microéconomiques sans bilan socio-économique pour la collectivité qui est pourtant au centre de la problématique sont certainement inadmissibles. On objectera que chaque entreprise était alors libre de sa stratégie. Mais la liberté économique dont jouit une entreprise ne peut exclure la prise en compte de risques vitaux majeurs, ces risques ne se situant plus au niveau de l'entreprise, mais à celui d'un pays, ou plutôt d'un ensemble de pays et donc de leurs populations.

La tragédie de telles délocalisations n'affecte pas seulement la sphère sanitaire, mais aussi la sphère alimentaire et la sphère industrielle. Ces délocalisations posent le problème non pas du commerce international dont l'utilité dans l'Histoire n'a jamais été niée, mais celui d'une mondialisation outrancière qui à son tour se nourrit de la misère humaine -comme l'attestent les1200 morts de l'effondrement du Rana Plaza au Bengladesh en 2013- et génère aussi des dommages multiformes à l'environnement avec des émissions excessives de gaz à effet de serre. Tout ceci pose le problème des externalités et de leur prise en compte par les décideurs.

La pandémie du coronavirus ouvre une nouvelle brèche au sein du capitalisme mondialisé et suscite de nouvelles oppositions. Déjà, les tenants de la pensée marxiste, ceux de la pensée keynésienne et ceux des préconisations des divers courants de l'écologie moderne étaient vent debout face à un libéralisme triomphant qui ne voulait pas se remettre en cause. Ils commençaient à se fédérer. La pandémie du coronavirus, en créant de nouveaux opposants au nom de la souveraineté sanitaire des nations, de leur indépendance stratégique et de la survie des populations concernées, va renforcer cette opposition déjà virulente. Le nombre des opposants au libéralisme va donc s'accroitre de façon importante. Ce dernier va se retrouver dans une situation d'encerclement comme jamais cela ne s'est produit dans l'Histoire des siècles passés. On peut parler à cet égard de véritables tempêtes qui vont déferler et qui auront pour but de torpiller à la fois ses principes, ses valeurs et son message. Ces tempêtes vont se manifester de façon véhémente, voire violente, car, cette fois-ci, il faudra tenir compte de tous les décès bien réels de la pandémie actuelle. Il ne s'agira pas d'hypothétiques victimes de possibles révolutions futures comme Karl Marx en rêvait ou de victimes potentielles d'une transition énergétique prochaine qui aurait mal tourné, il s'agira de dizaines de milliers de morts bien réels. Ce sont ces deniers qui seront invoqués non seulement pour pourfendre la doctrine libérale, mais aussi pour exiger l'émergence d'un monde nouveau radicalement différent de l'Ancien Monde. L'impréparation de l'Occident face à cette pandémie et sa fulgurante insouciance pendant des décennies ayant conduit à l'absence totale de moyens pour combattre cette malédiction vont enrichir l'argumentaire de ces nouveaux antilibéraux, car, pour eux, c'est le libéralisme qui est responsable. Tous ces opposants lisent dans cette tragédie la défaite d'un « hypercapitalisme » qu'ils veulent voir réformer de fond en comble, avec une revalorisation des statuts des « petites mains », la nécessité de respecter la biodiversité, d'œuvrer pour une humanité décarbonée et un monde moins frugal tout en rapatriant sur le sol national les activités stratégiques.

En s'attaquant au modèle libéral, c'est en fait au néolibéralisme que ces adversaires vont s'attaquer, un néolibéralisme qui régnait en maitre absolu depuis la chute du mur de Berlin et l'effondrement de l'Union soviétique, un néolibéralisme qui ne tolérait ni opposition ni contestation tant il était sûr de son bon droit, un néolibéralisme qui ambitionnait de devenir l'égal des États, voire de les détrôner, pour mieux soumettre le monde de demain à leurs intérêts. Cette hubris d'un capitalisme ultralibéral triomphant a caractérisé le monde des trente dernières années. Mais la pandémie a été l'évènement mondial qui portera un coup fatal au néolibéralisme. Les leçons de cette dernière crise seront nombreuses et les peuples se souviendront longtemps du prix fort qu'ils auront dû payer à cause de ces délocalisations dans des domaines stratégiques comme celui de la santé, délocalisations pour lesquelles ils n'avaient jamais été consultés. Ils se souviendront pendant longtemps que quand la grave pandémie s'est approchée d'eux, il n'y avait pas de masques, car fabriqués ailleurs, pas de respirateurs, car confectionnés aussi ailleurs, plus d'oxygène produit aussi hors de France et plus de gants venant de Chine. Ils se souviendront que face à cet « ennemi invisible », ils n'ont eu comme seules armes que leur courage et leur indéniable volonté, devenant pour beaucoup des « saints et des héros » bergsoniens. La mondialisation heureuse magnifiée par tant de libéraux est derrière nous et, parmi ces nouveaux paradigmes, il y en a un qui va transcender la vie des nations, celui de la nécessaire souveraineté des peuples dans certains domaines vitaux. Les modèles économiques devront intégrer ce nouveau paramètre. Ces exigences nouvelles s'imposeront aux lois du marché qui dans certains secteurs ne seront plus l'alpha et l'oméga des décisions économiques. Il en sera de même du nécessaire détricotage de certaines chaines de valeur trop complexes qui ne correspondent plus aux nouveaux critères de sécurité et d'indépendance nationales.

La pensée libérale devra se régénérer aussi et ne pourra plus rejeter le rôle fondamental de l'État prescripteur dans l'émergence du Nouveau Monde, responsable des stratégies visant la défense de sa population, pas plus que sa responsabilité incontournable dans le management des crises économico-sociales majeures. La pandémie nous a aussi montré la vulnérabilité fulgurante du capitalisme mondialisé. L'immense récession attendue suite à cette catastrophe conduira à reconsidérer de nombreux paradigmes libéraux qui avaient résisté jusqu'ici aux vicissitudes de l'Histoire. Les pays se consacreront d'abord à leurs problèmes intérieurs avant d'aborder les projets à l'échelle mondiale. L'ensemble du système des relations internationales devrait être sérieusement révisé sous un nouvel angle. De nombreux changements structurels attendent l'économie mondiale dans les années à venir. L'ensemble du système des relations internationales devrait être sérieusement révisé.

Les temps sont désormais peu cléments pour le libéralisme partout dans le monde et pas seulement en France. C'était déjà le cas avant la crise sanitaire actuelle. En tant qu'ancien universitaire, ancien ingénieur de projets et aussi président non exécutif d'une grande ONG européenne, j'ai de nombreux contacts dans la plupart des pays européens et je peux confirmer que jamais dans le passé je n'avais entendu autant de critiques acerbes formulées à l'encontre du libéralisme économique, ce qui n'augure rien de bon pour l'avenir, sauf si on assiste à une métamorphose du capitalisme. Même en Allemagne, leader économique incontesté et incontestable de l'Europe, les critiques sont devenues fréquentes, ce qui explique la perte d'audience des deux partis conservateurs CDU/ CSU. Mais comment en est-on arrivé là ? Certes, les déclarations concernant les rémunérations extravagantes de certains grands dirigeants d'entreprises y sont pour quelque chose face à l'extension du précariat et au naufrage de la classe moyenne de nos sociétés alors que l'avenir est devenu de plus en plus insondable, voire sombre. Certes, « la question sociale », comme on l'appelait au XIXe siècle, a disparu pendant des décennies de l'agenda des gouvernements dans la plupart des pays du monde. Certes, les travaux de John Rawls consignés dans son œuvre culte, « *Théorie de la justice* », ont été oubliés au point que l'on peut parler depuis les élections de Margaret Thatcher (1979) et de Ronald Reagan (1980) de « *l'effacement du social dans le monde* ». Certes, les délocalisations accélérées de grandes entreprises ayant entrainé dans certains pays la disparition de pans entiers du secteur industriel, et donc l'émergence d'un chômage de masse, ont joué un rôle de déstabilisation. La France a bien connu cette situation. Il est vrai que pendant des décennies l'évolution de l'économie a été guidée par les forces aveugles du marché devenues l'alpha et l'oméga de toute politique économique ; pour certains, elles étaient même les « *forces impersonnelles du marché.* » L'existence d'entreprises mondialisées échappant au contrôle de tout pays et menaçant même nos libertés individuelles, pourtant ciment de toute démocratie, explique aussi ce sentiment de malaise souvent partagé à l'égard du libéralisme. L'explosion des inégalités un peu partout dans le monde a été un des puissants déclencheurs de cette inquiétude, même si en France les inégalités n'ont pas fortement progressé depuis 1984 d'après les dernières analyses de l'INSEE.

La logique comptable, clé de voute du libéralisme, est maintenant contestée. Le bonheur de l'homme peut-il découler seulement d'une logique comptable imposée au niveau national ou européen ? Mais le libéralisme est-il seul coupable de telles évolutions ? Peut-être pas entièrement, car les responsables politiques ont aussi une part de responsabilité. Le libéralisme selon les époques, les pays et les circonstances a présenté plusieurs facettes que cet ouvrage retrace, sans oublier le tournant à 180 degrés que viennent d'entreprendre les conservateurs anglais. Le seul dénominateur commun à ces différentes politiques libérales est celui de la recherche et de la défense de la liberté de créer, d'entreprendre et de se sentir responsable.

Par ailleurs, en tant qu'économiste et ingénieur ayant eu la responsabilité de manager de nombreux projets d'infrastructure dans le monde pour le compte de grands organismes internationaux, il me parait injuste de rendre le libéralisme responsable de tous les maux de nos sociétés. Celui-ci a été souvent porteur de progrès, lequel, en termes économiques, signifie croissance, augmentation de revenu moyen, création d'emplois et de valeur, ascension sociale, éducation pour tous, ouverture prometteuse sur un secteur tertiaire inaccessible jusque-là. Combien de murs d'ignorance et de pauvreté endémique ce libéralisme a pu abattre pour offrir des perspectives plus radieuses aux populations dans nombre de pays émergents ? Mes expériences de pilotage de grands projets, à la fois en tant qu'économiste et ingénieur, au Maghreb, au Moyen-Orient, en Afrique et dans nombre d'ex-républiques de la défunte Union soviétique m'ont conforté dans l'idée que le libéralisme avait un rôle libérateur en termes d'éducation, d'ouverture d'esprit, de vision d'avenir, ce que, nous, économistes, appelons les structures mentales indispensables à toute stratégie de développement. En abattant des murs séculaires de contraintes, d'ignorance, voire d'obscurantisme dans ces pays émergents, le libéralisme a été l'élément déclencheur de progrès quantitatifs et qualitatifs.

Je ne connais pas de système alternatif crédible qui puisse se substituer au libéralisme et je n'en ai trouvé nulle part dans le monde. J'ai eu la chance, dans les années 1980, en tant qu'expert, d'avoir été immergé à quatre longues reprises dans l'univers hallucinant de l'empire soviétique alors sur le déclin. J'ai compris combien un système absolu d'égalité imposé par la force entre citoyens constituait un facteur d'inertie, d'absence totale de croissance, de corruption endémique et donc de collapse précoce. Pourquoi faire tant d'efforts quand tout est planifié, quand tout est octroyé sur la base de critères non économiques ? L'Union soviétique est morte de cela et rien que de cela. Je l'ai vu agoniser pendant de longs mois à Kiev en 1990 alors que l'Ancien Monde et ses structures s'écroulaient chaque jour un peu plus, mais à l'opposé, surgissant de l'ombre, naissaient spontanément des micro-initiatives répondant à de vrais besoins bien identifiés que personne n'aurait alors osé dénoncer, tant les besoins non couverts étaient alors prégnants. J'ai vu alors renaitre le vrai libéralisme à visage humain, celui reposant sur la liberté et la responsabilité individuelles. J'ai alors compris que le libéralisme était consubstantiel à l'homme, à sa nature propre. C'est pourquoi si je suis d'accord avec certaines propositions d'économistes visant à introduire dans nos sociétés une meilleure dose d'égalité, pas seulement de revenus, mais surtout de chances, je ne peux m'empêcher de prétendre qu'un tel dosage doit être bien calibré et optimisé pour éviter de tomber dans les ornières de la société égalitariste de type soviétique. Il existe une zone optimale d'égalisation des chances qui est à rechercher dans toute société et en ce sens toute approche de cet optimum est susceptible d'accélérer la croissance, mais au-delà de cette zone ce sont des effets contraires qui se manifestent. La connaissance de cette zone optimale est capitale. Si le combat pour une meilleure égalité n'est pas correctement borné, il peut se transformer implicitement en un combat contre la liberté de création, d'innovation, de choix d'activité. Ce nouveau combat, si aucune ligne rouge n'est posée, pourrait facilement faire basculer nos démocraties vers des régimes que nous pensions abolis, non seulement ceux que Friedrich Hayek avait vilipendés de son temps, mais tout simplement vers ceux plus récents qui se sont écroulés en 1990. La liberté d'entreprendre doit être certes canalisée si elle se révèle contraire au bien public, ce qui est le cas aujourd'hui avec les tentaculaires *Gafa* ou avec les délocalisations d'entreprises dont la production est nécessaire à la survie d'une population. Il est certain que face aux crises sanitaire, écologique et sociale, le capitalisme doit évoluer. Joseph Schumpeter l'avait affirmé quand il prétendait « qu'entreprendre consiste à changer l'ordre existant. » Son nouveau dessein sera d'avoir une finalité plus inclusive et sociétale, la maximisation des profits ne pouvant plus être son seul fil conducteur. Il doit repenser de fond en comble la mondialisation dont les effets pervers ont été mis en relief par la terrible pandémie du coronavirus et par les dommages déjà causés à l'environnement.

Il convient toutefois de faire une distinction capitale, rarement faite de la part des contempteurs du libéralisme, entre les excès légitimement critiquables de ce que j'appelle dans ce livre le néolibéralisme de type mondialiste, ultralibéralisme représenté par certaines entreprises géantes capables de déjouer les législations nationales et les règlements internationaux et les vertus du libéralisme historique, respectueux des libertés et des règles nationales et internationales, celui de millions de petites et moyennes entreprises qui en sont le vrai visage de par le monde. Ce sont ces dernières qui constituent le socle essentiel du tissu économique de tous les pays occidentaux. Elles génèrent l'essentiel de la valeur ajoutée de ces pays. Sans elles, la vie économique serait impossible. Il ne faut pas oublier que, selon Eurostat, 93 % des entreprises de l'Union européenne comptent moins de 10 salariés. Force est de constater que ce sont toutes ces petites et moyennes entreprises qui non seulement font fonctionner l'économie, mais aussi innervent par leur implantation l'ensemble des territoires dont elles assurent la cohésion. En tant qu'économiste, je pense indispensable de ne pas mélanger ces deux catégories d'entreprises. Or, nombre de critiques contre le libéralisme ne concernent pourtant que la sphère des grandes entreprises mondialisées ; il faut, pour être juste, ne pas pourfendre les petites et moyennes entreprises, mais au contraire les défendre. Les principales critiques proférées contre le libéralisme ne les concernent pratiquement pas.

« *Capitalisme est un mot de combat* » affirmait souvent François Perroux, ancien professeur au Collège de France, un des plus grands économistes français du siècle passé que j'ai eu la chance d'apprécier. Le libéralisme économique qui a enfanté le capitalisme contemporain a dû combattre pour conquérir le monde. Sa seule arme a été la liberté, valeur suprême du capitalisme. Son message survivra malgré les critiques acerbes, parfois justifiées. C'est en tenant compte de ces critiques qu'il pourra se transformer et regagner l'empathie perdue. La tâche est lourde, mais pas impossible. François Perroux avait raison : le libéralisme continuera à combattre, mais ce combat devra se livrer au nom du bien commun, comme l'a préconisé le prix Nobel, Jean Tirole. C'est l'objet de l'ouvrage.

INTRODUCTION

Un libéralisme économique critiqué qui doit être redéfini dans un sens plus inclusif pour survivre

Beaucoup de têtes de liste lors des dernières élections européennes en France ont récusé le qualificatif de libéral, comme s'il s'agissait d'une relique barbare qui porte malheur. Ce signe est révélateur et il est l'aboutissement d'une décennie de campagnes véhémentes qui ont cherché à attribuer les dysfonctionnements du monde à ce corpus doctrinal qui depuis des siècles a inspiré et structuré les politiques économiques. Alors que ces critiques s'adressaient avant tout aux grandes entreprises mondialisées, les adversaires antilibéraux feignent d'ignorer que ce sont avant tout des millions de petites et moyennes entreprises qui constituent de par le monde les fondements du système capitaliste contemporain et, en conséquence, on ne peut leur reprocher les excès des grands groupes. En effet, les critiques n'ont jamais voulu faire une distinction pourtant nécessaire entre libéralisme et ultralibéralisme, préférant bien au contraire l'amalgame qui permet de rejeter en bloc un système économique reposant sur l'exercice de la liberté et de la responsabilité individuelle. On ne peut cependant nier que le libéralisme, pendant des siècles et à quelques rares exceptions, a présidé au gouvernement des nations. Toutefois, depuis la crise des *subprime*s, il est devenu la cible de critiques féroces et permanentes. Ce corpus doctrinal est jugé par ses contempteurs complètement inadapté à la gouvernance de nos sociétés contemporaines complexes, de plus en plus instables, souvent inégalitaires et en proie à un triple cataclysme climatique, sanitaire et sociétal. Certains se complaisent à annoncer sa mort prochaine sans préciser, il est vrai, par quel système le remplacer.

On reproche à la société libérale d'être une société sans idéal. On l'accuse notamment d'avoir détruit la société des petits producteurs au profit d'une société de salariat, voire aujourd'hui de précariat, aux droits limités. C'est oublier que la grande armée d'artisans et de TPE/PME constitue toujours le socle fondamental de l'économie de tous les pays démocratiques, permettant à des millions d'hommes de développer leurs talents, leurs capacités, leur sens de responsabilité et leurs qualités personnelles. Ce sont eux qui sont les acteurs du vrai libéralisme et l'incarnation du projet libéral, lequel a su résister aux épreuves de l'Histoire. Le corpus doctrinal marxiste qui le contestait en permanence pendant une grande partie du siècle passé et qui rêvait de l'éradiquer s'est effondré avec l'Union soviétique. Mais la pensée marxiste n'est pas morte pour autant et c'est en Occident qu'elle se maintient et continue le combat des idées, un combat acerbe et agressif.

Cependant, à compter de la grande crise de 1929, un autre corpus doctrinal est venu contester la suprématie des théories libérales, à savoir la théorie keynésienne, niant l'existence de l'équilibre économique, corpus de concepts et d'idées qui a fondé la macroéconomie moderne. Postulant que les équilibres des théoriciens libéraux n'étaient que des équilibres de sous-emploi, Keynes a conçu un modèle fondé sur l'objectif du retour au plein emploi dont la démonstration a été développée dans sa « *Théorie générale* ». Cette théorie a bouleversé l'ensemble des principes et outils utilisés par les économistes libéraux. Ces derniers, appelés néoclassiques, n'ont pas tardé à répliquer démontrant à leur tour que la théorie keynésienne ne pouvait pas s'appliquer à nombre de situations spécifiques dans le monde et que, de plus, il n'était nullement démontré qu'une relance financée par l'endettement engendrait automatiquement une croissance pérenne. Depuis près d'un siècle, les deux théories se sont opposées. Jusqu'en 1970, la théorie keynésienne a semblé l'emporter, mais depuis les années 1970, les théories libérales classiques et néoclassiques ont regagné un certain avantage sans que pour autant la guerre des idées soit vraiment terminée. Les crises traversées par le système capitaliste démontrent qu'une relance keynésienne peut s'avérer justifiée à condition de bien paramétrer le niveau de la demande supplémentaire injectée dans l'économie et de choisir les secteurs impactés. Mais il faut garder à l'esprit que nombre de ces tentatives n'ont pas été couronnées de succès et toutes ont par ailleurs creusé l'endettement des États. Cependant, il faut aussi remarquer qu'en cas de crise grave c'est désormais vers Keynes, et vers lui seul, que l'on va chercher les solutions. C'était le cas en 2008 et à nouveau en 2020. C'est sa doctrine qui est alors plébiscitée. Pour certains, Keynes est considéré comme le sauveur du système capitaliste, empêchant son effondrement complet au grand désespoir des adeptes du marxisme et de certains adeptes d'une écologie de l'extrême.

Alors que le débat entre ces deux écoles de pensée concurrentes se poursuit, les théories libérales dites classiques privilégiant la microéconomie, les théories keynésiennes privilégiant au contraire la macroéconomie, un autre défi de taille s'est manifesté. Il s'agit du défi lancé par les adeptes d'un nouveau corpus doctrinal encore non finalisé afférant cette fois à l'écologie. Son objectif concerne la défense de la Terre, la prise en compte des échéances climatiques et la définition du contenu de la phase de transition qui s'impose. D'ores et déjà, prédominent dans cette nouvelle idéologie deux idées phares qui risquent de bousculer les principes bien établis des théories libérales. La première thèse est celle de la décroissance déjà envisagée par Malthus, systématisée en 1970 par le Club de Rome, mise ensuite en sommeil et qui apparait à nouveau dans le cadre des revendications actuelles. Greta Thunberg a popularisé cette vision du monde, lors du dernier sommet de l'ONU pour le climat en ridiculisant ce « *conte de fées de la croissance* éternelle » et en prenant fait et cause pour la décroissance. Tous les écologistes ne soutiennent pas ces positions extrêmes, mais nombre d'entre eux aspirent à un développement maitrisé, fort différent du modèle capitaliste actuel. La seconde idée phare est celle exprimée par Nicholas Stern, professeur à la *London School of Economics*, qui propose un découplage entre croissance économique et émissions de gaz à effet de serre (GES), tendance déjà amorcée, mais qui doit être accélérée. Même si ces deux idées sont loin d'être équivalentes, puisque l'une aboutit à la décroissance tandis que l'autre aboutit au contraire à une croissance sélective, il n'en reste pas moins qu'elles bousculent toutes deux les principes du libéralisme économique, restreignant désormais la liberté de choix de l'entrepreneur aussi bien au niveau de la production qu' à celui des moyens de production à mettre en œuvre ; elles modifient aussi l'essence même de la pensée des théoriciens classiques pour qui la recherche de la maximisation du profit de l'entrepreneur constituait l'alpha et l'oméga de sa mission.

L'émergence de cette nouvelle théorie encore bouillonnante relative à l'évolution de notre planète, et donc aux choix impératifs à opérer, a été l'occasion de proférer de violentes critiques contre certains excès du libéralisme. Alors que les théoriciens keynésiens ont attaqué les fondements théoriques de la théorie libérale, les écologistes ont fustigé les objectifs du système capitaliste ainsi que ses retombées matérielles. Sans attendre une adaptation théorique des principes du corpus doctrinal libéral, les entrepreneurs ont cependant réagi avec vigueur et ont proposé une modification de l'objet traditionnel de l'entreprise en y incluant désormais des objectifs sociétaux et écologiques et en suggérant de devenir un partenaire actif et responsable de la vie de la Cité. Ainsi, le capitalisme est en train de se métamorphoser. Plus qu'une inflexion, il faut parler d'une évolution radicale du corpus doctrinal. La maximisation du profit qui était au cœur de la doctrine libérale comme l'a affirmé Milton Friedman va s'effacer au profit d'objectifs sociétaux et inclusifs impliquant, entre autres, la promotion de l'individu, la défense de l'environnement et la diminution maximale des gaz à effet de serre (GES). Les objectifs, et donc les stratégies de l'entreprise, ne seront plus les mêmes. Mais pendant longtemps encore, le temps nécessaire aux inéluctables adaptations, les libéraux devront affronter les critiques véhémentes de nombre d'écologistes pour qui la situation déplorable de notre planète est à imputer au capitalisme. Cependant, la révolution verte exigera une telle mobilisation de moyens financiers qu'elle aboutira inéluctablement à un choix : ou bien faire financer ces investissements colossaux par le déficit budgétaire et l'endettement étatique, ou bien mobiliser les ressources des entreprises, ou bien encore proposer un « mix » de ces deux stratégies. C'est une nouvelle bataille idéologique qui s'ouvre devant nous, et dans tous les cas, un vrai challenge pour les entreprises qui veulent être à l'avenir de vraies parties prenantes (« *stake holder* »).

La tragédie mondiale du coronavirus est venue aussi bousculer le mythe aujourd'hui dépassé de la mondialisation heureuse prônée par les libéraux en soulevant deux questions fondamentales, celle d'une relocalisation indispensable de certains sites de production de produits stratégiques à implanter désormais près des populations à protéger, mais aussi celle de la redéfinition de nombreuses chaines de valeur de plus en plus complexes et de moins en moins résilientes en matière de sécurité. Une généralisation totale de ces revendications prendra du temps, mais elle s'avère inéluctable, car elle correspond désormais à une exigence de la société civile que les entreprises ne pourront pas éluder. Cette revendication ne s'identifie pas à celle des écologistes, différente sur le fond. Les écologistes sont des adeptes de la démondialisation pour tous les secteurs d'activité tandis que les nouveaux tenants de la souveraineté sanitaire ne revendiquent que le rapatriement des activités stratégiques et, au premier chef, celles qui concernent la santé. Cependant, pour ces dernières activités, écologistes et tenants de la souveraineté sanitaire vont exercer ensemble sur le capitalisme une pression considérable à laquelle ce dernier ne pourra pas aisément résister. C'est un changement radical de structure qui est exigé, un choc énorme au sein du système de production actuel, ce qui exigera temps et ressources financières.et qui ne se réalisera pas sans heurt.

L'entreprise capitaliste devra se métamorphoser. Ainsi, demain, les avancées sociétales de l'entreprise seront aussi importantes que ses performances financières. Le libéralisme devra intégrer définitivement cette nouvelle exigence et en faire un nouveau paradigme. Dans son ouvrage « *La Réforme sociale* », Frédéric Le Play (1808-1842), avait déjà essayé d'introduire cette dimension sociétale dans la pensée libérale, mais sans véritable succès. Le temps presse désormais, d'autant qu'on observe dans nos sociétés occidentales une multiplication de facteurs de désocialisation, une atomisation des individus, une dégradation de la confiance mutuelle, l'apparition de frustrations catégorielles, sans parler du défi sanitaire qui a causé tant de morts. On est loin de la « *mondialisation heureuse* » dont parlait Alain Minc. Il va falloir pour cela réconcilier le court terme du monde entrepreneurial et le long terme du progrès social.

Dans cette optique, cet ouvrage se présente d'abord comme une compilation objective des critiques théoriques formulées successivement par les défenseurs des théories marxistes, keynésiennes, ceux des différentes tendances écologiques et enfin ceux de la souveraineté sanitaire. Leur point commun est qu'ils rendent le libéralisme responsable des dysfonctionnements, des dommages et des victimes qu'ils dénoncent dans chacun de leur domaine. Leur point commun est donc qu'ils s'opposent au libéralisme sans limites qui a caractérisé ces trente dernières années. Il n'y a pas de cloison étanche entre tous ces adversaires du capitalisme contemporain. Comme on le verra, certains écologistes sont d'anciens marxistes et parmi les tenants de la souveraineté sanitaire nationale on retrouve aussi des militants et des penseurs marxistes ou écologistes. Leur but est simple : constituer un front commun.

Pour la compréhension succincte des phénomènes économiques, une synthèse volontairement superficielle a été rédigée au début de l'ouvrage pour comprendre les enjeux de la science économique contemporaine, son unité, mais aussi sa diversité et ses zones de conflictualité.

Puis l'ouvrage abordera le cœur du sujet, celui de la lutte acharnée entre les tenants du libéralisme et ses contempteurs. Un chapitre distinct est consacré à la pensée de chacun de ces quatre protagonistes, adversaires du libéralisme. Leur doctrine est exposée à partir de nombre de leurs écrits et d'interviews. Chacune des quatre catégories de griefs ainsi exposées fait l'objet d'une réplique de la part des tenants du libéralisme, toujours sur la base d'écrits et d'interviews, un peu à l'image d'un procès au Tribunal où la parole est donnée successivement à chacune des parties. Cet ouvrage comprendra donc quatre chapitres accusatoires et quatre chapitres de répliques de la part des libéraux. C'est le seul moyen d'avoir en définitive une vision équilibrée et éclairée des défauts, mais aussi des bienfaits du libéralisme économique à l'épreuve du temps, loin de la vulgate, très fréquente en France, d'ouvrages entièrement à charge ou entièrement à décharge, accusant le libéralisme de tous les maux ou, au contraire, en faisant un panégyrique peu nuancé. C'est ainsi que j'ai toujours pratiqué quand j'enseignais l'histoire de la pensée économique à l'Université en France et à l'étranger et tous mes étudiants m'en ont été toujours reconnaissants. J'espère qu'il en sera de même de mes lecteurs.

L'ouvrage abordera ensuite la réalité des politiques effectivement mises en place dans les pays occidentaux, lesquelles, comme on le verra, font appel successivement, selon les situations et les époques, à des politiques d'inspiration libérales et à des politiques de relance d'inspiration keynésienne, de sorte que l'on ne peut pas franchement parler de la domination d'une approche sur l'autre.

Enfin, un chapitre très critique est consacré aux exubérances de l'ultralibéralisme, celles des hyper entreprises mondialisées, lesquelles déjouent les règlementations internationales et nationales et n'hésitent pas à enfreindre la sphère privée des citoyens.

La conclusion met l'accent sur l'indispensable distinction à faire entre le comportement condamnable des grands groupes mondialisés et celui exemplaire de millions de petites et moyennes entreprises (TPE-PME) qui constituent de par le monde le socle fondamental du capitalisme contemporain et pour lesquelles les critiques adressées globalement au libéralisme économique sont totalement inappropriées. Cette conclusion mettra aussi l'accent sur la nécessaire transformation du capitalisme contemporain, les réformes structurelles qu'il doit accomplir ainsi que les nouveaux objectifs qu'il devra assumer s'il veut traverser cette tempête évoquée dans le titre de cet ouvrage et continuer à survivre. Cette tempête est en effet violente.

CHAPITRE I

Une science économique complexe et écartelée entre de nombreux courants contradictoires

« Les économistes qui ont promis la prospérité pour tous ont échoué. »
(Benyamin Appelbaum, économiste et éditorialiste au New York Times)

« Le manque de culture économique est très couteux pour notre nation. »
(Jean Tirole, Prix Nobel d'économie en 2014)

L'économie est une discipline jeune. En faisant abstraction des mentions du juste prix, de la monnaie ou de l'usure qu'on rencontre dans la Bible, chez Aristote ou saint Thomas d'Aquin, on peut considérer que les premiers écrits économiques datent du XVIe siècle, avec l'avènement des mercantilistes.

La question centrale des théories économiques est la question de la dynamique du changement. Quel est le moteur de l'économie, qu'est-ce ce qui la fait bouger, qu'est-ce qui la fait évoluer ? Il n'y a pas pourtant une réponse unique à cette question et comme on va le voir des théories opposées prétendent expliquer cette dynamique à leur façon : c'est ce qu'on appelle un corpus doctrinal.

Dans les faits, la science économique est difficile à définir. Cela tient, sans doute, à ce qu'elle est beaucoup plus jeune que les autres sciences au sein de l'ensemble des sciences sociales, mais cela tient aussi à l'extrême division des écoles de pensée qui la composent. La science économique est loin d'être une science exacte, tant les confrontations entre économistes sont notoires et tant leurs prévisions font l'objet de contestations et de révisions.

Elle a par ailleurs éclaté en une multitude de spécialisations, certaines traditionnelles d'autres iconoclastes, constituant un puzzle que nul n'est plus capable de recomposer. Dans presque toutes ces spécialités, on retrouve les conflits académiques déjà explicités entre classiques -ou néoclassiques-, keynésiens -ou néokeynésiens-, et aussi marxistes ou néomarxistes.

La plus profonde scission a été celle qui s'est produite entre la macroéconomie et la microéconomie, mais chaque branche d'analyse s'est ensuite démultipliée en une myriade de sous spécialisations : économie monétaire, modélisation, économie financière, sciences de la gestion, économie publique, économie du développement, économie internationale. La liste en est longue. Cette science de la richesse « monétarisée », qui se définit aussi comme la science des choix onéreux, mène d'ailleurs aux frontières d'autres disciplines. Elle déborde de tout côté et doit faire face à deux tentations.

La première tentation a été d'imiter trop directement les sciences dures avec pour objectif des modèles généralisables et des lois universelles. Le rêve de l'économiste a été de mettre l'économie en équations, tendance introduite par les marginalistes et systématisée par Gérard Debreu (1966) dans sa « *Théorie de la Valeur* » (lequel a élaboré le théorème de l'existence d'un équilibre général par rapport à un système de prix au sein d'une économie de propriété privée) et surtout par Maurice Allais (2010) dans son « *Traité d'économie pure* ». Ceci explique que le premier prix Nobel d'économie ait été attribué à Ragnar Frisch et Jan Tinbergen, deux économètres. Plus tard, d'autres spécialistes de ce secteur comme Trygve Haavelmo, Tjalling Koopmans, et Lawrence Klein l'ont également reçu, ainsi, bien sûr, que Maurice Allais.

La seconde tentation est de limiter le spectre de la recherche aux seules variables économiques en ignorant les disciplines voisines pourtant indispensables. Or, cette position n'est pas soutenable, comme l'a rappelé Gary Becker, prix Nobel 1992, dont le rêve a été d'unifier la logique du vivant et du social, en étendant le raisonnement microéconomique à tous les domaines de la vie. Si la microéconomie nous donne des outils pour faire nos choix de consommation, d'emploi, de placement, pourquoi ne pourrait-on pas les utiliser pour toute sorte de choix ? Dans son *Traité sur la famille*, Gary Becker a présenté la famille comme une institution économique dans laquelle, selon lui, mari et femme essayent de maximiser par le mariage leur utilité et leur satisfaction.

Ces tentations sont toujours omniprésentes au sein des sciences économiques, d'où un écartèlement permanent des économistes entre ces deux visions. Il faut ajouter à tout cela que, comme d'autres intellectuels, l'économiste vit le plus souvent coupé du monde dans une sorte de tour d'ivoire avec peu d'expérience de la gestion d'entreprise et de pratique sur le terrain. Tout ceci explique que la science économique soit traversée par des théories divergentes sur presque tous les sujets, ce qui peut expliquer la défiance de certains.

C'est ainsi que se sont développées trois conceptions déterministes de l'économie, à savoir dans l'ordre chronologique, la théorie libérale et néolibérale, la théorie marxiste et néo marxiste, la théorie keynésienne et néo keynésienne. La théorie libérale a été jusqu'en 1929 la seule théorie économique enseignée. Mais la crise gigantesque de 1929 qui n'avait pas été prévue a donné naissance à une théorie opposée, celle exposée dans l'œuvre monumentale de John Maynard Keynes en 1936 et qui fut une véritable révolution, à savoir : « *Théorie générale de l'emploi, de l'intérêt et de la monnaie* ». Cette théorie a tenté d'expliquer l'économie de sous-emploi qui caractérisait selon lui le capitalisme à l'époque de la grande dépression et Keynes a formulé des stratégies d'action nouvelles pour s'en échapper. Cette nouvelle théorie a éclipsé pendant près de trente ans les théories dites classiques. Jusqu'aux années 1970, l'économie a donc été dominée par les idées keynésiennes auréolées par l'analyse magistrale de la crise de 1929 et l'expérience des *Trente Glorieuses* dont on a attribué trop facilement la réussite aux disciples de Keynes, notamment en ce qui concerne le recours systématisé à l'endettement. Cependant, la crise des années 1970 a marqué le déclin de la pensée keynésienne, les stratégies de relance financées par le déficit budgétaire ayant eu un succès mitigé malgré leurs couts astronomiques pour les finances publiques. Depuis 1990, le corpus doctrinal du monde libéral a connu à nouveau des années de succès, d'une part en raison de la chute du mur de Berlin qui a symbolisé la fin de l'idéologie marxiste appliquée à l'économie, et d'autre part parce que les théories keynésiennes se sont souvent avérées inadaptées. Margaret Thatcher et Donald Reagan ont tourné la page du keynésianisme et redonné vie au libéralisme, à sa doctrine et à ses stratégies, mais en poussant à l'extrême certains de ses principes, de sorte que l'on a parlé d'ultralibéralisme ou de néolibéralisme. Ce fut l'époque où l'économiste américain Robert E Lucas a pu déclarer que « *dans les séminaires de recherche, la théorisation keynésienne n'était plus prise au sérieux.* »

Ceci étant, pendant près de cinquante ans, le libéralisme a dû affronter deux types d'intervention de l'État dans le domaine économique : d'une part les interventions qui trouvèrent leur justification dans la théorie marxiste qui a triomphé avec l'économie planifiée collectiviste de type soviétique dans la moitié du monde jusqu'en 1990, et d'autre part les interventions de type keynésien dans les pays occidentaux sous forme de plans de relance financés par le déficit et l'endettement. Ces deux types d'intervention de l'État ont bousculé la doxa libérale. L'étatisation de type soviétique s'est effondrée avec le communisme, car elle reposait sur des critères irrationnels qui ont miné l'économie. L'interventionnisme de type keynésien au sein des pays occidentaux a donné naissance à de nombreuses politiques de relance dispendieuses en termes financiers dont beaucoup ont été des échecs. Mais les relances colossales de 2008 et de 2020 face à un effondrement mondial de l'économie ont été des succès.

Le combat des idées restera toujours vivace entre économistes. Depuis la fin du communisme en 1990, deux théories économiques ont continué à s'affronter, à savoir : les théories libérales et néolibérales d'une part, et les théories keynésiennes et néokeynésiennes de l'autre, la théorie marxiste n'ayant plus de champ d'application, sauf en Chine, laquelle tout en se proclamant marxiste repose en fait sur un capitalisme mixte dominé par la toute-puissance de l'État. L'affrontement entre les tenants des théories libérales et keynésiennes en a été plus que brutal, l'antagonisme reposant surtout sur les effets respectifs de la demande et de l'offre. Pour les keynésiens, c'est la demande qui commande la production alors que pour les libéraux c'est au contraire l'offre qui détermine cette production. De ces conflits doctrinaux sont nées deux politiques économiques antagonistes, l'une mettant l'accent sur le primat de l'augmentation de la demande des agents économiques, l'autre mettant au contraire l'accent sur le primat de l'augmentation de l'offre de la part des entreprises.

Ces conflits doctrinaux impliquent par ailleurs des choix de société. Les libéraux pensent que ce sont les conditions de l'offre qu'il faut améliorer en laissant l'entreprise libre de ses choix et de ses moyens d'action. Ils croient aux vertus de la liberté d'entreprise génératrice d'innovation et aux mécanismes autorégulateurs du marché. Ils pensent que les interventions des pouvoirs publics inhérentes à une économie administrée modifient sensiblement la réalité des couts et des prix rendant toute optimisation impossible. Ils estiment qu'une économie performante repose sur une intervention étatique minimale. Ils sont avant tout en faveur des grands équilibres, à commencer par celui de l'équilibre des comptes. Pour ces raisons, les libéraux sont souvent appelés « *austériens* » par leurs opposants, car ils mettent l'accent sur une limitation volontariste des dépenses publiques dont l'efficacité marginale est pour eux moins grande que celle de dépenses privées. La politique de l'offre mise en place en France depuis plusieurs années et qui avait permis un recul du chômage à 8,1 % à la fin de 2019 a constitué une performance jamais vue depuis 2008. Elle donne du crédit à la politique de l'offre. Ceci s'explique par le fait que les gains de productivité ne sont dorénavant plus suffisants et que la poursuite de la croissance ne peut se faire qu'avec de nouvelles embauches.

À l'opposé se retrouvent les keynésiens, partisans permanents de l'accroissement de la dépense publique en vue de relancer la croissance et donc de retrouver une situation de plein emploi. En partie, et en partie seulement, les présidents Donald Reagan et Donald Trump ont usé de cette stratégie pour relancer croissance et plein emploi et ils ont sur ces points atteint leur objectif, en creusant cependant toujours plus le déficit budgétaire qui nourrit à son tour l'endettement.

Ces thèses bien que contradictoires avaient cependant un fondement commun, chacune faisant appel à une certaine rationalité des comportements humains.

Cependant, d'autres économistes dits « comportementalistes », se référant à la théorie des jeux, ont prétendu qu'il existait de nombreuses irrationalités dans le comportement des agents économiques et ont rejeté aussi bien les théories classiques que keynésiennes s'efforçant d'élaborer en conséquence d'autres théories économiques. C'est dire que le spectre des théories économiques n'a jamais été aussi grand et aussi complexe.

Allant beaucoup plus loin, certains théoriciens contemporains prétendent qu'il est même possible de concevoir une économie sans marché, à savoir une économie dans laquelle les prix, en particulier le « signal prix », n'auraient plus d'utilité. Déjà, l'économie planifiée de type soviétique avait élaboré un système économique dans lequel les prix étaient décidés au niveau central et déconnectés de la réalité du terrain. Ils étaient fixés par le pouvoir central en fonction de considérations politiques étrangères à la réalité économique des couts réels. De tels concepts d'économie sans marché, et donc sans référence à un cout authentique, peuvent nous étonner. Or, aujourd'hui, des économistes ont théorisé une économie dite « *ubérisée* » prétendant que dans un « *open space* » les transactions peuvent se passer de marché. Prenant exemple sur les procédés du « *dispatch* » des commandes et offres de véhicules « *ubérisés* », ils prétendent que l'offre et la demande de courses sont synthétisées dans des modèles sophistiqués qui prévoient avec une grande certitude l'état de la circulation minute par minute et en conséquence le nombre de clients subséquents par minute. Il s'ensuit que la prévision de l'offre et de la demande de courses est maitrisée avec une exactitude telle que tout « signal prix » devient inutile : il est alors possible d'assigner des courses à l'avance avec la quasi-certitude de ne pas se tromper. L'intelligence artificielle (IA), sur la base d'algorithmes et d'une analyse combinatoire calcule alors la valeur d'une course, mais sans afficher le prix par anticipation. En pareil cas, on peut faire l'impasse sur le signal prix et donc sur les fondements mêmes de la notion de marché conçu à la base comme un espace d'échange d'informations. Mais un tel système peut-il s'adapter à tous les secteurs d'activité ? Bien sûr que non. Une économie complètement « ubérisée » sans recours aux principes de l'économie de marché et aux préférences individuelles serait une économie qui déboucherait sur une sorte de totalitarisme économique où la liberté de l'individu n'aurait plus libre cours. On se souvient de la célèbre phrase d'Edward Deming « *In God we trust, everyone else bring data* » (« nous croyons en Dieu, mais que toute autre personne apporte des données »). Cette phrase plan*e* comme une épée de Damoclès sur l'avenir de l'humanité prête à être aspirée par les algorithmes de demain.

Bien au contraire, les théoriciens classiques libéraux ont fait du marché le cœur même de leur théorie. Déjà, pour Friedrich Hayek, chef de file de l'économie autrichienne, le marché était synonyme d'échange d'informations au bénéfice des citoyens. Pour lui, comme pour beaucoup d'économistes classiques, le marché était donc un catalyseur d'informations véhiculées par des individus divers qui nécessairement avaient des objectifs dissemblables. Le marché boursier est un exemple de cette situation. En ce sens, tout changement de prix sur le marché permet de véhiculer une information pour satisfaire au mieux les besoins de chacun. C'est avant tout un domaine où se coordonnent et s'échangent de façon non contraignante les informations qui permettront l'apparition d'un prix d'équilibre. Hayek croyait en cette vertu de « *catallaxie* » c'est-à-dire d'échange.

Le combat des idées économiques n'est cependant pas terminé, il s'est ravivé même si la pensée libérale est à nouveau dominante. Il suffit de rappeler les critiques acerbes formulées par les économistes non libéraux à l'égard du libéralisme. Nul économiste n'y échappe, pas même Jean Tirole, prix Nobel d'économie 2014 et auteur de l'ouvrage : « *L'Économie du bien commun* ». En effet, il existe aujourd'hui un certain nombre d'économistes hétérodoxes qui nient les fondements des théories classiques inhérentes au libéralisme économique, économistes que Pierre Cahuc, professeur au Collège de France, a durement critiqués dans son ouvrage coécrit avec André Zylberberg : « *Négationnisme économique et comment s'en débarrasser ?* » Les économistes négationnistes « hétérodoxes » sont nombreux. C'est d'ailleurs parce qu'ils étaient déjà dénommés « hétérodoxes » après la Seconde Guerre mondiale que certains grands économistes comme Joan Robinson, Nicholas Kaldor, Albert Hirschman, ou même Tony Arkinson -pionnier de l'étude des inégalités au sein de nos sociétés- ont été décriés et privés de prix Nobel. En France, au sein du groupe d'économistes qui mettent en doute les principes fondamentaux de l'économie classique, on trouve le cénacle des « *économistes atterrés* » coordonnés par Henri Sterdyniak et Benjamin Coriat auxquels s'est joint Eric Berr. Ils se sont regroupés au sein d'une association créée le 22 février 2011 qui comprend des chercheurs, des universitaires et des experts en économie. L'objet de l'association consiste à animer la réflexion collective opposée à « *l'orthodoxie néolibérale.* » Bien que certains membres de l'association se revendiquent antilibéraux et anticapitalistes ou altermondialistes, le mouvement a trouvé un écho au-delà de l'extrême gauche. Philippe Askenazy, Thomas Coutrot et Henri Sterdyniak ont ainsi publié en 2010 une tribune dans le journal *Le Monde*, dans lequel ils ont procédé à une présentation critique de dix postulats inspirant selon eux les décisions des pouvoirs publics partout en Europe, et en contrepartie, ils ont soumis vingt-deux contre-propositions. Cinq ans après leur première publication, ces économistes ont rédigé un autre manifeste : « *Nouveau manifeste des économistes atterrés* » (Éditions « *Les liens qui libèrent* ») dans lequel ils accusent la pensée libérale d'utiliser des modèles mathématiques reposant sur « *des hypothèses irréalistes* » faisant le jeu de « *l'intégrisme économique néolibéral* ». Allant plus loin, ils accusent ce corpus doctrinal de « *participer au délitement d'une partie de la population* ». Pour eux, le schéma néolibéral est simple : la politique néolibérale qualifiée « *d'ordo libéralisme* » conduit au chômage de masse et à la stagnation sans pour autant réduire la dette publique, affirmations démenties pourtant par la réussite de la croissance allemande des vingt dernières années. Pour eux, il faut augmenter sans hésiter les dépenses publiques, les salaires et les prélèvements fiscaux sur les plus aisés ; ils n'hésitent pas à faire l'éloge de la dette publique avec laquelle ils pensent pouvoir réindustrialiser la France et retrouver le plein emploi. Ils ont par ailleurs une aversion à l'encontre du productivisme et récemment ils ont décidé d'intégrer dans leur corpus la défense de l'écologie. Selon leur schéma de pensée, la recherche de la productivité doit s'effacer devant l'impératif de l'écologie. Ils se sont même éloignés des principes libéraux de l'Union européenne, qui, selon eux, ont jusqu'ici permis à des pays membres comme le Luxembourg, ou d'autres pays liés à l'Union comme la Suisse, de profiter pleinement du commerce avec leurs voisins en « *siphonnant* » leurs revenus fiscaux, jeu maléfique et dangereux. Enfin, ils accusent les théoriciens libéraux d'avoir défendu en 2008 la thèse de l'efficience des marchés financiers en prônant la dérèglementation. Pour eux, cette science économique néolibérale doit être condamnée. Pourtant, David Thesmar et Austin Landier avaient publié en 2007 dans le journal « *Les Échos* », peu avant la crise des *subprimes*, un article remarquable dont le titre était : « *Le négationnisme n'aura pas lieu* ». Mais il a bien eu lieu et survit encore fort bien, en France notamment.

Pour être complet il faudrait aussi citer la théorie de l'économie sociale et solidaire ou *ESS* qui a longtemps été une utopie au sens d'une pensée nouvelle qui « *n'a pas de lieu d'existence* ». Cette utopie s'est pourtant concrétisée au siècle dernier en termes économiques et politiques dans la foulée des théories développées par Michel Foucault qui a créé le concept « d'hétérotopie » au sens d'une idée qui a un lieu pour exister et qui n'est plus une utopie. Seulement, selon lui, cette économie a été marginalisée par la société comme tous les sites que la société repousse de son centre pour des motifs inavouables. C'est une autre façon d'entreprendre, c'est une économie qui obéit à d'autres règles.

On peut comprendre combien la science économique est écartelée et combien il est difficile d'en déduire une vérité incontestée.

Les événements des dernières années ont bousculé aussi dans chaque camp des certitudes que chacun croyait acquises. La confusion des esprits est grande, car les événements ne se produisent plus comme le prévoyaient les diverses théories qui semblaient inattaquables. Les phénomènes semblent échapper aux fondements doctrinaux des deux grandes théories.

- Les taux d'intérêt sont devenus négatifs témoignant d'une irrationalité totale des comportements économiques, pouvant éradiquer à terme la notion d'épargne. Leurs effets sur le long terme s'avèrent incalculables, car aucune expérience historique n'existe réellement dans ce domaine. Peut-être est-ce une aventure collective d'apprentis sorciers.
- L'inflation a pratiquement disparu alors que la situation proche du plein emploi aux États-Unis (fin 2019) et en Allemagne (fin 2019) aurait dû au moins raviver l'inflation salariale comme le prévoyaient les grands économistes que furent John Meynard Keynes et Alban William Philips. Il n'en est rien. Pis, les quantités de monnaie injectées par la BCE dans le cadre de sa politique accommodante auraient dû, elles aussi, raviver l'inflation par simple application de la théorie quantitative de la monnaie. Il n'en est rien et les théories d'Irving Fischer et de Milton Friedman ont perdu de ce fait de leur crédibilité.
- Le chômage a diminué en France en 2019 alors que la croissance diminuait, paradoxe plus qu'inquiétant. Peut-on croire aux

explications embarrassées de quelques économistes qui décrétèrent que nous avions désormais devant nous un nouveau type de croissance « riche en emplois » sans jamais démontrer le fondement et le contenu de cette assertion ? Ne serait-ce pas plutôt l'extension de l'uberisation des sociétés occidentales qui en serait la cause première malgré la baisse de la croissance ? Mais l'uberisation de la société est un tabou dont on n'ose pas trop parler. Ce n'est peut-être pas la seule cause et il faut aussi évoquer l'absence ou l'anémie de la productivité qui oblige désormais toutes les entreprises à embaucher systématiquement pour faire face à l'accroissement de l'activité, contrairement au passé où souvent la productivité était suffisante pour ne pas recourir systématiquement à l'embauche. Mais dans cette hypothèse peut-on se flatter de la diminution de chômage si l'absence de productivité est le facteur déclencheur ? Faut-il se féliciter d'une baisse de productivité ce qui est aux antipodes de la pensée libérale ? La productivité est dans les faits ralentie, voire nulle, alors que se développent des innovations importantes dans le secteur numérique qui ne semblent avoir aucun effet productif. Si les innovations que nous vivons ne génèrent pas de productivité ne peut-on pas douter des bienfaits de ces innovations ?

- L'innovation n'est plus continue, à l'exception peut-être des domaines de l'informatique et de l'Intelligence artificielle (IA). Dans ces domaines, selon la théorie de Schumpeter, il devrait se produire un choc de croissance qui devrait se propager à l'ensemble des secteurs. Mais il n'en est rien, la croissance reste atone malgré les innovations réalisées. Pis, malgré de nombreux investissements, la productivité ne progresse plus dans les pays occidentaux ce qui est un nouveau paradoxe difficilement explicable et que l'économiste américain, Solow, a bien identifié. Or, sans productivité, la croissance est condamnée à stagner.
- La croissance n'est plus cyclique et varie désormais peu. Le cycle de croissance long semble se caler sur le taux potentiel de croissance de sorte que le cycle devient de plus en plus aplati comme si la croissance était devenue constante pour longtemps. Cependant, des chocs non attendus peuvent apparaitre mettant l'économie mondiale à l'arrêt comme en mars 2020.
- Certaines idées reçues partagées par tous, comme l'utilité des subventions sur de nombreux produits alimentaires dans les pays émergents, ont été remises en cause par les récents titulaires du prix Nobel 2019, à savoir, Esther Duflo et Abhijit Banerjee.

Aucune des théories existantes n'a pu répondre jusqu'ici à ces anomalies, ce qui porte un rude coup à leur crédibilité.

Par ailleurs, dans cette bataille sans fin entre libéraux et keynésiens, des travaux récents ont mis l'accent sur l'analyse des inégalités dans le monde, sur leurs origines et sur leurs conséquences. C'est d'ailleurs grâce à ces analyses et publications que la théorie keynésienne est en train de prendre une certaine revanche. Les théoriciens libéraux y sont critiqués pour avoir occulté ce phénomène qui est amplifié par la diminution des dépenses publiques qui touche en principe les plus pauvres. Ces néokeynésiens allèguent aussi que la zone euro qui avait fait ce choix dès 2011 a échoué à promouvoir une croissance durable. C'est ainsi qu'est revenue au premier plan la thématique de la relance keynésienne - prônée notamment par Olivier Blanchard, ancien chef économiste du FMI- et, de ce fait, le recours à l'arme budgétaire pour relancer la croissance. Ce recours est d'autant plus facile que les taux d'intérêt sont anormalement bas et que, selon les néokeynésiens, cette situation devrait perdurer longtemps. Une telle situation leur a servi d'occasion pour tirer à boulets rouges sur la politique des grands équilibres malgré les succès engrangés par des pays « vertueux » comme l'Allemagne, les Pays-Bas et certains pays nordiques. C'est dans ce contexte que les positions de Thomas Piketty sur les inégalités ont obtenu un succès planétaire, l'auteur indiquant que les inégalités font inévitablement baisser la croissance. Au même moment, un autre économiste de renom, Arthur Okun, rendu célèbre par la loi qui porte son nom, a défendu au contraire l'idée qu'il y avait antagonisme ente égalité et efficacité et donc entre égalité et croissance. Mais deux autres économistes, Gabriel Zucman et Emmanuel Saez, dans leur récent ouvrage « *Triomphe de l'injustice* » (publié en février 2020) ont démontré que les grandes fortunes arrivaient à esquiver l'impôt et, qu'en conséquence, « *la classe ouvrière américaine payait désormais plus d'impôts que les plus riches* ».

Les analyses et contradictions s'accumulent jetant une grande confusion dans les esprits d'autant que pour certains économistes l'économie est devenue un instrument politique, ce que Karl Marx aurait fortement apprécié. L'affrontement des idées durera et perdurera.

C'est pour cela que certains économistes essayent aujourd'hui de se départir de l'idéologie pour faire de l'économie une simple science d'observation et d'expérimentation, ce qui est rendu possible par l'existence de bases de données énormes ou « *big data* » ouvrant le champ aux traitements économétriques, aux modèles, aux analyses statistiques et aux calculs de corrélation. C'est cette nouvelle science économique qui a toutes les chances de prédominer à l'avenir et d'aider à la prévision ainsi qu'à la compréhension du monde. Dans ce contexte il ne faut pas s'étonner que Keynes ait pu comparer un économiste à « *un dentiste susceptible de soulager le patient* » tandis que la dernière lauréate du Prix Nobel d'économie, Esther Duflo, le compare plutôt à « *un plombier appelé à réparer un ensemble défaillant* ».

Et comme si c'était trop peu, viennent s'ajouter désormais les contestations et préconisations d'ordre écologique. Ce nouveau corpus doctrinal encore en gestation a pour ambition d'ébranler la doctrine libérale accusée de nombre de maux environnementaux. Ce corpus vise à établir une croissance de type nouveau plus frugale en rejets de gaz à effet de serre (GES), ce qui remet en cause nombre de paradigmes de l'économie libérale, notamment la problématique de la croissance des échanges internationaux. Jusqu'ici, ces derniers étaient considérés comme un stimulant à la croissance mondiale. Mais, Nicolas Hulot n'a -t-il pas affirmé que « le *libre-échange est à l'origine de tous les problèmes écologiques ?* » Le « *localisme* » est devenu un thème à la mode remettant en cause le fonctionnement de l'économie mondiale. Démondialiser l'économie devient pour les écologistes une nécessité, thème repris de façon plus vigoureuse depuis la pandémie mondiale du coronavirus qui a mis en exergue la dépendance irrationnelle de l'Occident à l'égard de la Chine et le rôle excessif de cette dernière dans la chaine de valeur mondiale.

Le corpus doctrinal libéral se retrouve donc critiqué à la fois par la pensée marxiste et néomarxiste qui est loin d'être morte, par la pensée keynésienne et néo keynésienne qui a repris depuis les crises de 2008 et de 2020 une autorité certaine, par le nouveau corpus doctrinal de l'écologie non encore finalisé et enfin par celui des tenants de la souveraineté sanitaire et de la relocalisation des activités stratégiques. Le combat idéologique n'a jamais été aussi vivace entre ces conceptions du monde économique. Dans cette nouvelle bataille idéologique certains paradigmes libéraux devront de ce fait être réadaptés, voire réinventés, notamment celui du rôle de l'entreprise dans l'économie de demain, rôle qui ne peut plus être limité à la recherche du seul profit, mais qui devra contribuer au bien commun, grâce à une politique ouverte sur le monde visant l'amélioration des conditions des travailleurs et la défense de l'environnement. Cet ouvrage traite de ce nécessaire tournant idéologique. Pour mieux cerner les enjeux, l'analyse thématique portera sur les critiques de chaque courant de pensée à l'égard du corpus d'idées libérales et sur les réponses que les théoriciens libéraux ont émises jusqu'ici face à ces critiques souvent acerbes.

CHAPITRE II

Les fondements théoriques du libéralisme économique et la consistance de son message

> « Le libéralisme économique considère la concurrence comme supérieure non seulement parce qu'elle est dans la plupart des circonstances la méthode la plus efficace qu'on connaisse, mais plus encore parce qu'elle est la seule méthode qui permette d'ajuster nos activités les unes aux autres sans intervention arbitraire ou coercitive de l'autorité. »
>
> Friedrich August von Hayek (« La Route de la servitude »)

> « Enrichissez-vous par le travail et par l'épargne »
>
> (François Guizot)

La pensée libérale a structuré la vie économique de l'Occident pendant des siècles. Après une longue évolution, on peut désormais synthétiser la pensée libérale en matière économique en sept principes fondamentaux, dont certains doivent être réadaptés et reformulés pour tenir compte des nouvelles exigences sociétales. Jusqu'ici ces principes étaient libellés comme suit :

– Le marché est le régulateur absolu, dans tous les domaines : prix, emploi, échanges internationaux. Il est capable de s'autoréguler, et si on le laisse agir librement il doit être capable de régler tout dysfonctionnement. Les néolibéraux parlent « de forces du marché. »
– L'inflation est le mal absolu. Véritable cancer de l'économie il doit être combattu sans cesse dans ses causes profondes : déficits budgétaires, couts excessifs, monopoles publics, interventionnisme d'État.
– L'individu est rationnel et responsable de ses actes, il faut qu'il puisse agir librement sans aucune entrave et en dehors de tout assistanat couteux et inutile.
– L'action de l'État doit être limitée dans le domaine économique et s'il est obligé d'agir, en cas de crise par exemple, son intervention doit être limitée et temporaire. L'action permanente de l'État doit être confinée au domaine régalien.
– Le chômage ne peut être que de courte durée, car les forces régulatrices du marché sont capables de le résorber en faisant varier

notamment le cout du travail. Les politiques de l'emploi sont génératrices d'inflation.
- L'équilibre économique est atteint naturellement par le simple mouvement des forces du marché, que ce soit le marché des biens et des services ou celui du travail.
- Les fluctuations sont le résultat du fonctionnement normal de l'économie. Il n'est pas utile que l'État intervienne, car, de toute manière, les forces de marché rétabliront les équilibres fondamentaux.

Certes, Vladimir Poutine, à la recherche d'une notoriété dans le camp anti-occidental et usant de ce fait de slogans populistes, a cru bon devoir pronostiquer la fin du libéralisme afin de pouvoir occulter le mode de gestion autoritaire de son pays. Il a pu ainsi affirmer au « *Financial Times* », lors du G 20 à Osaka (début juillet 2019), que *« l'idée libérale est devenue obsolète. »* Il n'en est pourtant rien, car le pire adversaire du libéralisme a été sans conteste depuis 1990 -année de l'effondrement du communisme soviétique- le libéralisme lui-même, qui a permis l'émergence d'un ultralibéralisme incarné par les grandes entreprises mondialisées dont les *Gafa* (ou *Gafam* si on y inclut Microsoft) constituent l'exemple le plus ostensible et le plus dangereux. Le libéralisme historique est respectueux des libertés individuelles tandis que l'ultralibéralisme s'est en grande partie édifié en ignorant ce socle de valeurs fondamentales. Les entreprises mondialisées ont été assez fortes pour contourner les règles internationales s'autorisant ainsi à s'approprier les données personnelles de ses clients, à en faire commerce, à en tirer profit tout en éliminant, en plus, toute velléité de vraie concurrence. C'est donc la liberté d'entreprendre des plus faibles qui a été souvent malmenée, voire éradiquée, par les décisions impitoyables des plus forts exerçant une position dominante dans le monde. Ce néolibéralisme que certains dénomment « ultralibéralisme » a peu de points communs avec la doctrine libérale d'origine, et leur éthique respective diverge en matière de respect des libertés fondamentales et des lois. Cet ouvrage mettra notamment en exergue les différences éthiques qui séparent les entreprises respectant ces libertés fondamentales -de loin les plus nombreuses dans le monde- des entreprises mondialisées qui usent de leur puissance inégalée pour annihiler ces libertés et mieux vassaliser leur clientèle.

Mais le vrai libéralisme économique ne peut se concevoir non plus sans le libéralisme politique basé sur la liberté de penser et d'entreprendre qui constitue la clé de voute de notre société. Dans une telle société, l'État de droit de Locke et la paix « perpétuelle » chère à Kant structurent la vie en commun. Pour Friedrich Hayek, la liberté politique suit toujours le développement du capitalisme. Ce dernier en est pour ainsi dire le soutien et donc le garant.

Cependant, il est bon de dissiper d'ores et déjà un malentendu, car libéralisme politique et libéralisme économique sont souvent confondus. Cela a été souvent le cas dans les siècles passés, mais depuis plusieurs décennies les deux doctrines ont pu provisoirement se séparer. Des États de droit pourtant libéraux par essence ont souvent opté pour des stratégies d'inspiration keynésienne, à dominante interventionniste. Cela est souvent le cas avec les Partis travaillistes quand ils accèdent au pouvoir dans le monde et tout particulièrement en Grande- Bretagne, de sorte que la superposition des deux concepts n'est pas toujours évidente. Cela a été encore plus ostensible avec les politiques de relance massive de l'économie orchestrées par Donald Reagan et aujourd'hui par Donald Trump, à telle enseigne qu'on a souvent accusé les Républicains américains d'être de fidèles adeptes de Keynes, n'hésitant pas à user, voire à abuser, du déficit budgétaire pour relancer la croissance, même si dans ces cas la réduction des impôts en a été un des éléments fondamentaux. Les Républicains américains ont-ils été des antilibéraux sur le plan économique ? Peut-être. Pourtant, ces présidents ont été parallèlement de vrais défenseurs de la liberté d'entreprendre.

Le concept de libéralisme économique pose aujourd'hui un véritable problème à certains libéraux du monde politique, notamment aux libéraux de la droite française comme l'a démontré récemment l'approbation du Traité *Ceta* (*Comprehensive Economic and Trade Agreement)* par l'Assemblée nationale française, puisque 98 députés du parti des Républicains ont voté contre l'approbation de ce traité sur 104 députés que compte ce groupe parlementaire pourtant libéral. La droite française a en effet « changé de fusil d'épaule » depuis une trentaine d'années, car en tant que parti politique soumis au verdict du peuple ce parti s'est aperçu que la « *mondialisation heureuse »* qui avait fait mouche en 1990 ne correspondait plus à la réalité vécue et aux aspirations des citoyens actuels. Entretemps, la désindustrialisation massive de la France et l'appauvrissement des classes moyennes occidentales qualifiées aujourd'hui de « *perdantes du mondialisme* » ne peuvent plus être ignorés. On observe donc une césure grave entre le triomphe idéologique du libéralisme politique, sublimé par la chute du mur de Berlin en 1990 et l'impossibilité de transformer cet essai en triomphe pérenne du libéralisme économique.

En effet, le libéralisme économique, dès 1990, a favorisé une mondialisation excessive, niant même le cadre institutionnel dans lequel le libéralisme politique s'était développé pendant des siècles, à savoir le cadre politique de la nation. Certes, les grands entrepreneurs américains sont en train de revenir sur ce principe en introduisant à nouveau la nation au centre de leurs préoccupations comme on le verra dans cet ouvrage. D'ailleurs, chaque État de droit national, jusqu'en 1990, ne connaissait pas le principe abusif et dégradant de l'extraterritorialité du droit américain, extension anormale du droit national du pays dominant. Ce n'est pas sans raison que le néolibéralisme économique mondialisé compte de plus en plus de contempteurs. Même le libre-échange qui répond pourtant à une nécessité, celle de faire partager les richesses variées de notre planète au plus grand nombre, a perdu ses titres de noblesse que les siècles précédents lui avaient conférés. Certains aspirent désormais à une contraction de ces échanges pourtant jugés indispensables jusqu'à maintenant, mais néfastes pour l'avenir de la planète selon les écologistes radicaux. On reparle à cet effet de plus en plus de la nécessité du localisme à l'opposé de la mondialisation. La « *démondialisation* » et la « *démétropolisation* » font partie du nouveau vocabulaire ambiant. Le coronavirus a même introduit la théorie du « *game changer* ». Cette nouvelle logique est justifiée selon certains écologistes par les accroissements des émissions de gaz à effet de serre (GES) induits par des transports de marchandises jugés jusqu'ici nécessaires, souvent sur des milliers de kilomètres, alors que l'Europe est en grande partie capable de fabriquer nombre de ces produits sur place. Les théoriciens écologistes fustigent aussi à cet égard l'avilissement des normes environnementales et sociétales (par exemple le recours aux farines animales, le recours aux OGM officiels ou cachés) ainsi que la course démentielle vers des prix toujours « plus bas ». Toutes ces objections ne sont pas à rejeter, car il est urgent de réapprendre une autre forme des relations sociétales où l'essentiel n'est pas la marchandise échangée, mais l'homme qui échange. C'est cette conception anthropologique de l'économie que le libéralisme devrait désormais soutenir et il est vrai déjà que, dans nombre de pays, de grands chefs d'entreprise se disent prêts à assumer certains de ces objectifs sociétaux. Cela est nécessaire dans un monde où « *l'économique* » joue un rôle de plus en plus crucial qui pourrait évoluer, si rien ne l'arrête, vers cette forme étrange de « *société liquide et multiforme* » dont parlait le grand sociologue américano-polonais Zygmunt Bauman (2017).

Quels sont les principaux concepts théoriques et pérennes sur lesquels repose le libéralisme économique contemporain ?

Il faut d'abord citer celui du calcul de la valeur. Les théoriciens libéraux ont beaucoup disserté sur le concept de valeur d'un bien ou valeur d'échange. Adam Smith (1776) a été le premier à introduire une distinction entre valeur d'échange (conçue comme la faculté que donne un objet d'en acquérir un autre) et la valeur d'usage (satisfaction que procure au consommateur l'usage d'un bien, notion qui se rapproche du concept de la valeur-utilité). Dans les faits, Adam Smith s'est rapproché de l'idée de « juste prix » permettant de couvrir les dépenses de travail et les autres dépenses de production. Toutefois, David Ricardo (1823) ajoutera que la valeur d'un bien est constituée par le travail nécessaire pour le produire, anticipant ainsi les principes de la comptabilité analytique de nos jours. Cependant, de cette conception objective de la valeur, on passera avec Jean-Baptiste Say (1832) à une conception subjective, fondée sur l'utilité du bien pour le consommateur et donc sur la capacité que possède un bien à satisfaire les besoins d'un individu. La théorie libérale moderne est notamment basée sur la théorie subjective de la valeur, définie par Carl Menger en 1871, et aussi par Léon Walras (1910) et Stanley Jevons (1835). Cette approche subjective de la valeur représente une évolution par rapport au courant classique, incarné notamment par David Ricardo. Cette conception a été reprise d'une part par l'école autrichienne et surtout par

Ludwig von Mises (1935) qui a perpétué cette approche, et d'autre part par le courant néoclassique, à travers notamment les travaux d'Alfred Marshall (1924). Selon la théorie subjective, le prix d'un produit ou d'un service dépend de la valeur que lui accorde l'acheteur. Il n'y a pas de valeur objective, mesurée par exemple par une quantité de travail intégrée au produit. Ludwig von Mises a pu écrire dans son ouvrage « L'action humaine » que l'économie subjectiviste moderne *« a transformé la théorie des prix de marché en une théorie générale du choix humain. »*. Ainsi, l'économie est intégrée dans un champ plus large, qui est l'étude de « *l'agir humain* », appelée « *praxéologie* », l'économie en elle-même devenant alors « *catallaxie* » est approximativement la science des échanges.

L'économie dépend donc de l'action de chaque individu. Les gens agissent, font des choix, en fonction des fins totalement personnelles qu'ils se fixent. Ceci les conduit à mettre en œuvre des moyens. Concrètement, quelqu'un qui veut s'acheter une maison va, par exemple, proposer sur le marché ce qu'il sait faire : une compétence, un service, un produit, etc. qu'il échangera contre une marchandise intermédiaire qui permet de conserver durablement la valeur : la monnaie. Au final, il réussira, ou ne réussira pas, à s'acheter une maison.

Pour les théoriciens libéraux, le moteur de l'économie est constitué par l'initiative de chacun. En fonction de ses buts, chacun échange. Ce qui est appelé production en valeur n'est que la somme des prix de transaction. La croissance est l'augmentation des échanges. La création de valeur est la création de nouveaux produits ou services créés dans le but d'échanger, et ce, par des gens motivés par des buts personnels comme l'achat de nouveaux biens. Cette analyse a été enrichie par l'économiste Ramirez (1999) qui propose de distinguer la production de valeur dans les chaines de valeur ajoutée de celle de la coproduction de valeur. Dans le premier cas, la création de valeur est séquentielle, issue de transactions et se mesure en termes monétaires tandis que dans le second cas la création de valeur est synchrone, issue d'une dimension relationnelle. Dans le cadre de cette conception, le consommateur contribue à la création de valeur comme tous les autres facteurs de production.

Depuis Jean-Baptiste Say et David Ricardo les économistes classiques ont affirmé que l'offre crée sa propre demande, ce qui veut dire que la totalité des couts de production doit nécessairement, au niveau global d'une communauté, être dépensée directement ou indirectement pour l'achat de la production. L'équilibre des marchés joue un rôle central dans celte théorie. Dans cet approfondissement de l'analyse économique, la France s'est illustrée à plusieurs reprises depuis Jean-Baptiste Say et sa théorie « des débouchés ». En particulier, c'est Léon Walras qui a fondé l'école néoclassique, et selon l'économiste américain Schumpeter (1950), ce fut l'économiste le plus important du XIXe siècle. Il inventa en effet le « marginalisme » et démontra le fonctionnement de la « main invisible » du marché à partir de la rationalité des acteurs en partant du comportement des agents, c'est-à-dire de la microéconomie. Il a su expliquer les conditions de l'équilibre simultané sur les quatre principaux marchés : biens et services, travail, monnaie, titres. Dans son sillage, Maurice Allais (2010) sera honoré par un prix Nobel d'économie. Dans son « *Traité d'économie pure* » (1948) Maurice Allais démontrera comment l'équilibre concurrentiel constitue la situation maximale d'efficacité, renforçant ainsi la théorie de l'équilibre général, clé de voute de la théorie libérale. Ces travaux seront prolongés par ceux de Gérard Debreu et de Keneth Arrow.

Ainsi, pour les théoriciens libéraux, le marché ne devrait pas connaitre de crise, car le marché incorpore en lui-même des forces autorégulatrices qui évitent la continuation de toute crise majeure. Dans un monde de plus en plus complexe et voire dangereux, le Prix Nobel d'économie 2014, Jean Tirode, a cependant admis que l'autorégulation n'est pas aussi automatique que ce qu'affirmaient les économistes dits classiques. La théorie actuelle repose plutôt sur l'idée que le marché ne peut s'autoréguler que si certaines conditions sont respectées. Pour les théoriciens classiques antérieurs, il n'y avait pas lieu de mettre en cause la capacité des marchés à ajuster l'offre à la demande. Pour eux, les politiques publiques de subvention ou de salaire minimum pénalisent l'embauche, provoquent la rigidité actuelle des salaires à la baisse, ce qui génère à son tour le chômage.

Pour les théoriciens classiques, l'offre de travail par les salariés dépend du salaire réel exprimé par le ratio w/p (w salaire nominal et p indice des prix). S'il y a du chômage c'est que le salaire réel w/p est supérieur à la productivité marginale appelée « PmL ». Le chômage ne peut être que volontaire, c'est-à-dire provenant du refus de travailler au nouveau salaire d'équilibre. Pour John Meynard Keynes, au contraire, comme on le verra, ce refus des salariés n'existe pas.

En matière d'endettement, contrairement aux keynésiens pour qui la dette n'est pas un problème majeur, les théoriciens classiques pensent au contraire que l'accroissement de l'endettement au-delà d'un certain seuil contribue à déstabiliser un pays. Une distinction est faite cependant entre l'endettement pour financement des investissements qui n'est pas à proscrire tant que le rendement escompté est supérieur au taux nominal d'emprunt et l'endettement pour financer les dépenses de fonctionnement, lequel est à condamner puisque ces dépenses ne génèrent pas de rendement.

On ne pourrait terminer cette anthologie sans faire référence aux travaux d'Arthur Pigou (1959) qui a introduit le concept d'externalité dans le processus décisionnel. Ce principe implique que toute décision susceptible de créer un dommage ou une nuisance -notamment envers la collectivité- doit intégrer le cout de ces effets négatifs dans le calcul économique. Un tel concept a ouvert de nouvelles perspectives dans l'appréciation des bilans de rentabilité en matière d'investissements des grands services publics. Pour les travaux à connotation écologique, la notion de « pollueur-payeur » est directement dérivée des travaux d'Arthur Pigou.

Il ne peut exister de théorie classique qui occulterait la pertinence de la notion de marché. Friedrich Hayek (1992) a démontré que le marché est le fondement d'une société libre et qu'il ne saurait exister de société libre sans marché. Il a expliqué que la complexité des marchés actuels n'est pas la conséquence de la volonté du législateur, mais uniquement celle des actions des forces spontanées appelées « *catallaxie* ». L'échange libre entre acteurs différents poursuivant des buts différents sur le marché est selon lui le fondement d'une société libre. « *Chacun est conduit par le gain qui lui est visible à servir des besoins qui lui sont invisibles*. »

Les conséquences de l'équilibre du marché en concurrence parfaite sont donc quadruples et toutes favorables aux consommateurs :

- L'augmentation de la concurrence et donc l'augmentation de l'offre sur un marché donné a pour tendance mécanique à faire chuter le prix de marché et donc le taux de profit des entreprises.
- L'équilibre parfait implique du fait du jeu de la concurrence un taux de profit qui se rapproche progressivement de zéro, ce qui contredit l'idée très popularisée selon laquelle le capitalisme se développe en accroissant toujours plus ses profits.
- Le prix d'équilibre ne permettant plus de faire des profits, l'entreprise ne peut couvrir avec ce prix de marché que ses prix de revient, sans plus.
- La régulation naturelle a pour véritable but de rapprocher le prix d'équilibre des couts.

Un marché concurrentiel est donc tout à fait favorable aux droits légitimes des consommateurs. Cependant, certains principes ou dogmes de théoriciens libéraux du passé ne sauraient plus faire consensus dans le contexte sociétal d'aujourd'hui. Il en va ainsi de certaines prévisions de Friedrich Hayek (1992) qui n'a pas hésité à transgresser une ligne rouge, dans son ouvrage culte « *Droit, Législation et Liberté* », en justifiant l'inégalité sociale au nom des principes du marché. Nul ne saurait aujourd'hui affirmer de telles convictions. Nul ne saurait non plus préconiser une flexibilité des salaires à la baisse pour relancer la production en cas de crise économique. Nul non plus ne saurait pourfendre l'augmentation des salaires les plus bas sous forme d'instauration de salaires minima dont le but est d'assurer une vie digne aux travailleurs les plus vulnérables. Les libéraux contemporains sont aussi d'accord pour reconnaitre à l'État un certain rôle dans la vie économique, à plus forte raison en période de crise. Ce fut le cas avec la crise des *subprimes* et les plans de relance de 2008. Une évolution vers un sens plus humaniste et inclusif de la vie économique s'est produite et nul retour en arrière n'est possible. Le libéralisme économique d'aujourd'hui repose sur des principes moins rigides et plus inclusifs qui ont évolué et qui ne sauraient cautionner certaines exigences des théoriciens libéraux des siècles passés. La pensée libérale en matière d'économie est donc évolutive, et pour la France, dans sa dimension conceptuelle, c'est l'École d'Économie de Toulouse qui en est le meilleur garant et le véritable moteur.

Il n'en reste pas moins que, dans la pratique, les politiques libérales s'opposent toujours aux déséquilibres des comptes dans lesquels ils voient la perte de l'autonomie des nations et la porte ouverte sur les populismes qui prospèrent bien au contraire sur ces crises. Quand les comptes apparaissent trop déséquilibrés, ils encouragent le lancement de politiques d'austérité dans le but de réduire les déficits et donc le niveau des dépenses publiques, stratégie parfois couplée à une hausse de la fiscalité. Les antilibéraux ont toujours été vent debout contre les stratégies d'austérité qu'ils accusent d'accroitre le malheur des peuples. Pour contrer cette doxa bien répandue, l'économiste italien Alberto Alesina, ainsi que deux autres économistes, Carlo Favero et Francesco Giavazzi, ont analysé en profondeur deux cents politiques d'austérité mises en place dans seize pays avancés de l'OCDE. La synthèse de ces analyses a été présentée dans un ouvrage bien documenté intitulé : « Austerity *: when it works and when it doen't » (« L'austérité : quand cela marche et quand cela ne marche pas »).*

Selon ces auteurs, les conséquences de l'austérité sur la croissance sont très différentes selon que les dépenses publiques font l'objet d'une hausse des impôts ou d'une simple contraction volontariste des dépenses publiques. En particulier, dans les pays où le taux d'imposition est élevé, toute nouvelle hausse de l'imposition -pour résorber le déficit budgétaire- provoque des récessions de longue durée, ce que François Hollande a pu mesurer au début de son quinquennat quand il s'est montré un ardent défenseur de cette stratégie. Selon les auteurs de l'ouvrage précité, la réduction des dépenses publiques aurait un effet beaucoup plus durable sur le déficit que la hausse des impôts. En effet, en augmentant les impôts, ménages et entreprises anticipent de nouvelles vagues d'accroissement des impôts et restreignent leur consommation. Ils pensent que, ce faisant, les dépenses publiques vont aussi augmenter entrainant de nouvelles hausses de fiscalité. On est au cœur de *l'équivalence ricardienne* déjà commentée au début de cet ouvrage. Au contraire, la baisse de dépenses publiques peut laisser présager de futures diminutions d'impôts que ménages et entreprises peuvent anticiper sans réduire leur consommation, voire en augmentant leurs propres dépenses dans un climat de confiance retrouvé. Très souvent, ce sont les entrepreneurs qui anticipent une relance des investissements. Pour que cet effet soit nettement perceptible, il est indispensable que la réduction des dépenses publiques soit significative et qu'elle soit surtout annoncée comme répétitive et donc pérenne. Il est vrai que, sans ces conditions, la réduction des dépenses publiques pourrait avoir un effet récessif. C'est un enseignement qui nous a été livré par l'analyse des deux situations qu'ont connues l'Irlande et la Grande-Bretagne à la suite de la crise des *subprimes* : ces deux pays sont sortis les premiers de la crise en ayant recours à la baisse des dépenses. On a vu aussi des situations de reprise économique rapide dans les années 1980 ayant pour cause une réduction des dépenses publiques en Autriche, au

Danemark, en Irlande, et un plus tard, en 1990, en Espagne, Suède et Canada. Dans tous ces cas, la baisse des dépenses publiques a été significative et a constitué une rupture psychologique bien comprise par les citoyens. La leçon à tirer de ces analyses est que la rigueur budgétaire par une réduction des dépenses publiques est d'autant plus efficace que l'économie va bien et la stratégie fonctionne d'autant mieux si l'économie n'est pas en récession, condition de base. Il est clair par ailleurs qu'une telle réduction « est payante » si ce sont les dépenses courantes qui font l'objet de réductions, les dépenses en matière d'investissement restant inchangées. Il ne faut pas oublier qu'en 2012, le FMI, qui avait conçu un plan drastique d'austérité pour la Grèce, a été la première instance à reconnaitre que son plan était trop draconien, dans le contexte où la baisse des dépenses publiques s'est déroulée à une époque où la BCE ne pouvait diminuer ses taux d'intérêt. Si ces taux avaient été plus bas, cela aurait pu entrainer un effet positif beaucoup plus décisif sur un redémarrage de la croissance. La conclusion de cette étude est qu'une réduction des dépenses publiques pour diminuer le déficit budgétaire est beaucoup moins nocive et souvent plus positive qu'une augmentation des impôts pour relancer la croissance.

Pour n'avoir pas compris la nécessité d'une politique d'austérité, certains pays sont tombés de Charybde en Scylla. C'est le cas typique de l'Argentine qui, dès 2002, a cru bon devoir renoncer à l'ancrage vital de sa monnaie (ou « *peg* ») sur le dollar, espérant avoir ainsi des coudées plus franches dans le domaine du commerce extérieur, notamment en matière d'exportation qui devait en être facilitée. Or, l'ancrage du peso argentin protégeait le pays des bourrasques extérieures et l'intégrait au système financier mondial. Mais il est vrai que le maintien du « *peg* » obligeait le pays à une discipline extrême et à une politique d'austérité que presque toutes les couches sociales du pays ont refusé de subir. Il s'en est suivi une déroute des finances publiques, un accroissement de l'endettement et une situation de défaut. Depuis lors, malgré l'assistance du FMI, le pays ne s'est pas relevé et un grave défaut le guette à nouveau.

L'expérience récente du Portugal mérite aussi d'être soulignée, et ce d'autant plus que la cure d'austérité amorcée par un gouvernement de droite a été achevée sous les auspices d'un Premier ministre socialiste, à savoir Antonio Costa. Et c'est bien lui qui a réussi finalement à sortir le pays de la crise. Le Portugal a dû subir une longue période d'austérité et mener des réformes structurelles contraignantes. Or, lors de la crise de la zone euro, le Portugal faisait partie avec la Grèce et l'Espagne des « pays malades » de l'Europe. Or, après cette crise, le pays affichait en 2019 un des taux de croissance les plus élevés de la zone euro alors que la baisse du chômage y a été vertigineuse : 17 % en 2013 et 6,4 % en 2019. Courage et rigueur peuvent donc transformer un pays malade en un pays prospère.

Dans la même perspective, l'expérience de la Grèce est riche d'enseignement. La Grèce est en effet sortie en août 2018 des plans de rigueur imposés par l'UE et le FMI. Depuis, les résultats en termes de croissance et d'exportations sont flatteurs, ce qui contraste avec la situation qui prévalait il y a encore cinq ans, même si encore un quart de la population peut être qualifiée de pauvre. Mais, sans plan d'austérité, qui peut dire où en serait la Grèce aujourd'hui ? La situation est d'autant meilleure que le gouvernement actuel envisage de rapatrier près de 500 000 « cerveaux » qui, au milieu de la crise, avaient émigré à l'étranger.

L'austérité n'est donc pas un « vilain mot » inventé par la doxa libérale, c'est une thérapie nécessaire pour sauver des économies devenues moribondes par leurs excès et leurs exubérances, souvent par la faute des gouvernants.

CHAPITRE III

Karl Marx, implacable analyste et contempteur du capitalisme

> « Les pensées de la classe dominante sont aussi à toutes les époques les pensées dominantes. » (Karl Marx)
>
> « Les philosophes n'ont fait qu'interpréter diversement le monde, il s'agit maintenant de le transformer. » (Karl Marx)

Le marxisme en tant que doctrine polymorphe embrassant la philosophie, la sociologie et l'économie aura enfanté le communisme d'État, qui pour certains s'est converti en une vraie religion avec ses mystiques, ses dogmes et ses fervents adeptes. Pour beaucoup d'autres, le communisme, qui a été l'application de la théorie marxiste au monde réel, n'aura été qu'une grande et sanglante expérience dont le XXe siècle aura été le tragique laboratoire. La fin de cette expérience pour tant d'individus a contribué à mettre fin à un des plus grands rêves de l'humanité, une forme d'utopie qui existe en l'homme depuis le début des temps, un rêve égalitaire dont l'application ne peut se réaliser que par la contrainte et la privation de la liberté. En fait, comme on l'a dit souvent, le communisme a tué le communisme, car depuis le limogeage de Khrouchtchev, l'URSS avait sombré dans l'immobilisme le plus grand avec deux décennies d'attentisme qui provoqueront l'écroulement du système. Par ailleurs, au même moment, se propageait dans l'autre partie du monde les idéologies de l'État-providence et du *Welfare state* d'origine anglo-saxonne, idéologies qui ont rendu alors l'économie de marché plus enviable que le communisme lui-même. La social-démocratie, porteuse de ces nouvelles valeurs aura ainsi achevé de tuer le communisme, lequel, de toute manière se serait éteint sans aucun doute plus lentement, mais dans des convulsions peut-être encore plus sanglantes. Marx n'aura jamais vu jusqu'où sa doctrine pouvait ensanglanter l'humanité. Le pressentait-il quand, à la fin de sa vie, il confiait déjà à ses fervents disciples : « *Je ne suis pas marxiste* » ?

Avant Karl Marx, et d'une façon moins déductive et érudite, Jean-Jacques Rousseau aura été l'un des premiers grands contempteurs des inégalités sociales, ouvrant la voie aux théories du XIXe siècle. Pour lui, les inégalités économiques sont la source de toutes les inégalités et avec une intuition hors norme il est allé jusqu'à dénoncer les limites du progrès, s'opposant ainsi a à l'optimisme du siècle des Lumières. Il fut parmi les premiers à s'interroger sur les origines de l'appropriation des biens. Certes, avant lui, des philosophes comme Grotius, Pufendorf et Locke s'y étaient aussi intéressés. Mais Rousseau y répondra de façon différente. Il soutiendra que la propriété n'est pas un droit naturel et il ouvrira ainsi la voie aux théoriciens du XIXe siècle. Ce n'est pas seulement par son travail que l'individu peut s'arroger le droit de propriété, il faut que ce droit fasse l'objet d'un consentement de la société toute entière. Mais, pour lui, appropriation implique exclusion et il en résulte que la vraie propriété est celle qui n'a pas généré d'exclusion. Or, dans les faits, ceci est quasiment impossible à réaliser. Lors de l'appropriation des terres au début de l'humanité dominaient les exclus appelés « *surnuméraires* ». Ainsi, l'humanité s'est vite divisée dès le début de l'humanité entre possédants et possédés, sans que cette exclusion puisse trouver une justification. On comprend que la pensée marxiste, un siècle plus tard, ait pu se nourrir de cette conception du monde. Les exclus de Rousseau deviendront les prolétaires de Karl Marx. Cependant Rousseau comprend qu'il est impossible de reculer et de revenir aux prémices de l'humanité, mais pour lui, le droit de jouissance de la propriété implique que le propriétaire paye en compensation une dette à la société et cette situation n'est justifiable que si les besoins de tous sont aussi satisfaits. Le seul moyen objectif pour arriver à cette fin est que le propriétaire s'acquitte d'un impôt dont le montant sera redistribué par l'État aux exclus, condition pour que la propriété devienne acceptable sur le plan social. On comprend que Rousseau soit devenu avant l'heure un contempteur du libéralisme économique qui n'était pas encore suffisamment théorisé, sauf peut-être par le courant physiocrate.

En effet, pour les physiocrates, la richesse vient essentiellement du travail de la terre et pour eux le respect des « lois naturelles » suffit à maintenir la prospérité d'une nation. Parmi ces lois naturelles, figurent au premier chef la propriété privée et la liberté sans lesquelles il ne peut exister de prospérité. Pour eux, le chemin de la prospérité passe par les investissements fonciers que seuls des propriétaires terriens libres et confiants en l'avenir peuvent mener à bien, non seulement pour leurs propres intérêts, mais aussi pour celui de l'humanité tout entière. Parmi ces investissements réside le développement de l'agronomie, source de richesse et de productivité à cette époque. Cet ordre naturel qui sera symbolisé par la « *main invisible* » d'Adam Smith commençait à s'imposer au XVIIIe siècle, mais Rousseau s'est opposé à un tel optimisme. Pour lui l'homme n'est ni rationnel ni guidé par ses seuls intérêts, mais il est gouverné par des passions, et de ce fait, la poursuite de l'intérêt particulier ne peut engendrer la prospérité collective. Ainsi, bien avant Marx, il entrevoit déjà des contradictions entre intérêt particulier et intérêt général, et ce sont ces contradictions qui vont susciter les luttes, idée reprise par Karl Marx. Ces luttes vont obliger l'État à intervenir pour réduire les inégalités et briser les monopoles ou oligopoles les plus puissants. On sent déjà poindre chez Rousseau certains arguments de la pensée marxiste relative aux inégalités qui seraient la conséquence directe de l'appropriation des moyens de production et on peut déjà y entrevoir le rôle majeur confié à l'État pour rétablir la paix sociale et éviter qu'une minorité de puissants n'accapare le pouvoir. Mais, comme Marx plus tard, Rousseau n'est pas dupe. Il sait que l'intervention de l'État est nécessaire, mais il sait aussi que dans le monde imparfait dans lequel nous vivons, l'État n'est qu'une superstructure destinée à affirmer le pouvoir des plus forts. La collusion malheureuse entre intérêt général et intérêt particulier a été le point central de la réflexion de Rousseau. Conscient de cette situation, Il est allé jusqu'à écrire que : « *Quiconque refusera d'obéir à la volonté générale y sera contraint par tout le corps.* » Certains y ont vu un précurseur du régime soviétique.

Pour certains historiens, Rousseau a sans aucun doute annoncé la pensée marxiste et a préfiguré l'avènement des régimes totalitaires où l'État a dû imposer par l'oppression son concept de l'intérêt général à l'individu. Karl Marx a donc trouvé pour alimenter sa réflexion ces analyses idéologiques toutes prêtes et il saura aussi emprunter les fondements économiques de certains théoriciens libéraux, comme David Ricardo, en ce qui concerne notamment la définition de la valeur travail. C'est ainsi qu'est née la pensée économique de Karl Marx, qui, bien que philosophe et sociologue, s'est créé une place de choix dans l'histoire de la pensée économique. Ses analyses et préconisations font encore des émules, surtout en période de crise. Ainsi, l'éditeur allemand du *Capital* a reconnu avoir triplé sa publication pendant la crise des *subprime*s de 2008. Le grand poète Heinrich Heine est allé jusqu'à dire en parlant de Marx et d'Engels que « *l'aveni*r *leur appartenait.* » Le journal américain *Time*s en pleine crise des *subprimes,* au mois de janvier 2009, avait comparé Marx à « *une immense tour inévitable et dominant les autres dans le brouillard.* ». Il est vrai que lors de la grande crise de 2008, suite à la faillite de *Lehman Brothers*, les bouleversements subséquents ont eu un caractère mondial et ont pu faire penser aux descriptions apocalyptiques que Marx avait déjà imaginées. Marx a laissé pour ainsi dire à la postérité une sorte de boite à outils pour mieux comprendre les crises récurrentes du système libéral et appréhender le nouveau rôle du capitalisme transnational, lequel, par son implantation dans le monde, transcende les frontières et est susceptible d'affecter la planète entière.

Lors de la crise des *subprimes*, il n'était pas rare de voir des manifestations à *Wall Street* avec des calicots portant ces quelques mois significatifs et vengeurs : *« Marx avait raison.* » Schumpeter disait de lui qu'il avait posé toutes les bonnes questions tandis qu'Alain Minc le décrivait comme le seul intellectuel qui a eu la capacité de penser en même temps l'économie et le social. Dans les faits, Marx n'a pas cédé à un matérialisme strictement déterministe, mais il a souligné l'interpénétration du monde des hommes et des choses, annonciateur lointain des liens entre l'homme et la nature, autant d'éléments revenus d'actualité suite à l'irruption de l'écologie vite transformée en écologisme.

Les points fondamentaux de son message tel qu'il a été exprimé dans son œuvre maitresse « *Le Capital* » sont les suivants :

1. L'essence du capitalisme est la recherche incessante de l'accumulation du capital, et ce faisant, le capitalisme est condamné à s'éteindre, car cette accumulation entraine des crises de plus en plus violentes, car en accumulant, les salariés sont de plus en plus exploités. L'élargissement du cercle d'accumulation du capital et l'accélération du cycle des rotations ne peuvent qu'accélérer la crise finale du système.

2. La loi de la valeur repose sur l'idée que toute richesse se traduit par un temps de travail cristallisé dans le produit fabriqué. C'est parce que du travail a été accumulé que les marchandises acquièrent de la valeur. Pour Marx, le « fétichisme » de la marchandise est l'opération qui voile le caractère social de la production.

3. Seul le travail crée de la valeur en produisant des biens, mais une partie de cette valeur est détournée par le détenteur du capital de sorte que le travailleur ne perçoit qu'une partie de cette valeur, celle lui permettant de survivre lui et sa famille, la différence étant accaparée par le détenteur du capital. Ce détournement crée ce que Marx appelle la plus-value. Pour augmenter cette plus-value -ce qui est son intérêt- ce détenteur de capital va accroitre ses propres capacités de production donc investir au maximum (ce qu'aujourd'hui on appellerait « formation brute de capital fixe » ou FBCF en termes de comptabilité nationale). Ce faisant, le taux de profit a tendance à baisser. En effet, Marx affirme que dans le capitalisme, le progrès technique est synonyme de mécanisation, donc de remplacement du travail vivant (celui des salariés) par le travail mort (les machines). Ainsi, la partie du capital consacrée à l'achat de machines tend à prendre de plus en plus d'importance par rapport à celle consacrée au paiement des salaires. La composition organique du capital augmente donc avec le temps, entrainant le taux de profit vers le bas, car on ne peut prélever de plus-value sur les machines. Contrairement à Ricardo pour qui la baisse du taux de profit était créée par l'insuffisance de progrès technique (dans le secteur agricole), pour Marx c'est au contraire la progression du progrès technique qui explique la baisse tendancielle du taux de profit. Quant au « taux d'exploitation », Marx suggère avec plus ou moins de netteté qu'il restera stable, ou en tout cas qu'il ne pourra pas augmenter suffisamment pour compenser les effets de l'augmentation de la composition organique. Ainsi, pour pallier ce dysfonctionnement ce détenteur que Marx appelle « capitaliste » est enclin alors à paupériser encore plus les travailleurs. Il en résulte une tension sociale de plus en plus forte qui ne peut déboucher que sur la lutte des classes pour devenir dans la phase finale une révolution.

4. Marx ne peut imaginer la survie d'un système qu'il juge irrationnel et destructeur.

On peut donc résumer la doctrine marxiste en quatre points : propension du système à accumuler le capital, baisse tendancielle du taux de profit en raison de l'augmentation du progrès technique, paupérisation croissante des salariés engendrant la lutte des classes qui se transforme vite en révolution prolétarienne, laquelle s'étend au monde entier. Marx a usé et abusé cependant de la notion de prolétaire, concept qu'il a emprunté au monde romain où prolétaire signifiait tout individu dépourvu de biens matériels et dont la seule richesse était sa progéniture. Marx a donné à ce concept une valeur universelle et révolutionnaire.

Marx a parachevé son analyse en écrivant avec Engels le « *Manifeste du parti communiste* » publié en 1848. Une des phrases capitales du *Manifeste* a été que « *l'histoire de toute société jusqu'à nos jours n'a été que l'histoire de la lutte des classes*. » Cette assertion implique que la notion de classe est bien antérieure aux rapports de production du capitalisme industriel et englobe tous les rapports qui ont existé entre « producteurs » et « employés » ou « subalternes » au cours des siècles précédents, sans que pour autant soit définie clairement la notion de classe au cours des siècles précédents. Ainsi est né le concept de « matérialisme historique » que Karl Marx a développé, concept qui transcende le temps et l'espace, car Marx se voulait universel. En effet, il avait prévu l'universalisme des crises. D'une certaine manière, l'avenir lui a donné en partie raison puisqu'ont éclaté les crises du XXe siècle, notamment la crise de 1929, mais aussi celles du XXIe siècle, d'abord celle des *subprimes* dès 2008 et ensuite la crise effroyable inhérente à la pandémie du coronavirus en 2020, l'une des plus graves de la vie économique de tous les temps. Chaque fois, même si l'épicentre géographique a bien été déterminé, chaque crise a vite affecté l'ensemble de la planète. Certains affirment pour cela que le concept universel des crises est un concept marxiste. Mais beaucoup de ces crises n'ont rien à voir avec la doctrine marxiste. Marx pressentait un monde nouveau délivré de l'exploitation de l'homme par l'homme. Il attribuait à la révolution un sens mystique, une sorte de vision messianique, voire théologique, dans lequel le Messie était représenté par le prolétariat. Il pressentait que cela ne se ferait pas sans violence et il se justifiait en invoquant les révolutions des temps anciens, notamment celles de Tiberius et de Caius Gracchus, mais aussi celles de Brutus et de Spartacus.

Pourtant, le capitalisme s'est développé en partie à l'inverse de ce qu'avait prévu Karl Marx. Au lieu d'être, le « rebut » de la terre, ce paria que Marx avait annoncé, à savoir le salarié, a été l'objet de toutes les attentions dans l'entreprise de la fin du XXe siècle. À la suite des travaux de l'économiste américain, Gary Becker, le lien entre le capital humain, la dynamique d'innovation, le progrès technique et l'augmentation de productivité marginale du capital a été largement démontré sur un grand panel d'entreprises. En conséquence, le salarié est devenu non plus le paria, mais au contraire un facteur de production qu'il fallait à tout prix rendre épanoui ; à ce titre, les entrepreneures ont compris qu'il fallait investir en permanence dans la formation, l'éducation, et la santé, autant de formes modernes de l'investissement dans le capital humain. Par ce biais, l'investissement en capital humain doit conduire à un accroissement de la productivité du facteur travail. De ce fait, contrairement aux théories marxistes, c'est par la promotion de l'homme au travail que la croissance économique peut se développer comme l'ont démontré plusieurs études de l'OCDE de 2001. D'ailleurs, le capital humain a fait l'objet de nombreuses études depuis Théodore Schultz (1998), économiste et pionnier en la matière. Ces études montrent que les entreprises ont intérêt à améliorer sans cesse la qualité de la main d'œuvre en termes d'éducation, de santé et de bonheur afin de promouvoir un meilleur développement économique pour tous. C'est d'ailleurs pour cela que les théoriciens libéraux ont repris le capital humain comme facteur essentiel de la croissance en vue d'expliquer et de rendre endogène le mécanisme de la productivité. Mais le capital humain a été aussi analysé comme un concept microéconomique notamment dans les travaux de Romer (1986) et de Lucas (1988), chaque individu étant considéré comme un gestionnaire rationnel de son propre capital humain, et ce, en vue de s'élever non seulement au sein de l'entreprise, mais aussi dans la société. On est loin de la pensée révolutionnaire de Marx.

CHAPITRE IV

Le libéralisme face à la pensée marxiste. Que reste-t-il aujourd'hui de la pensée de Karl Marx ?

> « La contestation pure et simple du capitalisme, ça ne marche pas. Regardez les grandes manifestations contre les fermetures d'usines. À quoi ça a servi ? Les ouvriers ont manifesté, les usines ont fermé. On a distribué des chèques, ce qui revenait à dire aux gens : voilà ce que vous valez. On aurait mieux fait d'investir dans la formation professionnelle. Si en amont on avait amené les salariés à construire un projet, on n'en serait pas là. »
>
> (Thierry Marx,
> dirigeant de restaurants et d'écoles d'insertion
> lors d'un interview avec l'Obs du 25/07/2019)

> « En tant qu'historien, j'attends avec curiosité l'entrée en rage des enfants de la bourgeoisie… J'ai théorisé dans mon livre le désir de vengeance sur le peuple français d'une classe dirigeante en échec. »
>
> (Emmanuel Todd :
> « Lutte des classes en France au XXIe siècle » (Éditions du Seuil))

Comme certains l'ont fait remarquer, le libéralisme économique a partagé un point commun avec la doctrine marxiste, à savoir l'idée d'une vision commune de l'homme, à savoir celle d'un homme matérialiste et utilitariste, vision que l'on peut qualifier « d'économisme ». Pour ces deux doctrines, c'est en effet l'intérêt (« *avaritia* ») qui guide le monde, un intérêt omniprésent dans la société, et ce, à toutes les époques. Pour ces deux doctrines, la recherche de l'intérêt a abouti à transformer les passions humaines en une seule activité, à savoir la production et l'accumulation de richesses matérielles. Cette connivence anthropologique a abouti cependant à des solutions sociétales divergentes : choix de la libre entreprise pour les libéraux, choix de la collectivisation des moyens de production et étatisme industriel pour les marxistes. On sait que l'éradication par la violence de l'intérêt individuel par les disciples de Marx a donné naissance à la toute-puissance d'un État tyrannique, une des plus grandes entreprises de déshumanisation de l'Histoire, tandis que le libéralisme économique s'est épanoui dans la démocratie, comme l'ont démontré aussi bien Charles Louis de Montesquieu qu'Alexis de Tocqueville. Les deux conceptions identiques de l'homme ont abouti à des choix sociétaux divergents.

Le marxisme en tant que doctrine appliquée au monde de l'économie a pourtant vécu. Cette inadaptation foncière du message marxiste à la réalité des rapports économiques est la raison de l'effondrement du système de l'économie planifiée soviétique. Cet effondrement fut si brutal que le pays n'a pas pu se relever tant les contradictions au sein du système politico-économique étaient considérables. Même la Chine qui a peu connu la révolte des prolétaires ouvriers, mais surtout celle des paysans miséreux- révolte que ne pressentait nullement Karl Marx- se dit encore communiste, mais, ce faisant, elle a pris ses distances avec les dogmes initiaux du marxisme et a développé un capitalisme d'État. La Chine est ainsi une économie capitaliste, toutefois sans les fondements habituels du capitalisme : pas de démocratie, pas de liberté d'expression, pas de transparence, pas de Droits de l'Homme, pas de justice indépendante, et des réseaux sociaux étroitement contrôlés. On estime aussi que le capitalisme implique l'existence d'un État minimum, alors qu'en Chine il existe un État tout-puissant.

La majorité des syndicats des pays de l'OCDE se sont aussi éloignés de la théorie marxiste en devenant pragmatistes et réalistes ce qui leur a bien réussi. Des syndicats qui se revendiquent encore de la théorie marxiste sur le plan économique tendent de plus en plus à se marginaliser et ils ont perdu le monopole de représentation des travailleurs au profit de syndicats plus consensuels. Le marxisme économique est bien mort, mais pas le marxisme en tant que courant philosophique et sociologique. Ce dernier est toujours vivant et il connait encore de nombreux adeptes.

Karl Marx croyait à une croissance indéfinie des forces productives ce qui correspond à une vision peu réaliste de l'évolution économique et, si elle existait de nos jours elle serait peu compatible avec les théories écologistes. Dans les faits, la croissance est limitée par le caractère non extensible des facteurs de production. Par ailleurs, si les investissements se sont amplifiés dans le monde, ils le doivent avant tout aux ruptures technologiques que Joseph Schumpeter théorisera plus tard. L'accroissement du capital technique et financier ne s'est pas non plus accompagné d'une baisse tendancielle du taux de profit, bien au contraire, même si ce taux a connu un profil bien erratique dans le temps. La classe ouvrière qu'avait identifiée Marx sans qu'il établisse pour autant la définition intrinsèque de classe- alors qu'il avait fait de la classe ouvrière le porte-drapeau de la révolution- a eu tendance à s'étioler au fur et à mesure que montait en puissance le secteur tertiaire dans la foulée des préconisations de Colin Clark et de Jean Fourastié. La révolution populaire chinoise s'est déroulée sans classe ouvrière, mais avec la seule classe paysanne que Marx avait totalement minimisée, voire ignorée : elle ne faisait pas partie de son épure. Aujourd'hui, dans de nombreux pays de l'OCDE, le secteur ouvrier ne compte pas plus de 10 % de la population active. Au lieu d'éclater comme le préconisait Marx, le capitalisme a su se régénérer, comme l'avait prévu Joseph Schumpeter, grâce au principe de la destruction créatrice, et ce, tout en faisant preuve de souplesse et de capacité d'adaptation.

Quant au salaire réel, il n'a pas connu la tendance baissière préconisée par Marx, bien au contraire. Même si une certaine stagnation est à remarquer depuis une décennie du fait de la concurrence mondiale qui pèse sur les couts, il s'est considérablement accru en longue période dans les pays de l'OCDE, et ce d'autant plus vite que la notion de salaire minimum se développait dans tous les pays. Certes, John Meynard Keynes a pu plus tard diagnostiquer une insuffisance du pouvoir d'achat dans la société, mais une insuffisance passagère et non structurelle, et surtout pas au point où Marx l'avait imaginé, à savoir la pérennisation d'un salaire très bas explicable par le phénomène d'usurpation de la plus-value. Parallèlement à l'émergence du SMIC, le droit social s'est développé permettant aux travailleurs de couvrir les plus graves aléas de la vie. Par ailleurs, au lieu de s'effondrer, la part du salaire dans le revenu national s'est au contraire stabilisée sur une longue période, même si durant les dernières années un léger fléchissement s'est manifesté. Quant à l'existence même du marché, on ne peut ignorer qu'il constitue toujours le fondement sur lequel repose l'ensemble des transactions commerciales. Cependant, on ne peut nier la lucidité de Marx en matière d'émergence des crises systémiques qui ont secoué sans cesse le système capitaliste depuis deux siècles. Sa capacité de prédiction dans ce domaine a été phénoménale. Il avait déjà envisagé l'explosion des bulles spéculatives et le poids exagéré des transactions financières déconnectées de l'économie réelle. Enfin, il avait vu juste en ce qui concerne l'internationalisation des crises, conséquence de l'internationalisation des capitaux, et c'est ainsi qu'il avait imaginé ce qu'il appelait « *l'universalisation des crises.* »

Mais Marx est-il mort pour autant ? On pourrait le prétendre après le collapse brutal de l'Union soviétique, la mort d'un système foudroyé par ses propres contradictions inhérentes au système de production et au caractère artificiel des prix pratiqués. Le socialisme de type soviétique et l'étatisation forcée de tous les moyens de production, voire l'idée collectiviste elle-même, semblent définitivement éradiqués. Même la gauche politique a commencé à comprendre que le mouvement ouvrier était devenu un mythe révolu, d'autant plus que dès 1990, on venait de découvrir avec effroi la réalité des goulags. Or, bien que disparue en tant que corpus politique et économique, la pensée marxiste a survécu en tant que philosophie et sociologie. Le marxisme a donc changé de substance et d'objectif. Il n'ambitionne plus de créer un monde nouveau, mais de constituer un corpus d'idées critiques à l'encontre du libéralisme dominant. Dès lors, les critiques acerbes ne tarissent pas. Sa force de contestation est intacte et en cela le marxisme a retrouvé ses racines, car Marx avant de devenir idéologue de la société avait consacré sa thèse de doctorat en philosophie à Épicure et Démocrite, deux grands philosophes qui considéraient la pensée comme le résultat d'agencements d'atomes et donc un agencement de matière. En ce sens, ces philosophes de l'Antiquité furent les premiers philosophes matérialistes du monde occidental et Marx fut un de leur disciple des temps modernes. Les marxistes sont donc, comme leur maitre, des philosophes de la matière dotés d'une virulence féroce. Mais être marxiste aujourd'hui, c'est aussi prendre connaissance de l'incessant développement des forces productives, de se convaincre que chaque force productive en détermine une autre, et qu'à chaque phase de l'évolution de ces forces productives se rattache une forme d'organisation originale de la société. Chaque phase de développement avant d'engendrer une autre forme de rapports productifs suscite à son stade terminal une crise qui constitue une révolution sociétale. Les révolutions ne sont donc pour les nouveaux marxistes que la conséquence des changements incessants des forces productives de l'Histoire. Mais sur les bases de l'infrastructure de toute société s'édifie une superstructure d'ordre juridique, politique et sociétal, à savoir une forme de conscience sociale, l'éthique d'une société en phase avec l'infrastructure du moment.

De nombreux marxistes actuels ont été des compagnons de route du communisme sans se revendiquer eux-mêmes communistes. Raymond Aron avait déjà dans son ouvrage « *L'Opium des intellectuels* » vilipendé ses compagnons de route. Hantés par le désir d'être à gauche, convaincus du caractère inévitable du besoin de révolution pour le salut du monde, ils sont devenus sur le plan philosophique des propagateurs messianiques. « *Être communiste ou ne pas être* », tel était le dilemme alors que par le monde les victimes du communisme se comptaient déjà par millions. Cette intelligentsia n'a pas cessé de faire le procès du monde occidental, sans pour autant témoigner de la moindre pitié pour le carnage que l'idéologie communiste, héritière du marxisme, avait engendré dans le monde. C'est ce que Paul Hollander, sociologue américain, appelait le « *tourisme idéologique* » compte tenu des soutiens de ces philosophes aux nombreux régimes qui avaient embrassé le marxisme sur tous les continents. L'anticommunisme était pour eux une faute morale transformant celui qui en était coupable en un ennemi du genre humain.

Mais, aujourd'hui, alors que le communisme est derrière nous, l'idéologie marxiste n'est pas morte, elle a simplement muté et elle revit dans le multiculturalisme qui en est sa continuité, un courant de pensée qui rejette aussi la civilisation occidentale. Le dessein est toujours le même : anéantir les principes économiques et institutionnels de la civilisation occidentale. C'est sous cette nouvelle version que se présente aujourd'hui le marxisme. Il n'y a pas de marxisme sans cible à abattre ni sans un partage de la société entre deux factions antagonistes.

Certes, dans son « *Manifeste communiste* » rédigé en 1847-48 avec Friedrich Engels, Karl Marx avait déjà expliqué que *« le bouleversement continuel de la production, l'ébranlement de tout le système social distinguait l'époque bourgeoise de toutes les précédentes* » et que de plus, poussée par le besoin de débouchés toujours nouveaux, la bourgeoisie envahirait le monde entier, étrange prémonition de ce monde globalisé que Marx avait déjà entrevu à travers son prisme philosophique. La diminution tendancielle du taux de profit obligeait les industriels -pour maintenir leur niveau absolu de profit- à se mondialiser. Et il ajoutait dans sa prophétie : « *Sous peine de mort (cf. de faillite) l'exploitation du marché mondial force toutes les nations à adopter le mode bourgeois de production ... Elle se façonne en un mot un monde à son image.* » Dans cette vision du monde, Karl Marx prévoyait des guerres inévitables de conquête et de domination des marchés mondiaux. Nous y sommes. Vu sous cet angle, Marx ne s'est pas trompé, il a prévu le monde instable et dangereux qui est le nôtre même si aujourd'hui on ne peut pas expliquer l'émergence de ce monde globalisé par la théorie de la chute tendancielle du taux de profit. En ce sens, Marx, en tant que penseur, hante toujours notre actualité même s'il est mort en tant qu'économiste et politologue. Être marxiste aujourd'hui c'est avant tout se poser des questions sur la marche chaotique de notre monde et essayer de trouver un sens à cette évolution.

C'est dans ce contexte qu'est né le nouveau courant de pensée qu'est le néo marxisme. Le néo marxisme est une école de pensée formée dans les années 1920, visant à une relecture de l'œuvre de Karl Marx, en s'écartant de certaines interprétations dépassées et jugées dogmatiques. Le concept de révolution, par exemple, a été remis en cause très vite. En effet, après la révolution bolchévique et la Première Guerre mondiale, plusieurs chercheurs marxistes ont souhaité se distancer de la notion de révolution sociale violente pour ne garder que le terme de révolution, cette dernière pouvant être faite sans bain de sang, soit par une révolution sociale non violente, soit par des révolutions spécifiques dans d'autres domaines. La révolution n'est donc plus une fin en soi pour le néo marxisme, c'est une des conséquences que peut entrainer une crise violente, mais ce n'est pas l'aboutissement automatique des problèmes sociaux, c'est plutôt un dernier recours. Les horreurs qu'on a pu voir durant la Première Guerre mondiale ont laissé une si mauvaise impression qu'à partir de 1920 personne ne souhaitait plus de sang. C'est dans ce contexte qu'est né le néo marxisme qui s'est vite écarté du pathos inéluctable de la révolution.

Dans son ouvrage fondamental du néo marxisme, Jürgen Habermas, philosophe et sociologue allemand du début du XXe siècle, a démontré comment la pensée du philosophe a été aliénée par Staline. À cause de cela, Habermas a décidé de réinventer de nouvelles bases pour le matérialisme historique prenant en compte la spécificité de la société du XXe siècle. Il a reformulé alors des bases sociétales plus réalistes en y introduisant des concepts de sociologie ainsi que quelques apports de l'anthropologie. Cet ouvrage a eu en son temps un grand retentissement. Le néo marxisme a également beaucoup influencé les études sur le développement économique des pays, notamment à travers les théories du développement alternatif que sont les théories de la dépendance ainsi que les théories du « *système-monde* ». En effet, ces théories utilisent des éléments du marxisme pour présenter l'exploitation des pays en voie de développement par les pays développés. La description de cette exploitation est cependant celle d'une exploitation venant de l'extérieur d'un territoire national, alors que Marx insistait sur le fait que son cadre d'analyse restait l'État-nation. Ces extensions idéologiques ont permis la naissance de nouvelles théories néomarxistes et par conséquent le marxisme s'est introduit dans des domaines sans cesse nouveaux.

Certains des contempteurs du libéralisme actuel, sans se référer directement au marxisme, mais en s'en inspirant, vilipendent la notion même de propriété, et donc du capital. Dans un ouvrage retentissant « *Capitalism alone » (« Capitalisme seul »)* Branko Milanovic, prenant acte que le capitalisme est le seul système économique en vigueur aujourd'hui, évoque une redistribution du capital, un capital populaire où chacun tirerait un revenu en proportions égales du capital ; d'autres théories évoquent aussi l'idée selon laquelle chaque citoyen puisse disposer de la même quantité de capital. On serait alors, selon eux, dans une société égalitaire. Toutes les doctrines d'égalitarisme se terminent un jour par une égalisation par le bas. Toujours dans le cadre de cette pensée, Wolfgang Streck, politologue allemand, a pu écrire que « *le capitalisme se désintègre sous nos yeux* », mais c'est pourtant le monde de l'égalitarisme soviétique qui s'est effondré et ce sont ceux qui étaient censés être protégés par ce système qui l'ont abattu. La haine des néo marxistes ne faiblit pas pour autant. Certains affirment même comme Romaric Godin dans son dernier ouvrage : « *La Guerre sociale en France* » (Éditions *La Découverte*) que les libertés du capital priment « malheureusement » aujourd'hui sur toutes les autres. Il prétend même que, sans victoire sur l'opinion, le libéralisme est passé en force alors que sa victoire n'était pas une « *victoire sur le pays* », mais une victoire « *à l'intérieur des élites.* » La doxa marxiste n'a pas de limite.

Le léninisme qui se veut la première application universelle de la pensée marxiste dans la société n'est pourtant qu'une des interprétations du marxisme. La doctrine historique s'est d'ores et déjà fracturée entre marxistes et sociaux-démocrates, ces derniers ayant toujours défendu les libertés individuelles et le suffrage universel. Marx avait très bien compris l'articulation entre forces sociales et représentations politiques. Il s'est d'ailleurs inspiré pour cela d'auteurs libéraux, comme Alexis de Tocqueville, pour donner un certain contenu à la notion de classe sociale que Marx a eu du mal à définir seul. Cette notion de classe n'est pas totalement morte de nos jours, et il règne, en France notamment, un imaginaire de résurgence de lutte des classes avec notamment l'éruption des « Gilets jaunes » et leurs revendications sociétales. Cette notion ne renvoie plus à une simple catégorie socioprofessionnelle, mais plutôt à une situation spécifique inhérente au système productif, et à un sentiment de spoliation. De là, la conviction d'appartenir à un bloc homogène d'intérêts, de valeurs et de combats à mener. La position sociale joue inévitablement un rôle capital dans ce sentiment d'appartenance d'essence marxiste.

Si on s'éloigne de la vision duale qu'avait Karl Marx d'une société partagée entre détenteurs du capital et prolétaires, il est notoire que d'autres clivages sont apparus dans le monde contemporain fracturant à nouveau la société en deux parties antagonistes, à savoir, par exemple, entre élites bénéficiaires de la mondialisation dite heureuse et les classes populaires perdantes de la mondialisation. La machine à exclure que Machiavel avait déjà imaginée dans son « *Discours sur la première décade de Tite-Live* » est à l'œuvre. Dans cet ouvrage fondamental, Il y est essentiellement question d'un état de guerre qui va désormais constituer la trame des sociétés nouvelles. C'est d'ailleurs ce que Christophe Lasch nous annonce dans son livre « *La Révolte des élites et la trahison de la démocratie* » (Éditions : Champs Essais). Il y décrit des élites dites « éclairées » qui ont décrété la guerre contre des peuples dits « ignorants ». Écrit à l'époque de Bill Clinton dont la politique économique a été néolibérale, ce livre est prémonitoire et annonce la crise des « Gilets jaunes » en France. Les élites américaines des années 1990 ressemblent fort bien aux élites françaises de 2019 telles que les « Gilets jaunes » les ont décrites, des élites qui ont troqué leur pays pour la mondialisation et qui ont décidé de vivre dans « *le royaume sans frontières de l'économie mondiale où l'argent a perdu tous ses liens avec la nationalité* ». Christophe Lasch y dépeint déjà l'atomisation de la société, la marchandisation de certaines institutions, et le refus de la confrontation d'idées. Ces idées sont confisquées par des experts qui ont le monopole de l'information et de l'argent facile. Pour Christopher Lasch, ce système aboutit à la destruction de la classe moyenne et à la domination d'une petite minorité. On retrouve là un relent de la lutte des classes que Karl Marx n'aurait pas rejeté même si les protagonistes ont changé et les motivations ne sont plus les mêmes. Mais les marxistes y voient aussi l'éclosion d'une nouvelle lutte des classes de l'ère post-industrielle, une lutte renouvelée dans ses aspects extérieurs, mais dont le moteur est toujours là. Les salariés sont devenus les « *masse*s » dites incultes, ces « *masses déplorables* » dont parlait Hilary Clinton lors de sa campagne présidentielle, des masses que l'historien espagnol Ortega y Gasset avait déjà immortalisées dès 1930 dans son ouvrage : « *La révolte des masses* ».

Le dualisme sociétal a acquis aussi pour les néomarxistes un nouveau visage suite à la crise des *subprimes,* et dès lors sont apparues deux catégories nouvelles antinomiques, les financiers, régnant en maitre sur les sociétés occidentales et leurs victimes anéanties par les excès des premiers. Mais une fois la crise des *subprimes* résorbée, c'est en fait les mondialistes et les antimondialistes qui ont constitué le clivage profond de la société. C'est de cet affrontement d'abord idéologique qu'est née la victoire de Donald Trump, que les Britanniques se sont prononcés majoritairement pour le Brexit, que les Italiens ont décidé de couper court à la politique réformiste de Renzi. La France n'a pas été en reste et elle s'est profondément divisée déjà lors des dernières élections, mais de plus, la crise des Gilets jaunes a été l'occasion pour les classes populaires d'exprimer leur refus du mondialisme dit « *heureu*x » et leur haine envers les riches assimilés peu ou prou aux élites, parfois dénommées « *terroriches* ». Ce n'est pas strictement une lutte des classes, mais cela y ressemble, car on a affaire à une fracture profonde de la société, entre ceux qui profitent du mondialisme et ceux qui en souffrent, un fractionnement des sociétés modernes que Marx n'aurait pas renié. Il n'aurait pas renié non plus la capacité différenciée à survivre qui s'est manifestée lors de la pandémie du coronavirus au sein d'une société de plus en plus dystopique : d'un côté, les salariés envoyés au front sans protection, payant de leur vie leur abnégation, au premier rang desquels figure le personnel médical, et de l'autre, les cadres autorisés à rester chez eux, si ce n'est dans leur résidence secondaire, grâce au télétravail, loin du danger mortel. Et bien sûr, d'un côté, les pauvres, les SDF, les migrants, les « sans voix » qui peuvent difficilement échapper à la pandémie et de l'autre des gens qui se sont évadés loin des grandes villes et de leurs foyers d'infection. Ces fractures s'élargissent de plus en plus, car il y a aussi la France des résidences secondaires et celle des HLM, la France des zones 4 G et celle des zones blanches. Toutes ces fractures peuvent déboucher sur un conflit violent. Cette vision duale qui pousse de plus en plus une partie de la population à revendiquer la logique du populisme n'est pas sur le plan historique sans rappeler la scission que Machiavel avait imaginée entre les hommes habitant « *au palais* » et les autres résidant « *hors du palais* ». Avec Machiavel l'antagonisme sociétal était déjà prégnant entre les responsables politiques et les autres citoyens. Marx l'a théorisé avec les détenteurs du capital et les prolétaires tandis que les Temps modernes l'ont popularisé avec les mondialistes et les autochtones, entre la classe heureuse et la classe malheureuse, entre les élites mondialisées et les laissés pour compte de la mondialisation attachés à leur seul terroir et à leur pays. On est à nouveau dans le cadre d'une vision binaire et clivante postmarxiste, dominée par un désir de revanche, sauf que le substrat des classes a changé. Jusqu'ici les élites attaquées n'ont que mollement répondu à cette contestation et elles semblent vouloir s'enfermer dans une sorte d'entre soi qui n'est pas sans rappeler celle des détenteurs de capital chez Marx. Le dualisme sociologique entre deux catégories antagonistes de la population peut être considéré d'inspiration marxiste. C'est ainsi que le combat actuel entre les élites et le reste du peuple qui a pris des proportions démesurées ces derniers temps se rapproche d'une dialectique marxiste. Marc Bloch dans son mémorable ouvrage : « *L'étrange défaite* » avait déjà tracé la route de ce dualisme conflictuel français. Pis, l'antagonisme social pourrait renaitre sous une autre forme, entre les maitres de la révolution numérique et les victimes de l'économie du « *gig* », victimes représentées par exemple par les « *cyclo-forçats* » pédalant à « *4 euros de l'heure* », constituant une masse de travailleurs peu ou pas qualifiés et menacés d'une régression sociale. Ce sont ces travailleurs souvent mal rémunérés qui sont devenus « *les hommes à tout faire* » de la livraison des repas, du transport des personnes, du déménagement, des services domestiques et du travail « *au clic* ». Cette mutation brutale du marché du travail en provenance des États-Unis occupe un pourcentage non négligeable de la population active- près de 40 % aux États-Unis- et elle est promise à une forte progression en Europe. C'est certes une aubaine pour les statistiques du chômage de tous les pays qui voient dans ce recyclage de la main-d'œuvre peu qualifiée un moyen facile de faire baisser le nombre de chômeurs, mais on ne doit pas oublier que ce mouvement est aussi un mouvement régressif en matière de droit du travail, confinant ces travailleurs au « *précariat* ». Or, ce « *précariat* » sans véritable contrat social s'étend dans le monde comme l'a démontré récemment Nicolas Colin dans son ouvrage : « *Hedge : A Greater safety net for the entrepeneurial age* » (« Une haie : filet de sécurité plus grand pour l'ère entrepreneuriale »). Nul doute que si Karl Marx avait connu la « *gig society* » il aurait vite assimilé ces « précaires » aux prolétaires du « *Capital* ». La révolution marxiste n'est pas morte, elle trouve de nouveaux ingrédients pour nourrir la contestation sociale au sein de la société capitaliste occidentale.

Au-delà de ces clivages factuels, sans cesse renouvelés par l'évolution de l'Histoire, le marxisme continuera à exister en tant qu'idéologie, voire d'idéal pour certains, même si son applicabilité à la réalité économique s'est évanouie à jamais avec la chute de l'empire soviétique. En effet, il n'y a plus de pays qui passe d'une économie de marché à une économie étatisée et planifiée, mais bien au contraire on a assisté partout, hors de l'ex orbite soviétique, à un processus inverse, à savoir des pays qui ont abandonné l'économie planifiée au profit de l'économie de marché. Ainsi, après la chute de l'Union soviétique et de ses satellites, l'Éthiopie, grande puissance africaine de demain, a à son tour abandonné l'économie planifiée pour devenir une économie de marché, peu après 1995. C'est cette mutation qui lui a permis de décoller rapidement. Cela lui a réussi puisque son PIB s'est accru de 8 à 11 % par an jusqu'en 2016 et que le revenu par tête y est passé de 389 $ en 2012 à 570,3 $ en 2018. De ce fait, ce pays va intégrer le groupe des pays qui ont déjà décollé et que l'on appelle « *le groupe des pays à revenus moyens* ». Le marxisme appliqué à l'économie est bien mort même si la pensée marxiste demeure très puissante chez nombre d'intellectuels. Elle peut être même percutante comme le démontre si bien la problématique de la réforme des retraites en France qui semble à nouveau avoir clivé la société en deux parties distinctes et antagonistes. Marx est toujours là près de nous à l'affut.

CHAPITRE V

La seconde contestation du libéralisme économique : la révolution keynésienne

« La difficulté n'est pas de comprendre les idées nouvelles, mais d'échapper aux idées anciennes. »

(John Maynard Keynes)

« Ce qui arrive en fin de compte, ce n'est pas l'irrésistible, c'est l'imprévisible. »

(John Maynard Keynes)

« Je suppose que tout le monde est keynésien dans les tranchées. »

(Robert Lucas, Économiste)

Suite à la tragédie de la pandémie du coronavirus et de l'effondrement de l'économie mondiale, Keynes est de retour dans le monde et inspire les gigantesques plans de relance que tous les gouvernements du monde ont lancés dès avril 2020, notamment le plan américain de 4 000 milliards de dollars. Keynes est toujours invoqué quand la situation économique s'effondre dans un chaos indescriptible. C'était le cas en 2008 à l'époque des *subprimes*. C'est donc à nouveau le cas en 2020, année où a éclaté une crise mondiale systémique dont l'ampleur est au moins égale à celle de 1929. Mais pourquoi John Maynard Keynes est-il à nouveau plébiscité ?

Tout juste sorti de Cambridge, John, Maynard Keynes est devenu vite célèbre par ses écrits économiques notamment par son « *Traité sur la monnaie* » (1930) et sa « *Théorie générale* » (1936) en totale rupture avec l'économie classique. Au laissez-faire et à la politique de l'offre, il a opposé une politique de la demande qui pendant longtemps a été à la base de l'État providence.

Le keynésianisme est une théorie souvent assimilée à une théorie de la relance ou à une théorie de résolution de crise exposée majoritairement dans l'ouvrage culte « *Théorie générale de l'emploi, de l'intérêt et de la monnaie* » (1936). Dans cet ouvrage de référence, Keynes a défendu l'hypothèse selon laquelle la demande est le facteur déterminant qui permet d'expliquer le niveau de la production, et de ce fait l'emploi. Cette théorie a été élaborée en réponse à la crise économique mondiale des années 1930, aussi appelée Grande Dépression, qui débuta avec le krach financier de 1929. Cette crise se manifesta par une baisse importante de la consommation et un chômage de masse durable. Déjà, dans son article « *The End of Laissez-faire* » (« *La fin du laissez-faire* ») publié en 1926, John Maynard Keynes soulignait que le libre jeu des marchés et de la concurrence ne conduit pas forcément à une situation économique optimale. L'immense influence de l'œuvre de Keynes tient sans doute à sa volonté très clairement affirmée de rompre avec les traditions de pensées antérieures. Il suggéra lui-même cette volonté de rupture en choisissant l'intitulé d'un cours donné à Cambridge en 1932, « *La Théorie monétaire de la production.* » Mais il ne peut être oublié que cette théorie est une théorie de court terme, car selon sa phrase prophétique : « *Dans le long terme, nous serons tous morts.* » Aujourd'hui, la dénomination de « keynésianisme » peut prêter à débat. En effet, ceux qui se réclament de son nom ont évolué. Est-ce que Keynes aurait approuvé cette évolution ? Nul ne peut le savoir. Keynes a cependant donné son nom à un corpus doctrinal qui a évolué après lui. Nombreux sont ceux qui prétendent être ses héritiers.

De nombreux désaccords existent donc entre sa pensée et les théories libérales. Ainsi, contrairement aux économistes classiques qui considèrent qu'il faut baisser les dépenses publiques en période de crise, Keynes pense bien au contraire qu'une crise nécessite une relance profonde de l'économie. Il se situe au niveau macroéconomique et considère que la « *théorie classique n'est applicable qu'au cas du plein emploi.* » Les paradigmes fondamentaux de sa théorie sont les suivants :

1. Il existe un équilibre de sous-emploi (le chômage) pour un niveau donné de la demande effective et cet équilibre de sous-emploi permet cependant à l'économie de fonctionner, mais avec un fort taux de chômage. La « *théorie du chômage classique* » que Keynes attaque est celle de Pigou. Il rappelle que cette théorie accepte l'existence d'un « *chômage de frottement et d'un chômage volontaire* », mais ignore la possibilité d'un « *chômage involontaire* ». Pour reprendre en des termes plus contemporains, il y a « *chômage volontaire si le salaire réel d'équilibre sur le marché du travail est inférieur au salaire de réservation pour une partie des travailleurs, c'est-à-dire au niveau de salaire réel en dessous duquel le travailleur préfère se retirer du marché* ».

2. Le chômage devient alors structurel et non conjoncturel comme le qualifiaient aisément les théories classiques et il peut donc durer longtemps.

3. L'absence d'ajustement par les prix du travail (en fait les niveaux des salaires) entre les demandes et les offres d'emploi, empêchent la résorption du chômage. Il y a d'abord une viscosité des salaires nominaux liés à la négociation des contrats, mais surtout une baisse des salaires nominaux entrainerait une contraction de la demande qui provoquerait à son tour une hausse du chômage. Alors que pour les classiques, l'offre de travail par les salariés dépend du salaire réel w/p (ratio où w salaire nominal et p indice des prix), pour Keynes, les salaires nominaux w ne peuvent pas baisser. Alors

que pour Jean-Baptiste Say l'offre crée sa propre demande, pour Keynes, une demande effective insuffisante va déterminer une offre qui ne correspondra pas à une situation de plein emploi : « *le seul fait qu'il existe une insuffisance de la demande effective peut arrêter -et arrête souvent- l'augmentation de l'emploi avant qu'il ait atteint son maximum* ». En économie fermée la demande effective (D) est égale à la somme de la consommation (C) et de l'investissement (I). En conclusion, l'ajustement par les prix sur le marché du travail n'est pas possible. Plus tard, l'économiste Alban William Philips prolongera cette pensée qu'il matérialisera par une courbe qui porte son nom, permettant des arbitrages entre inflation et chômage.

4. La demande agrégée est erratique et ses inflexions ont une plus grande influence sur la production et l'emploi que sur les prix.

5. Les prix, et spécialement les salaires, réagissent lentement au changement de l'offre et de la demande.

6. L'inflation - d'origine salariale, chez Keynes - ne peut exister en période de sous-emploi.

7. Le niveau de l'emploi n'est pas optimal, car il est sujet à la fois aux caprices de la demande et à des ajustements des prix trop lents. Le marché ne s'autorégule pas, il n'assure pas le plein emploi et l'intervention de l'État est nécessaire pour relancer l'économie dans les périodes de récession.

8. Il convient de soutenir l'emploi plutôt que de lutter contre l'inflation.

9. Le marché ne s'autorégule pas, il n'assure pas le plein emploi et l'intervention de l'État est nécessaire pour relancer l'économie dans les périodes de récession.

10. L'offre ne saurait engendrer de demande comme le stipulaient les classiques en se basant sur la théorie « des débouchés ». Depuis J.B. Say et Ricardo les économistes classiques ont cru que l'offre crée sa propre demande, ce qui veut dire que la totalité des couts de production doit nécessairement, dans la communauté entière, être dépensée directement ou indirectement pour l'achat de sa production.

Pour Keynes ce n'est donc pas l'offre qui crée la demande (on n'achète pas parce que des choses sont produites), mais c'est la demande qui crée l'offre (c'est parce qu'on achète qu'il y a production) ; la théorie classique n'est applicable qu'au cas du plein emploi. De cela découlent deux points clés : l'offre ne crée pas comme chez Jean-Baptiste Say sa propre demande, mais dépend de la demande effective.

11. À la différence des classiques, la monnaie n'est pas un « *voile* », mais influe sur l'économie réelle. La demande espérée est la demande anticipée par les entrepreneurs. Ces derniers calculent la production qu'ils doivent réaliser afin d'offrir la quantité optimale de biens et de services demandée par les agents économiques solvables. Le sous-emploi des facteurs de production est selon Keynes dû au fait que les entrepreneurs ont des anticipations pessimistes et sous-estiment la demande effective. Keynes, à la différence des théoriciens classiques, ne raisonne pas dans le cadre d'une

« *parfaite rationalité des agents et d'une information parfaite sur la situation présente et future* ». En fait, la demande effective dépend de prévisions d'agents qui peuvent ne pas conduire au plein emploi. De plus, pour Keynes l'offre de monnaie (Mo) est exogène et dépend de la politique monétaire, ce que ses adversaires lui reprocheront, car le système bancaire crée aussi de la monnaie.

12. En raison du sous-emploi, il faut relancer la demande et c'est alors l'État qui doit jouer un rôle majeur, car c'est lui qui peut emprunter, s'endetter et investir dans l'avenir et financer des projets. Cela crée des emplois et des revenus, ce qui permet à la population de s'enrichir et donc de consommer, ce qui relance la production, ce qui crée à nouveau des emplois, entrainant ainsi un cercle vertueux.

13. De ce fait, la politique économique de l'État en période de sous-emploi revêt deux caractères : elle est budgétaire (dépenses publiques) et monétaire (influence d'un taux d'intérêt volontairement bas pour faciliter l'investissement au détriment de la thésaurisation, croissance importante de la masse monétaire par la mise en circulation de monnaie, qui dans des cas exceptionnels deviendra « *la monnaie par hélicoptère* » de Milton Friedman).

14. La monnaie repose sur la préférence pour la liquidité.

Pour Keynes la monnaie joue un grand rôle dans l'économie et il est important alors de savoir d'où provient ce désir de monnaie. Pour lui, nous désirons de la monnaie pour trois raisons :

- motif de spéculation dépendant principalement de la relation entre taux d'intérêt courants et l'état de la prévision (plus le taux d'intérêt est faible et moins nous avons intérêt à placer de l'argent).
- motif de transaction : le besoin de monnaie pour la réalisation courante des échanges personnels et professionnels.
- motif de précaution : désir de faire face aux aléas de la vie.

15. l'investissement est la cause déterminante de l'épargne.

Alors que chez les classiques l'épargne dépend du taux d'intérêt, chez Keynes, elle dépend du revenu (Y). Le lien investissement-épargne a donné lieu à un débat entre John Maynard Keynes et les disciples de Knut Wicksell, dont Dennis Robertson. Finalement pour Keynes, l'investissement dépendra du taux d'intérêt et de l'efficacité marginale du capital. Si l'efficacité marginale est supérieure au taux d'intérêt, l'entreprise investira sinon il vaudra mieux placer l'argent. Aussi plus le taux d'intérêt est faible et plus les entreprises auront tendance à investir.

16. Il existe une loi psychologique selon laquelle la consommation augmente moins vite que le revenu, d'où le concept keynésien de propension marginale à consommer.« *La loi psychologique fondamentale, à laquelle nous pouvons faire toute confiance, à la fois a priori en raison de notre connaissance de la nature humaine et a posteriori en raison des enseignements détaillés de l'expérience, c'est qu'en moyenne et la plupart*

du temps les hommes tendent à accroitre leur consommation à mesure que leur revenu croît, mais non d'une quantité aussi grande que l'accroissement du revenu ». Aussi pour Keynes, si « C » est la consommation et « Y » le revenu alors dC/dY, est la propension marginale à consommer.

Les théoriciens postérieurs à Keynes ont essayé de synthétiser cet énoncé par un graphique connu sous le nom de l'équilibre IS/LM. Le modèle IS/LM est un modèle économique proposé par John Hicks en 1937 et aménagé par Alvin Hansen (d' où son nom de modèle Hicks-Hansen), pour transcrire de façon formalisée la *Théorie générale* de John Maynard Keynes. Il est devenu le « modèle standard » de la synthèse néoclassique et il reste le plus couramment enseigné.

Ce modèle se compose de deux courbes :

- Une courbe IS représentant tous les couples de valeurs d'équilibre (i, Y) sur le marché des biens et des services (*investments and savings*, d'où IS),
- Une courbe LM représentant tous les couples (i, Y) d'équilibre sur le marché de la monnaie (*liquidity preference and money supply*, d'où LM).

Les deux courbes IS et LM sont réunis sur un même graphe, qui est donc l'interface entre la vision « réelle » et la vision « monétaire » de l'économie. L'intersection des deux courbes représente le point (unique) d'équilibre sur le marché des biens et services et de la monnaie. Il permet de déterminer le taux d'intérêt d'équilibre et le PIB d'équilibre. Mais dans la théorie keynésienne, cet équilibre peut s'établir à un niveau inférieur au PIB potentiel de plein emploi de l'économie. Donc, l'équilibre général des théoriciens néoclassiques n'est pas atteint automatiquement par le simple jeu des marchés.

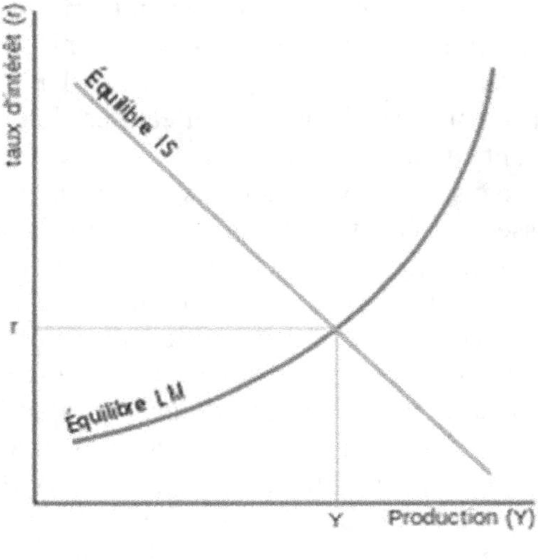

Une autre question lancinante souvent explorée est de savoir comment deux théoriciens si antagonistes que Keynes er Marx ont réussi par des analystes opposées à avoir une vision partagée de l'évolution du système capitaliste et en définitive à développer des points communs. En effet, Marx et Keynes se rejoignent sur certains points. Keynes puisa une part de ses idées et de ses forces dans un fond commun avec Marx. Sans y consacrer de longs passages, Keynes revient à la théorie de la valeur travail et, surtout, les deux théoriciens se retrouvent dans le rejet total de la loi des débouchés de Jean Baptiste Say. Tous les deux proclament la nécessité de l'intervention de l'État dans l'économie même si deux types d'intervention économique coexistent, d'abord celle de type marxiste qui ne traite pas de la dynamique de l'économie et qui stipule que c'est à l'État de gérer l'économie pour mettre fin à l'exploitation des travailleurs et puis celle de Keynes pour lequel l'interventionnisme étatique est bien au contraire nécessaire pour empêcher l'effondrement du capitalisme.

Plus généralement, Keynes voyait, comme Marx, une évolution du capitalisme débouchant sur un effondrement dont les causes sont inhérentes au fonctionnement du système. L'origine ultime de la crise que Keynes identifie rejoint l'interprétation marxiste : ce qui explique la « *dépression* », c'est l'insuffisance de l'investissement (et non de l'épargne) et, en amont de cette insuffisance, due à la diminution du rendement du capital ou efficacité marginale du capital, elle-même liée à l'obsolescence du capital, il y a en dernière instance la « *concurrence capitaliste* », que Marx appelait les « *contradictions internes du capitalisme* ». Il n'est pas surprenant qu'aujourd'hui les thèses politiques d'une certaine gauche soient imprégnées d'une forte dose de keynésianisme. Il est vrai que ceux qui s'en réclament ont évolué par rapport à Keynes et il n'est pas sûr que Keynes aurait approuvé cette évolution. Déjà Keynes s'emportait à la fin de sa vie contre ses disciples qui, en charge des finances publiques, abusaient des politiques de relance à répétition qui ne rapportaient rien en termes de croissance, mais qui coutaient beaucoup aux finances publiques. Comme Marx qui, exaspéré par les propos de ses disciples, avait proclamé qu'il n'était pas marxiste, Keynes aurait pu aussi bien proclamer qu'il n'était pas keynésien.

Les keynésiens ont eu leur temps de gloire. Tout d'abord pendant l'après-guerre, y compris dans les pays anglo-saxons. Mais l'accumulation des déficits et l'accroissement la dette publique ont créé une suspicion parmi de nombreux économistes. Alors que vers 1960 les économistes anglo-saxons s'éloignaient de Keynes, la théorie de ce dernier entrait en force en France pour constituer le corpus doctrinal principal de l'enseignement de l'économie qui a prévalu en grande partie jusqu'à nos jours avec l'apparition d'économistes dits hétérodoxes. Une grande bataille a eu lieu entre 2009 et 2013 entre les libéraux qu'on a appelés « *austériens* » et les keynésiens. Les écrits de Kenneth Rogoff, ancien économiste du FMI, et de Carmen Reinhart, tenants de l'économie classique, ont été ridiculisés par le Prix Nobel, Paul Krugman, tandis qu'à Bruxelles la Commission reconnaissait que la politique d'austérité avait atteint ses limites en Europe. Plus apte à s'imposer désormais dans les pays méditerranéens que dans les pays anglo-saxons, la théorie keynésienne a à nouveau conquis les esprits grâce à l'appui majeur de deux Prix Nobel d'économie, à savoir Paul Krugman et Joe Stiigltz, tous deux très favorables aux politiques de soutien par la dépense publique. Il est indéniable que la relance de type néo keynésienne a été efficace pour juguler la crise de 2008. C'est ainsi que certains gouvernements, hormis ceux de l'Europe du Nord et celui d'Allemagne, ont abandonné l'austérité pour mettre le cap sur la croissance financée par le déficit et l'endettement. C'est dans cette optique que Manuel Macron, après avoir commencé son mandat sous les auspices des théories classiques imprégnées d'un grand libéralisme a cru bon devoir se débarrasser du carcan maastrichtien de la limite maximum de 3 % du déficit budgétaire et du pourcentage maximum d'endettement fixé à 60 % du PIB.

C'est ainsi que la politique keynésienne a repris sa revanche sur les principes du respect absolu des grands équilibres, et ce notamment au moment où le président Donald Trump mettait en œuvre un vaste plan de relance keynésien pour assurer sa réélection. L'apparition de la pandémie du coronavirus l'a obligé d'en préparer un second encore plus important dès avril 2020, plan reposant en grande partie sur le déficit. De son côté, le Japon, lui aussi, n'en finit pas de mettre en œuvre de nouveaux plans de relance pour essayer d'éloigner le spectre de la déflation qui le guette depuis une trentaine d'années. Keynes n'est donc pas mort, il revient nous visiter et à nouveau les thèses classiques et néoclassiques symbolisées par l'économie allemande contrastent avec les thèses des keynésiens et néo keynésiens, lesquels prônent l'intervention étatique, le déficit et l'endettement. Les hostilités sont à nouveau ouvertes. Théorie de la demande et théorie de l'offre continuent à s'affronter dans le monde sans que pour autant les politiques mises en œuvre durant ces cinquante dernières années puissent désigner un vainqueur. La politique keynésienne n'a d'ailleurs pas dit son dernier mot. Dans de nombreux secteurs, les disciples de Keynes sont à la manœuvre. Ainsi, dans le domaine de la politique européenne satellitaire, le projet de réseau de télécommunications absolument nécessaire pour les gouvernements, car étant entièrement sécurisé, n'a pas pu être financé par les fonds européens. Les keynésiens ont proposé de le financer par emprunt à hauteur de 5 milliards d'euros, ce qui permettrait à la filière européenne de survivre face à ses concurrents américains. Il est vraisemblable que cette stratégie soit retenue. Il en va de même du financement des investissements colossaux nécessités par la transition écologique que les keynésiens proposent de financer par l'emprunt.

Si la théorie de Keynes a eu tant de succès en France, c'est que tous les gouvernements français n'ont jamais eu de peine, pas plus que de remords, à augmenter les dépenses publiques financées le plus souvent par le déficit. Au contraire, ils se sont tous montrés timorés quand ils ont émis l'intention de diminuer les dépenses. Apeurés par cette stratégie, ils ont tous déclaré forfait depuis une cinquantaine d'années. Ce fut le cas du président Manuel Macron qui a fini par renier ses promesses électorales et par abandonner la baisse substantielle de dépenses qu'il avait annoncée. C'est ainsi qu'a disparu complètement en France la stratégie d'une baisse des dépenses publiques pour alléger la fiscalité. Cela impliquerait bien sûr des mesures impopulaires comme rehausser l'âge de départ à la retraite, augmenter la durée du temps de travail réel des agents publics, lutter contre l'absentéisme dans les services publics et l'administration, recentrer les dépenses publiques sur les missions régaliennes, etc. Toutes ces mesures exigent déterminisme et courage politique et c'est parce qu'il y a carence patente de telles qualités qu'aucune réforme d'envergure n'a été enclenchée. Il est bien plus facile, au contraire, et sans risque sociétal, de prévoir des augmentations de dépenses publiques et d'actionner les leviers de la relance keynésienne. Tout le monde applaudit sauf qu'à long terme l'endettement de l'État risque de devenir insupportable et c'est sur ce point de pure sagesse que les théories libérales reprennent un crédit certain.

Dans les faits, en économie appliquée, les leviers d'action économique privilégiés par les keynésiens et néokeynésiens sont au nombre de trois :

- Il faut privilégier les revenus des plus défavorisés, car ce sont eux qui consommeront le plus : leur propension marginale à consommer est maximale (c'est-à-dire que la part du revenu supplémentaire qui sera consommée sera proche de 100 %) alors que les plus favorisés auront tendance à plutôt épargner. Le déficit budgétaire de l'État ne sera que temporaire ; lorsque l'activité sera relancée, les rentrées fiscales supplémentaires engendrées par la hausse de la production combleront le déficit.
- Il faut que les taux d'intérêt soient bas pour favoriser le crédit et donc relancer la consommation et l'investissement. La Banque centrale doit donc veiller à ce que la quantité de monnaie en circulation soit toujours suffisante à l'activité. Cette politique a permis la forte croissance des Trente Glorieuses avec des taux d'intérêt réels faibles (taux d'intérêt réel = taux d'intérêt nominal – taux d'inflation).
- La politique budgétaire est l'instrument keynésien de prédilection. L'État doit accroitre ses dépenses pour relancer la croissance. Les moyens sont nombreux, le plus direct et efficace consistant à lancer des investissements publics qui créeront de l'activité pour une multitude d'entreprises, les poussant à leur tour à investir. Cela peut passer aussi par une augmentation des salaires ou une augmentation des revenus de transferts pour les plus démunis (qui augmenteront leur consommation) et par là augmentera la demande.

Après une longue période d'incertitude, Keynes est de retour. Tout d'abord, il a été plébiscité pour endiguer les deux grandes crises économiques qui ont été celles des années 2008 et 2020. Des plans de relance gigantesques financés par le déficit, et donc l'endettement, ont été mis en œuvre pour stimuler la croissance réduire le chômage, tout en générant des endettements colossaux. Mais, qui plus est, dans le sillage de certaines stratégies d'obédience keynésienne, on a vu apparaitre dans certains cercles financiers spécialisés des recommandations de certains chercheurs du FMI visant à taxer à tout prix les dépôts bancaires et les liquidités de tous les citoyens. Selon ces chercheurs, si les espèces restent disponibles, pratiquer des taux d'intérêt très négatifs devient impossible, car les espèces ont le même pouvoir d'achat que les dépôts bancaires avec un taux d'intérêt nominal nul. Alors, selon ces chercheurs, l'une des possibilités pour franchir la limite inférieure de zéro serait soit de supprimer les espèces, soit de les rendre onéreuses, d'où l'idée de créer une monnaie numérique obligatoire remplaçant les dépôts. Cette monnaie numérique serait soumise facilement à un taux négatif, et en cas de besoin, cette monnaie pourrait être convertie en espèces, mais après application d'un taux de change dissuasif. Tout type d'épargne et toute forme de liquidité seraient ainsi taxés. C'est un univers kafkaïen que nous annoncent sans sourciller de tels chercheurs. De telles préconisations font penser à certaines réflexions d'asservissement des citoyens que Friedrich Hayek a su décrire dans son œuvre mémorable : *« Les routes de la servitude.* » Malheureusement jusqu'ici aucun théoricien libéral ne s'est mobilisé pour dénoncer ces pistes d'asservissement monétaire esquissées par des chercheurs de FMI. Keynes n'avait pas osé aller jusque-là, mais il est vrai que l'activité numérique n'existait pas de son vivant.

CHAPITRE VI

Ce que les libéraux reprochent à Keynes : une théorie inadaptée à une partie du monde

> « Keynes n'a jamais admis qu'une inflation croissante est nécessaire pour qu'un accroissement de la demande monétaire puisse durablement augmenter l'emploi des travailleurs. Il était complètement conscient du risque qu'un accroissement de la demande monétaire dégénère en inflation croissante, et vers la fin de sa vie il craignait fort que cela n'arrive. Et si cela s'est bel et bien produit, ce n'est pas Keynes de son vivant qui en fut la cause, mais plutôt l'influence persistante de ses théories. Je puis rapporter de première main que, à la dernière occasion où j'en ai discuté avec lui, il était sérieusement alarmé par l'agitation pour l'expansion de crédit à laquelle se livraient certains de ses plus proches associés. Il alla même jusqu'à m'assurer que, au cas où ses théories, rudement nécessaires lors de la déflation des années 1930, auraient des effets dangereux, il se dépêcherait de réorienter l'opinion publique dans le bon sens. Quelques semaines plus tard, il était mort et ne pouvait plus le faire. »
>
> (Friedrich Hayek, Prix Nobel 1974).

Les relances de type keynésien n'ont pas toujours été couronnées de succès dans l'Histoire, car les conditions d'une réussite d'un rebond n'existaient pas. Les avertissements de Friedrich Hayek se sont souvent avérés exacts. Ce chapitre en explique les raisons.

Sans se référer à un lointain passé, il suffit de passer au crible les propositions actuelles de la BCE qui a délibérément choisi l'option de la création massive de monnaie, de taux d'intérêt quasiment nuls, voire négatifs, et a prôné des relances budgétaires financées par l'emprunt. C'est une stratégie essentiellement keynésienne. Peut-elle réussir ? Comme l'aurait préconisé Keynes, la planche à billets fonctionne à nouveau à plein régime, le programme de rachat d'actifs (QE) arrêté fin 2018 a été relancé, le secteur bancaire est appelé à multiplier des crédits pour relancer la croissance et les États sont priés d'accompagner ces mesures en laissant filer leurs déficits pour relancer la demande effective. Keynes n'aurait pas pu rêver d'un meilleur scénario.

La BCE, comme toute Banque centrale, crée certes de la monnaie, mais ne peut cependant l'orienter. Cette responsabilité est celle du secteur bancaire, mais ce dernier peut aussi créer de la monnaie à travers l'octroi de prêts. La création de monnaie n'est donc pas entièrement exogène, mais ce sont les banques qui décident en dernier ressort de la finalité de la masse monétaire. Ont-elles donc bien orienté leurs crédits vers l'économie réelle ? Avant le début de la pandémie du coronavirus, le précédent plan de relance au niveau européen a été loin d'être un franc succès, puisqu'on a assisté, rien qu'en France, à la montée en flèche de certains actifs immobiliers ou boursiers, à un accroissement d'onéreuses fusions-acquisitions, sans parler d'emprunts à taux bas investis dans des projets à rentabilité lucrative à l'étranger. Par ailleurs, était-ce le meilleur moment pour inciter le secteur bancaire à augmenter ses crédits ? C'est oublier que les banques ont été les premières victimes directes de l'abaissement des taux d'intérêt imposé par la BCE. En effet, en réduisant considérablement leurs marges, la BCE a fragilisé l'ensemble du secteur bancaire de la zone euro au point que l'on décomptait en 2019 de nombreuses banques en difficulté malgré les règles prudentielles de Bâle III. Leurs marges ayant diminué, l'octroi de crédit à taux peu rémunérateurs pose problème pour leur saine rentabilité.

Par ailleurs, peut-on attendre beaucoup d'une politique de QE assortie de taux d'intérêt très bas, voire négatifs ? Si on prend comme référence, les effets de la politique similaire pratiquée par la Banque centrale du Japon on aurait tendance à dire non. La création massive de monnaie injectée depuis des décennies dans l'économie de ce pays et la politique de taux pratiquement nuls n'ont pas suffi à relancer la croissance. L'Europe est en train de se « japoniser ». Même la hausse du pouvoir d'achat en France en 2018 et 2019 a plutôt favorisé l'épargne de précaution que la consommation. La peur de l'avenir ne pousse pas à consommer plus, mais à épargner plus, ce qui explique le taux d'épargne français proche de 15 % du PIB, taux pourtant inférieur à celui des Allemands qui ont encore plus peur de l'avenir alors que leur économie a été florissante pendant de longues années. Pourtant la théorie keynésienne prévoit qu'en période de sous-emploi, toute création de monnaie entraine une augmentation de la demande et donc de la production. On a de la peine à le vérifier en France où dominait en 2019 un chômage structurel de l'ordre de 8,1 %. Mais la théorie quantitative de la monnaie n'est pas vérifiée pour autant alors que les monétaristes pensaient que l'inflation n'était qu'un phénomène purement monétaire et qu'elle ne pouvait être due qu'à une création monétaire excessive par rapport au niveau de production. Or, dans la zone euro, le niveau des prix stagne également depuis des années malgré la pratique excessive du QE. On assiste donc à une inadéquation des théories économiques dominantes et on peut donc se demander si, de ce fait, la pérennisation du QE est vraiment adaptée. Il en va de même de la célèbre « *monnaie hélicoptère* » chère à Milton Friedman. La relance économique par la création monétaire, un des leviers majeurs de la doctrine keynésienne, n'a pas réussi à relancer l'économie européenne depuis un certain temps. C'est le signe que la situation est bien plus grave que prévu, le remède ne s'attaquant nullement aux causes structurelles du malaise économique aussi bien au niveau des entreprises qu'à celui de l'État.

En sera-t-il ainsi en 2020 pour les plans colossaux de relance préparés au niveau européen et au niveau national ? Certes, il est question aujourd'hui de la reprise d'un programme illimité de rachats d'actifs, mais cette stratégie se heurte en fait à la pénurie d'actifs à racheter puisque la limite de rachat de dettes souveraines avait été fixée à 33 % et qu'une bonne partie de ces rachats est déjà épuisée. En conséquence, il va falloir que la BCE commence à arbitrer entre dettes souveraines encore disponibles et obligations d'entreprises. Mais ses ambitions sont plus grandes cette fois puisqu'elle s'apprête à racheter 750 milliards d'euros de dettes publiques et privées, permettant en plus d'empêcher les taux de monter dans les pays fragilisés comme l'Italie. L'impact sur l'économie réelle devrait être cette fois bien différent de ce qu'il avait été lors des plans précédents.

Par ailleurs, le levier de la relance par la baisse des taux directeurs est désormais désactivé compte tenu des taux très bas déjà en vigueur, ce qui limite l'action de toute Banque centrale. C'est pour cela que la BCE a exhorté les États à prendre le relais pour qu'ils se lancent à leur tour dans des politiques keynésiennes financées par le déficit budgétaire. Certains keynésiens prétendent que cette stratégie est sans danger puisque le taux d'intérêt réel est inférieur au taux de croissance, mais personne ne peut affirmer que les taux d'intérêt resteront longtemps à ces niveaux, car l'économie mondiale n'offre aucune visibilité. C'est donc un pari sur l'avenir. Il est vrai que toutes les tentatives de relance dans le monde n'ont pas été couronnées de succès, car la demande domestique se déporte de plus en plus hors des frontières suite à la désindustrialisation de nos économies.

La hausse brutale de l'endettement étatique constitue une autre préoccupation, car à partir d'un niveau élevé d'endettement s'ouvrent les portes du populisme et des soulèvements, comme le démontre l'Amérique latine. Keynes ne s'est pourtant jamais ému du niveau élevé de la dette des États. Plus que le niveau de la dette, le plus important pour lui était la capacité d'un État à convaincre qu'il pouvait la maitriser sur le long terme. Ses adeptes, sans omettre le caractère couteux de ces mesures, ont toujours défendu l'idée qu'elles étaient réversibles. L'économiste américain, Larry Summers, a d'ailleurs popularisé cette théorie avec sa règle des « *trois T* » (« *timely* », « *targeted* » *and* « *temporary* » soit « opportune », « ciblée » et « temporaire ») ce que certains pays semblent avoir privilégié. De plus, compte tenu de la faiblesse des taux d'intérêt, le danger ne semble pas proche. En effet, selon les keynésiens, comme les États empruntent à longue échéance, l'effet d'inertie devrait se faire sentir encore longtemps. Ainsi, la France qui paye un taux moyen de 1,8 % pourrait faire encore des économies de charges d'intérêt.

En réalité Keynes ne s'est jamais impliqué dans la microéconomie. Il a voulu contredire la théorie classique et c'est ce que l'on a retenu de lui. Ses écrits sont tellement abondants qu'il n'a pas manqué de se contredire plusieurs fois. Cependant, l'immense majorité des spécialistes est d'accord pour considérer que sa « *Théorie générale* » est son œuvre majeure exprimant le fond de sa pensée. Cependant, de nombreuses ambiguïtés subsistent. Il n'a voulu d'ailleurs être que le spécialiste du sous-emploi et des thérapeutiques permettant de le résorber, mais il est resté toujours réservé sur le fonctionnement de l'économie en situation de plein emploi comme si ce sujet ne le passionnait pas. Ainsi, il a contribué à entretenir le doute lorsqu'il affirme, au chapitre 24 de la *Théorie générale*, qu'en situation de plein emploi, "l*a théorie classique reprendra tous ses droits*". Que dirait-il aujourd'hui à l'égard de pays qui ont atteint le plein emploi comme l'Allemagne sans n'avoir jamais eu, ou presque, besoin d'adopter les fondements de sa théorie ? Ce pays est connu pour être réfractaire aux dogmes keynésiens, y compris le parti social-démocrate SPD. Par ailleurs, comme tous les grands penseurs économiques, Keynes a été dépassé à la fin de sa vie par ses propres adeptes, et il s'est montré peu satisfait des stratégies défaillantes adoptées par ses plus proches associés. Il aurait pu reprendre la même boutade que Karl Marx avait prononcée à la fin de sa vie en estimant ne pas être marxiste. Keynes se sentait-il il keynésien en fin de vie ? Ce sont en fait les idées du groupe des jeunes doctrinaires keynésiens qui inspirèrent la politique dite de « plein emploi » pendant les trente années qui suivirent, non seulement en Grande-Bretagne, mais aussi dans le reste du monde.

Keynes par ailleurs n'avait jamais imaginé que des taux d'intérêt volontairement bas puissent générer des investissements dans des pays autres que celui où aurait dû s'appliquer le multiplicateur. Or, c'est bien ce qui se produit sous nos yeux, détournement que le grand économiste américain Hyman Minsky (1996) a théorisé sous la forme de *« l'instabilité financière »*. Au nom d'une politique keynésienne, des taux bas sont instaurés dans un pays, ou une zone économique, attirant de ce fait de nombreux emprunteurs qui, ayant trouvé de l'argent frais à bon compte, vont vite l'investir à l'étranger, notamment dans des pays émergents pour profiter de rendements réels beaucoup plus élevés. La théorie keynésienne est ainsi détournée de sa vocation fondamentale, ce qui crée par ailleurs une instabilité systémique, d'abord dans le pays où le prêt a été accordé, pays où l'investissement attendu n'est pas au rendez-vous, mais aussi dans le pays bénéficiaire du prêt, pays émergent où les structures économiques ne peuvent pas toujours absorber facilement de tels investissements et où des bulles spéculatives vont alors se produire. Keynes n'avait jamais pensé à un tel détournement dans le cadre d'une économie de plus en plus ouverte sur le monde. Dans le sillage de cette théorie, Hyman Minsky a élaboré ce qu'il appelle le *« paradoxe de la tranquillité »*, modèle dans lequel la finance joue un rôle de plus en plus déstabilisant. Pour lui, la crise est le fruit d'un système financier déconnecté du réel et attiré par des rendements immodérés à court terme : plus les conditions de lancements d'investissements sont encourageantes, notamment grâce à des taux d'intérêt bas, plus les risques vont éclater. Il ne suffit pas d'avoir des taux d'intérêt bas pour relancer la machine économique comme le pensait Keynes, mais au contraire des taux bas peuvent encourager des stratégies de spéculation de plus en plus risquées au détriment de l'économie réelle. Cette dernière au lieu d'être stimulée est bien au contraire fortement perturbée, le contraire de ce que Keynes espérait.

Il faut par ailleurs admettre que Keynes a écrit sa théorie dans un contexte différent de celui des crises actuelles et on ne peut donc transposer simplement des analyses qui s'appliquaient à la période spécifique de l'entre-deux-guerres si différente de la nôtre. Mais les critiques qui ont été formulées ont souvent été exprimées juste après la Seconde Guerre et font référence à des phénomènes qui ont relativement disparu aujourd'hui, comme l'inflation galopante. Le message keynésien a cependant été entendu lors de la crise financière de 2008, et aucune objection n'est alors venue obscurcir ce message comme en 1929, les gouvernements n'hésitant plus désormais à creuser les déficits pour soutenir l'économie. L'économiste Robert Lucas, déclarait à cet égard en 2008 : « *Je suppose que tout le monde est keynésien dans les tranchées.* » Cette phrase peut s'interpréter ainsi : en cas de crise grave, tous les économistes deviennent keynésiens.

Il faut donc replacer Keynes et les critiques qui ont été formulées dans cette période particulière de l'Histoire des années de 1930. C'est surtout vrai en matière de définition du chômage et de la distinction faite pour la première fois entre chômage volontaire et involontaire. Le chômage « involontaire », correspondant à une situation subie et non choisie n'avait jamais intéressé les théoriciens classiques. Pour eux il pouvait être résorbé par la diminution du salaire réel. On sait aujourd'hui qu'il peut y avoir cohabitation d'un chômage involontaire et volontaire, le chômage involontaire étant cependant prédominant. De nos jours, l'analyse du sous-emploi est plus approfondie. Des facteurs complexes comme le progrès technique, l'internationalisation des économies ou la polarisation des activités sur les territoires doivent être intégrés pour comprendre les processus de création/destruction d'emplois. Il faut à la fois réduire les défaillances de marché et celles de l'action publique en introduisant des incitations à améliorer l'efficience des acteurs de l'économie si on veut stimuler l'activité économique créatrice d'emplois. Enfin, la dimension environnementale prend une importance qui était inexistante dans les années 1930 et qui conditionnera les perspectives de croissance et d'emploi dans l'avenir. Reste une certitude, comme le répète le BIT (Bureau international du travail) : *« l'emploi sera un défi pour les décennies à venir si on veut éviter des tensions, différentes, mais certainement aussi graves que celles qui se sont développées pendant l'entre-deux-guerres.* » Pour un pays donné, créer, ou simplement maintenir des emplois peut se faire aussi en détruisant les emplois existant dans d'autres pays. La guerre des emplois entre nations concurrentes pourrait bien reprendre.

Il est nécessaire de préciser que de nombreux théoriciens libéraux ne croient pas aux vertus universelles d'une relance budgétaire. C'est le cas de Milton Friedman. Pour lui, l'État ne peut pas être plus efficace que le marché dans l'allocation des ressources. En effet, en augmentant les revenus de ses agents, comme le préconisait Keynes, l'État crée aussi de l'inflation et, selon ces théoriciens, le revenu réel des agents n'augmente donc pas, leur pouvoir d'achat restant le même. Il est vrai que Keynes avait répondu par anticipation à cette objection en indiquant que l'inflation ne peut exister en période de sous-emploi. De ce fait, pour les libéraux, l'État est obligé de prolonger et d'amplifier ses dépenses budgétaires s'il veut que les agents continuent d'accroitre leur consommation. Cela va avoir pour effet progressif d'endetter l'État sans effet significatif sur la croissance à long terme. Ce faisant, ce dernier accapare alors une partie des ressources disponibles sur le marché monétaire, lequel ne peut que se tarir lentement. En conséquence, le taux d'intérêt augmente. Cette hausse des taux d'intérêt dissuade alors l'investissement des entreprises privées. L'investissement public remplace donc progressivement l'investissement privé : il y a « *effet d'éviction* », une éviction par les taux d'intérêt, selon les théoriciens libéraux.

Mais ce n'est pas tout. Outre la hausse de l'inflation et de l'endettement, l'intervention de l'État peut avoir d'autres effets néfastes. L'État, selon les libéraux, perturbe le fonctionnement du marché en imposant des règles qui ne permettent pas d'atteindre un équilibre naturel. Notamment, en intervenant sur les niveaux de certains salaires, l'État renchérit le cout du travail et crée alors du chômage, les entreprises préférant substituer du capital au travail devenu trop onéreux ou même délocaliser leur production.

Par ailleurs, Keynes a conçu sa théorie dans une économie nationale relativement fermée, dans laquelle la demande domestique peut être satisfaite à l'intérieur des frontières pour l'essentiel. C'était bien le cas de son vivant où les échanges internationaux n'avaient pas pris l'ampleur qu'ils ont aujourd'hui. En conséquence, la contrainte liée aux échanges extérieurs semble avoir échappé à Keynes. Si l'État pratique une relance budgétaire, la consommation va certes augmenter, mais inévitablement les ménages vont acheter à la fois des biens nationaux, mais aussi des biens fabriqués à l'étranger, et peut-être plus de biens étrangers que nationaux, ce qui est le plus probable pour des économies ouvertes et intégrées au niveau mondial. En conséquence, suite à un plan de relance, l'effet de l'augmentation de la demande domestique sur la production nationale sera réduit. Pour la France, le diagnostic actuel est encore plus cruel. On estime en effet que lorsque la demande domestique augmente de 100 euros, près de 75 euros de cette demande supplémentaire sont dirigés vers les entreprises des pays étrangers, faute d'une offre suffisante de l'appareil productif national. Ce phénomène s'explique aussi par la déliquescence de l'appareil industriel dans des pays comme la France où ce secteur ne représente que 10 % du PIB. En conséquence, tout accroissement de la demande interne a très peu de chances d'être satisfait par une augmentation équivalente de l'offre nationale et, de ce fait, cet accroissement sert prioritairement les intérêts des entreprises étrangères. Cela explique la détérioration de la balance commerciale française, ce déficit étant d'autant plus fort qu'un nombre croissant de plans de relance existe. Seuls 25 euros sur 100, dans l'exemple donné ci-dessus, profitent à la production nationale française. La déperdition de l'effet multiplicateur est donc énorme et constitue une contrainte d'ordre structurel qui s'explique par la production de plus en plus mondialisée et interdépendante, conséquence de l'ouverture toujours plus grande de nos frontières, suite au développement du libre-échange.

Mais l'effet de plus en plus limité du multiplicateur s'explique aussi par un autre phénomène, à savoir le besoin croissant d'épargne de précaution individuelle, et ce, bien au-delà de ce qu'avait prévu Keynes, comme le montre le cas du Japon aujourd'hui, mais aussi celui de la France où le volume d'épargne atteint 15 % du PIB, en deçà pourtant des taux allemand et belge constatés. Parler alors dans ce contexte d'un effet multiplicateur significatif de toute relance sur la production nationale est fortement exagéré.

Pour des pays comme la France, l'avantage retiré aujourd'hui de toute relance budgétaire ne peut donc être que modeste et est à comparer à son cout, car c'est bien l'endettement qui en est presque toujours à l'origine. Dans les faits, la déliquescence du secteur industriel national, l'ouverture quasi totale des frontières et une appétence grandissante pour l'épargne de précaution face à un avenir incertain constituent des facteurs agissant en synergie pour limiter drastiquement l'effet du multiplicateur sur la production nationale. Pour obtenir des effets significatifs sur la croissance, il faudrait un plan de relance de très grande ampleur, ce qui n'est possible qu'aux États-Unis. Même au Japon, qui pratique pourtant à outrance depuis des années une politique keynésienne d'accroissement de la demande, la production n'augmente que faiblement. Cela illustre l'incapacité du multiplicateur keynésien à jouer désormais dans les économies modernes ouvertes sur le monde un rôle très positif sur la croissance. Certes, à l'époque de Keynes où les frontières étaient relativement fermées, et où, de surcroit, l'industrie jouait un rôle que l'on peut qualifier de prédominant - c'était le cas de la Grande-Bretagne avant la crise de 1929 - le multiplicateur pouvait présenter un effet très positif sur la croissance. Keynes a conçu un mécanisme valable pour son temps et pour l'organisation du monde économique qui prévalait alors. Si ce mécanisme est émoussé aujourd'hui, ce n'est pas la faute de Keynes, mais cela vient du fait que les structures économiques des pays sont fondamentalement différentes et interdépendantes. L'inefficacité de ce multiplicateur est palpable dans des pays comme la France. La France emprunte donc pour financer toute relance, mais ce sont d'abord les entreprises étrangères qui profitent des avantages de cet emprunt. Keynes ne pouvait imaginer le monde d'ouverture d'aujourd'hui, mais nous devons nous rendre compte que le monde a changé radicalement, ce que refusent d'envisager certains économistes néokeynésiens qui considèrent encore le principe du multiplicateur comme le seul sésame vers une meilleure croissance.

Par ailleurs, la théorie keynésienne ne peut s'appliquer à une immense partie du monde, celles des pays émergents, et c'est beaucoup. Elle reste donc une théorie autocentrée sur les seuls pays développés, là où elle est née. L'inapplicabilité de cette théorie dans les pays émergents est d'ailleurs bien mise en exergue par le dernier rapport de la Banque mondiale de 2019 qui note que dans nombre de ces pays l'investissement public diminue alors que la dette de ces pays s'envole. On est dans un schéma keynésien inversé où l'endettement public ne sert plus à augmenter l'investissement, lequel au contraire diminue !

Pourquoi une telle inadaptation ? Le recours à la macroéconomie explique déjà cela. L'analyse de Keynes s'exprime en agrégats macroéconomiques et en flux monétaires compactés : revenu global, consommation globale, épargne globale, investissement global. Faute de systèmes statistiques fiables et détaillés, ces concepts n'ont pas de signification réelle pour les citoyens d'un pays émergent dont beaucoup vivent dans des conditions qui les rapprochent du seuil de pauvreté. Certes, un embryon simplifié et souvent très fragile de comptabilité nationale y a été constitué pour les seuls besoins de l'ONU, du FMI et de la Banque mondiale, systèmes le plus souvent managés par des experts étrangers, mais il est rare que les responsables politiques nationaux établissent leurs plans d'action à partir de telles données. Il n'y a pas de vrais modèles économétriques de l'économie du pays, pas plus que de « matrices de Leontief » dans ces pays. La théorie macroéconomique de Keynes ne peut facilement s'y déployer. Mais il y a pire.

Tout d'abord les acteurs quotidiens de ces économies n'ont rien de commun avec ceux de la *Théorie générale*. Il existe dans ces pays une majorité de paysans avec des structures mentales qui méconnaissent les principes de l'économie et pour lesquels la recherche d'un profit, la décomposition d'un revenu entre consommation et épargne et encore plus le cheminement séquentiel de flux monétaires n'a aucun sens. Il y a aussi ceux, qui bien qu'autochtones, mais appartenant à la minorité des « *nouveaux riches* », pourraient trouver un sens à certains de ces concepts keynésiens ; cependant, ces citoyens commercent plus avec l'étranger qu'avec les ressortissants du pays, déposent leurs avoirs hors des frontières, et vivent donc dans une sorte d'apartheid économique. Leurs transactions monétaires et leurs investissements se réalisent le plus souvent loin de leur pays. Ils échappent aux mécanismes de base de la théorie keynésienne. Enfin, il y a les entreprises étrangères implantées dans ces pays pour exploiter une activité lucrative : leurs revenus repartent à l'étranger- en raison des conventions ou des contrats signés bilatéralement- sans transiter, ou très peu, par l'économie locale. Or, ce sont de ces entreprises incontrôlables que dépend avant tout le PIB de ces pays. Il en va de même des entreprises présentes pour mettre temporairement en œuvre certains projets, suite à des conventions internationales. Ce sont bien toutes ces entreprises qui voient passer le maximum de flux monétaires dans le pays, mais dans tous ces cas, l'essentiel des revenus perçus ne fait que transiter dans le pays et repart immédiatement à l'étranger. Ils échappent totalement ou presque à l'économie nationale qui n'en profite guère. Ces flux ne peuvent donc activer un mécanisme de multiplicateur d'investissement keynésien. Ajoutons à ce tableau le cas encore extrême des entreprises chinoises présentes dans la plupart de ces pays, souvent pour y mettre en œuvre d'importants projets d'investissement avec l'appui des gouvernements locaux. Les flux monétaires générés par leurs activités n'ont aucun impact sur un quelconque multiplicateur national, car la main d'œuvre utilisée n'est même pas locale, mais chinoise, leurs salaires sont utilisés pour la consommation de produits chinois vendus dans des magasins chinois installés dans ces pays de sorte que directement et indirectement les flux subséquents de ces investissements sont redirigés vers la Chine. L'impact d'un investissement réalisé dans ces conditions par ces entreprises sur le produit national est donc quasiment nul.

Par ailleurs, si on s'en tient, non plus aux paysans majoritaires, mais aux quelques salariés minoritaires de ces pays, que peut signifier pour eux ce multiplicateur quand plus de la moitié d'entre eux travaillent dans l'illégalité complète, ce qui est le lot de très nombreux pays africains et asiatiques, mais aussi, comme on feint de l'ignorer, de l'Amérique latine. Dans un pays comme la Colombie, souvent considérée comme un pays clé du continent sud-américain, et par ailleurs membre de l'OCDE, on estime à 60 % le nombre de salariés travaillant au marché noir. Établir une stratégie keynésienne dans tous ces pays est un non-sens économique et politique. Cela concerne pourtant plus de la moitié des pays du monde actuel.

En plus de ces paramètres peu propices à un effet multiplicateur dans tous ces pays, la majorité des acteurs nationaux qui ont un statut de producteur sont des exploitants agricoles dont les modes de pensée sont aux antipodes de ce que Keynes avait imaginé dans le cadre du fonctionnement de son modèle. Que peuvent bien signifier pour eux le rôle central du taux d'intérêt, la manière dont il est créé, le rôle donné à l'encaisse, la propension à consommer ou la signification des anticipations des entrepreneurs, alors qu'ils vivent dans un monde immuable où demain est semblable à aujourd'hui ? Par ailleurs, la notion de dépense globale dans tous ces pays ne signifie que peu de choses quand on sait que les institutions statistiques sont embryonnaires et à la disposition du pouvoir politique qui les manœuvre à sa guise. Que signifie alors pour eux devoir augmenter la demande globale ? Si elle augmente, c'est dans la plupart des cas sous l'impulsion de capitaux étrangers ou de décisions étrangères et on est alors ramené aux cas déjà exposés dans lesquels les revenus créés par ces capitaux sont redirigés à l'extérieur du pays.

La longue expérience de l'auteur de ce livre dans tous ces pays témoigne aussi d'un autre phénomène, à savoir que les flux contractuels engagés et définis par les responsables de ces projets- presque toujours étrangers au pays- sont rarement les flux réellement disponibles sur le terrain compte tenu du nombre d'intermédiaires, de prélèvements plus ou moins officiels de décideurs locaux, et du contournement de certaines règles. Un phénomène

« d'évaporation » est omniprésent. L'écart entre les sommes théoriques incorporées au projet et les sommes réellement utilisables pour le projet n'est pas négligeable.

Par ailleurs, le multiplicateur ne peut fonctionner, car l'offre du produit principal des économies des pays émergents est constituée de produits alimentaires de base présentant peu de valeur ajoutée, produits dont l'offre est inélastique. Les quantités offertes ne sont pas le résultat de calculs économiques.

Ajoutons pour être complet que :

- Le chômage endémique et traditionnel n'est que peu corrélé à l'insuffisance de la production nationale et locale dont les niveaux sont le plus souvent inélastiques. Les chômeurs sont d'ailleurs difficilement détectables, car non seulement ils constituent la majorité de la population active, mais ils sont le plus souvent insérés au sein de communautés familiales qui vivent grâce à l'addition des revenus de leurs membres. L'atomicité de l'individu et de son statut s'efface devant le statut collectif de la famille. Que signifie alors être chômeur et que signifie la différenciation introduite par Keynes entre chômeur volontaire et involontaire ? Par ailleurs, même si une augmentation de la demande était susceptible de stimuler une augmentation de la production, il est peu probable que cette augmentation de production se concrétise, car contrairement à ce que pensait Keynes, il n'y a généralement pas de ressources humaines et techniques prêtes à être utilisées. De plus, s'agissant de produits agricoles pour l'essentiel, on se heurte à une inélasticité de l'offre qui ne saurait être stimulée.
- L'épargne individuelle au sens keynésien n'a pas de sens dans ces pays et ce partage entre revenu et épargne se fait, quand il se fait, au gré des opportunités et non en fonction de considérations économiques rationnelles.
- Toute augmentation de revenu se traduit rarement, comme le préconisait Keynes, en augmentation de consommation. Ce revenu supplémentaire se traduit souvent en thésaurisation (laquelle n'a pas de rapport avec l'encaisse de Keynes) ou en remboursement de dettes hypothécaires ou aussi sous forme d'opérations occultes, voire en constitution d'un pécule permettant à un membre de la famille d'émigrer.
- L'épargne de précaution et la thésaurisation ne sont pas différenciées et constituent souvent un seul et même concept pour les habitants de ces pays.
- Les entreprises étrangères qui gèrent des activités dans ces pays en y menant des activités lucratives ou qui y réalisent uniquement des projets d'investissement voient revenir vers elles l'essentiel des flux monétaires ainsi créés ; ces flux restent rarement sur le sol national ; la main d'œuvre locale n'en est qu'un bénéficiaire secondaire et en conséquence il existe peu de flux séquentiels allant des ménages

locaux aux entreprises locales et puis de ces dernières aux ménages, séquences d'itérations multiples qu'implique le fonctionnement du multiplicateur, lequel est pratiquement inopérant. D'ailleurs, ce modèle impliquerait que pour chaque séquence les niveaux de production des entreprises locales puissent augmenter. Ceci se heurte au fait que l'offre, essentiellement agricole, y est inélastique.

En conclusion, la théorie keynésienne est loin d'être universelle et ne peut le devenir comme on vient de le voir. Ni la demande ni l'offre ne peuvent varier dans ces pays comme l'avait déterminé Keynes. Ces concepts keynésiens sont des concepts mathématiques, séquentiels et sophistiqués qui appartiennent aux pays occidentaux, ce monde étroit que connaissait Keynes. Il n'en connaissait pas d'autres. L'auteur de cet ouvrage qui a passé plus de la moitié de sa vie professionnelle, à la fois en tant qu'ingénieur et économiste, à mettre en œuvre pour de grandes organisations internationales des investissements colossaux d'infrastructure de transport dans une vingtaine de pays émergents peut le certifier. La théorie keynésienne n'y fonctionne pas. Tout flux monétaire nouveau y est très vite dérouté et disparait aussitôt dans des circuits non conventionnels dont on perd les traces. Quand existent la misère, la corruption, la domination de groupes mafieux qui gangrènent la société, des « trafics » en tout genre, des transferts systématiques de biens et de capitaux vers l'étranger, voire une thésaurisation outrancière à des fins suspectes, les schémas keynésiens sont inapplicables. Or, ces pays représentent pourtant 70 % de la population mondiale. « *Chez nous, Keynes n'existe pas* » disaient partout dans ces pays de nombreux ministres des Finances à l'auteur de cet ouvrage agissant comme « Project Manager » de grands chantiers d'infrastructures. Keynes n'y existe pas, mais pis, il ne peut y exister.

Inapplicable dans tous les pays émergents et de plus en plus inadapté dans les pays développés, telle se présente aujourd'hui la théorie keynésienne. Ce fut une théorie certes géniale d'un très haut niveau intellectuel, mais dont la validité est circonscrite à une époque de l'Histoire et à des structures particulières de pays développés, dans le cadre de frontières relativement fermées. C'est pour cela qu'elle constitue une doctrine qui ne peut revendiquer l'universalité. Plus la mondialisation progresse et plus la théorie keynésienne ne peut que régresser.

Ajoutons aussi que la théorie de l'inflation proposée par Keynes n'est pas confirmée par les faits. En effet, la croissance de l'inflation dans les années 1960 et surtout 1970 a invalidé la théorie keynésienne qui ne prévoyait pas de situation concomitante de chômage et d'inflation. Or, pendant longtemps, chômage et inflation ont coexisté. On a même connu la stagflation, situation où chômage, inflation et stagnation de la production se côtoyaient en se renforçant. C'est ainsi qu'à certains moments, la priorité a été donnée à la lutte contre l'inflation au détriment de celle contre le chômage, abandonné à son niveau « naturel », selon le mot « glaçant » de Milton Friedman qui fut le premier adversaire de Keynes. Mais a contrario, les cas actuels de l'économie américaine d'une part, et de l'économie allemande d'autre part, infirment aussi cette théorie. En effet, Keynes ne prévoyait l'existence de tendances inflationnistes qu'en situation de plein emploi, tendances générées par l'augmentation de salaire pour l'essentiel. Or, ces deux économies, fin 2019, connaissaient une situation de plein emploi, mais avec un taux d'inflation modéré inférieur à 2 %. Keynes se trouve donc contredit par la réalité.

Par ailleurs, les politiques de relance de type keynésien ont souvent montré leurs limites. Il suffit pour s'en convaincre de comparer ce qu'elles coutent en termes économiques et ce qu'elles rapportent. Nul besoin pour cela de remonter très loin dans l'Histoire. En 2008, alors que le système bancaire risquait de s'effondrer, le gouvernement français a lancé un arsenal d'initiatives budgétaires de type keynésien pour contrer les effets de la crise, soutenir la trésorerie des entreprises et limiter les pertes d'emploi. Cet arsenal de mesures s'est élevé à 34 milliards d'euros pour les années 2009 et 2010 selon les experts de la Cour des comptes. Les résultats ont été selon ces experts peu concluants. L'impact de ces mesures aurait été de 0,5 point de PIB sur deux ans, très en deçà de son cout réel pour les finances publiques évalué par ces mêmes experts à 1,4 % du PIB. Ce plan de relance keynésien peut donc être considéré comme un échec même si cela a permis au service bancaire de ne pas s'effondrer. L'histoire économique du Japon nous en donne un autre exemple. Si le pays, pour sortir d'une situation déflationniste durable, a instauré une politique monétaire accommodante, qui a été une des premières stratégies de *quantitative easing* (QE) du monde occidental, instaurant à la fois des taux d'intérêt structurellement nuls, voire négatifs, et des facilités d'octroi de prêts, la consommation des ménages n'y a pratiquement pas augmenté, contrairement aux principes de la théorie keynésienne. La raison en est la peur de l'avenir et la volonté subséquente d'augmenter l'épargne de précaution pour faire face aux aléas de la vie. L'abondance monétaire, l'endettement colossal des finances publiques (pour le Japon le taux d'endettement atteint 240 % du PIB), un déficit budgétaire permanent, des taux d'intérêt nuls n'ont pas réussi à faire augmenter sensiblement la consommation des ménages, ce qui a entrainé depuis plusieurs années une croissance modeste du PIB. Le Japon témoigne de cet échec aujourd'hui, et ce malgré tous les moyens keynésiens utilisés. La théorie keynésienne n'a rien d'automatique et se heurte à des facteurs vraisemblablement structurels que Keynes n'a pas pris en compte.

En outre, il n'est pas prouvé que c'est la demande qui détermine automatiquement le niveau de l'emploi. L'entrepreneur, en fonction de son niveau de capital -suffisant ou non- mais aussi de ses réserves immobilisées, de ses propres capacités en termes de ressources humaines et techniques et surtout de son analyse du marché, décide du niveau de production à mettre en œuvre au cas d'une hausse de la demande. On ne peut donc souscrire à l'idée qu'une hausse de demande puisse automatiquement engendrer une augmentation équivalente de production. C'est l'entrepreneur qui est au centre de ce dilemme. Il peut y répondre entièrement ou partiellement ou il peut y renoncer s'il estime l'augmentation de la demande non pérenne. L'automatisme keynésien entre augmentation de la demande, augmentation de la production, et diminution subséquente du chômage est purement théorique. C'est au contraire le capital disponible ou non de l'entrepreneur, son aptitude ou son impossibilité de répondre à une demande supplémentaire, et son degré de confiance en l'avenir qui constituent les facteurs déclencheurs. Si la demande a un aspect éphémère, si l'augmentation de la production implique de nouveaux investissements ou une augmentation de frais fixes il est peu probable que l'entrepreneur réponde à cette sollicitation.

Il faudrait ajouter aussi que Keynes pose fort mal la problématique du chômage. En effet, Keynes considère que la résorption du chômage est automatique si la demande effective de biens et de services est relancée, car, selon lui, des chômeurs pourront être alors embauchés. Cette hypothèse implique qu'il existe une flexibilité suffisante de la part des demandeurs d'emploi qui peuvent immédiatement se faire embaucher dans n'importe quel secteur. Or, cela est une affirmation gratuite de nos jours. D'abord, les aptitudes demandées en cas de création de nouveaux postes ne correspondent pas forcément à la formation du chômeur en quête d'emploi. On ne peut plus parler aujourd'hui d'un marché global du travail, mais d'une succession de marchés sectoriels dont certains seulement seront sollicités par l'augmentation d'une demande spécifique. Il n'y a que de faibles chances sur un marché national où la technicité est de rigueur qu'offre de poste spécifique et demande de travail spécialisé coïncident automatiquement. Très souvent, comme le démontrent à longueur de mois les statistiques de l'emploi, il est fréquent qu'une offre de poste de travail précis ne trouve pas de candidat. Les formations sont souvent inadaptées, surtout en France. Cela ne peut que s'aggraver avec l'hyperspécialisation et la haute technicité de l'économie de demain. En conséquence, si pour les raisons susmentionnées, une hausse de la demande globale n'entraine pas nécessairement une augmentation de la production domestique, il n'est nullement assuré que cette dernière aboutisse en plus à l'embauche d'un chômeur. Ces automatismes n'existent pas forcément dans nos sociétés de haute technologie. Keynes raisonnait sur le marché de l'emploi global déspécialisé de 1930, lequel n'a rien de commun avec les nôtres. Les spécialisations ne jouaient pas le rôle sélectif qu'elles jouent aujourd'hui et de nombreux chômeurs pouvaient alors trouver un emploi dans des secteurs bien différents, voire changer de secteur dans une même vie sans vrai besoin de spécialisation supplémentaire. C'est irréaliste aujourd'hui. Tout le monde a en tête le drame de l'entreprise Airbus qui, il y a cinq ans, recherchait désespérément 600 chaudronniers pour de nouvelles commandes et qui en a péniblement trouvé une soixantaine sur le marché national. On ne peut donc affirmer que toute augmentation de la production engendrée par une augmentation de la demande entraine automatiquement une résorption du chômage. Ceci sera de moins en moins vrai demain sur un marché où chaque poste proposé sera spécifique. Le problème de la formation à chaque type de métier s'impose désormais. Tant que cette condition ne sera pas remplie il y a peu de chances que la théorie keynésienne de l'emploi se réalise pleinement. Certes, la théorie pourrait à la rigueur s'appliquer aux cas de travaux peu spécialisés impliquant l'utilisation de travailleurs banalisés, mais force est de constater qu'il y en a peu et ils reposent de plus en plus sur le recours à une main-d'œuvre étrangère (cas du BTP). Ce n'est donc plus la main d'œuvre nationale qui bénéficie alors de cette embellie d'activités dites primaires. La théorie de Keynes est de moins en moins adaptée aux exigences et aux spécificités d notre monde moderne.

La théorie keynésienne repose donc sur deux hypothèses contestables : d'abord l'hypothèse selon laquelle une augmentation de la demande globale impacte indifféremment tous les secteurs de l'économie, ce qui est peu vraisemblable, car toute demande est aujourd'hui plutôt sectorielle, ensuite l'hypothèse selon laquelle toute augmentation de la demande entraine automatiquement une embauche. Cette dernière affirmation se vérifie de moins en moins, faute d'une formation ad hoc des chômeurs. La doctrine keynésienne est donc moins applicable que certains l'imaginent dans nos économies modernes, alors qu'en 1930, dans un contexte structurel différent et dans le cadre d'une production moins spécialisée, cette théorie présentait une pertinence certaine.

Les récents résultats français en matière de chômage infirment aussi la théorie keynésienne. En effet, en 2019, la France a connu une forte baisse de son chômage endémique, non pas en raison d'une augmentation de la demande, mais essentiellement grâce à une politique de l'offre. C'est la réforme du Code du travail, qui a levé les freins à l'embauche. Plus d'un million d'emplois nets ont été créés depuis 2015 et ce mouvement aurait dû s'amplifier en 2020 selon *Adecco Group* si la crise de la pandémie du coronavirus n'avait pas coupé court à cette embellie. C'est donc que la théorie de l'offre joue directement sur la baisse du chômage, et ce, de façon directe et importante. La théorie keynésienne reposant sur la demande n'est donc pas vérifiée.

La théorie keynésienne, en période de crise, implique aussi une création de monnaie, un déficit budgétaire et donc une augmentation de l'endettement de tous les acteurs, à savoir l'État, les entreprises et les ménages. De tels principes ne sont pas sans présenter de sérieux dangers.

Il est vrai cependant que, déjà en 2019, Keynes est redevenu populaire pour une raison assez simple. Une multitude d'économistes se sont récemment spécialisés sur le phénomène des inégalités qui est devenu le sujet le plus étudié dans nombre de pays occidentaux. Ce n'est pas pour rien que le spécialise américain Binyamin Appelbaum a pu affirmer « *que les 'économistes qui ont promis la prospérité pour tous ont échoué.* » (« *L'Heure des économistes* »). La prospérité pour tous n'est peut-être pas au rendez-vous malgré une augmentation régulière du PIB dans les pays de l'OCDE, mais il est vrai que l'on constate un peu partout une stagnation salariale au niveau des entreprises doublée par une stagnation des revenus de la classe moyenne, classe souvent considérée comme victime de la mondialisation. C'est dans ce contexte que les travaux de Thomas Piketty de l'École d'économie de Paris ont obtenu un franc succès mondial, notamment ses ouvrages « *Capital au 21 siècle* » et « *Capital et idéologie* », mais ses réflexions portent surtout sur le monde développé et non sur les pays émergents. Ses conclusions débouchent sur la préconisation d'une taxation des plus riches de l'ordre de 90 %, proposition qui est loin de faire l'unanimité. Ce faisant, en favorisant les populations qui ont la propension marginale à consommer la plus grande, parce que plus défavorisées, l'auteur estime pouvoir relancer la consommation et donc la production tout en prônant aussi un accroissement de la redistribution des revenus et une hausse des dépenses publiques. De façon implicite, les auteurs actuels qui étudient le phénomène mondial de l'inégalité ont tendance à s'appuyer sur les principes et mécanismes de la théorie keynésienne et ne manquent pas de critiquer la politique de réduction des dépenses publiques prônée par les théoriciens libéraux. Chaque nouvelle crise redonne en effet un nouveau souffle à la théorie keynésienne, souffle qui s'affaiblit ensuite dès que la croissance est repartie. Aujourd'hui, la focalisation des analyses sur le phénomène des inégalités constitue du pain béni pour les néokeynésiens. En effet, les théoriciens classiques n'ont abordé que superficiellement cette thématique. C'est ce qui explique que de nombreux Prix Nobel d'économie aient été récemment attribués à des keynésiens comme Joseph Stiglitz en 2001 et Paul Krugman en 2008. L'apparition de taux d'intérêt négatifs, l'encouragement à l'endettement « gratuit » et aux déséquilibres budgétaires systématisés sont dans la droite ligne du keynésianisme pur et dur. Mais quand l'endettement atteindra des niveaux déraisonnables, que des créanciers exigeront sans pitié le remboursement de leurs créances, comment réagiront alors les néokeynésiens qui auront justifié ces excès ? Le keynésianisme n'est qu'une théorie de court terme et ne peut donner une réponse de long terme à cette problématique. Il n'empêche que malgré un engouement actuel pour de tels principes, particulièrement en France, les enseignements keynésiens sont de moins en moins adaptés à la réalité économique contemporaine, notamment aux économies occidentales ouvertes sur le monde et aux économies des pays émergents dont les structures économiques et sociales sont très spécifiques et que Keynes ne pouvait pas appréhender. Pour ces raisons les effets du multiplicateur d'investissement y sont devenus faibles, l'espérance de croissance générée par une politique de relance limitée, l'éradication automatique du chômage délicate.

Keynes est revenu en force dès mars 2020 dans le monde alors que l'économie s'affaissait et que le chômage devenait menaçant un peu partout. En effet, la pandémie du coronavirus a créé une paralysie du système productif mondial. L'impact de cette grave crise est imprévisible, car lié à des paramètres épidémiologiques inconnus. Le monde s'apprête à subir une chute de production d'une ampleur et d'une intensité sans précédent. Des plans de sauvetage ont été prévus dans tous les pays portant à la fois sur l'aide massive aux entreprises en vue d'éviter les licenciements et donc le chômage, sans pour autant, dans un premier temps tout du moins, distribuer du pouvoir d'achat aux ménages qui, confinés, ne peuvent consommer. Ces plans qui portent sur des sommes énormes ne sont plus bordés par des contraintes budgétaires que la Commission a neutralisées. Beaucoup de pays ont décidé de dépenser sans compter, reprenant à leur manière le slogan de Mario Draghi symbolisé par les célèbres mots : « *whatever it takes* ». Pour gagner cette guerre, les gouvernants vont augmenter leur endettement. C'est la stratégie que Keynes aurait vraisemblablement préconisée s'il était parmi nous. Keynes est donc bien de retour dans l'Histoire économique du monde qui est loin d'avoir la linéarité que préconisait Francis Fukuyama.

Keynes nous interpelle une fois de plus. Il a démontré à juste titre que l'économie pouvait rester « immobilisée » dans un équilibre de sous-emploi, sans que les forces du marché permettent de revenir au plein emploi. Cette situation, selon Keynes, justifiait l'intervention des États. Cette analyse ne peut être entièrement critiquée et elle a accrédité l'idée que les États avaient un rôle majeur à jouer en période de crise, idée qui fait consensus de nos jours. Ils jouent de plus à l'égard des populations les garants en dernier ressort, qu'il s'agisse de l'approvisionnement en ressources de base ou du soutien aux personnes en grande difficulté. On ne peut nier non plus que Keynes a été l'inventeur d'une nouvelle façon d'appréhender l'économie, c'est-à-dire la macroéconomie, dont le cadre a persisté et s'est même renforcé. De même, on ne peut être que d'accord avec l'économiste américain, Nouriel Roubini, lorsqu'il préconise, face à une véritable « *croissance mondiale anémique* », une plus grande coordination des politiques économiques nationales ainsi qu'une coopération entre dirigeants économiques et politiques plutôt qu'une rivalité. Keynes n'aurait pas dit mieux. C'est justement le rôle du G 20, qui réunit les 20 pays les plus riches du monde.

La théorie keynésienne n'est pas morte. Elle est revenue en force et avec elle le rôle majeur confié désormais à l'État dans un monde de plus en plus instable et imprévisible. Keynes est devenu en quelque sorte maitre des tempêtes économiques.

CHAPITRE VII

La troisième contestation du libéralisme économique. Les écologistes à l'assaut des principes libéraux

« Ce qui n'existe pas n'a pas de lobby et ceux qui ne sont pas nés sont dépourvus de pouvoir. »

(Hans Jonas, philosophe allemand)

« Lorsque l'effondrement de l'espèce apparaitra comme une possibilité envisageable, l'urgence n'aura que faire de nos processus, lents et complexes, de délibération. Pris de panique, l'Occident transgressera ses valeurs de liberté et de justice. »

(Michel Rocard)

« La crise climatique ne concerne pas seulement l'environnement. C'est une crise des droits de l'homme, de la justice et de la volonté politique. Des systèmes d'oppression coloniaux, racistes et patriarcaux l'ont créée et alimentée. Nous devons les démanteler'.

(Texte cosigné par Greta Thunberg et présenté à la COP 25 à Madrid)

Ceux qui ne sont pas encore nés et qui supporteront vraisemblablement les affres des dérèglements climatiques de demain ne peuvent certes pas s'exprimer et pourtant ce sont eux qui devraient être les vrais prescripteurs et les vrais protagonistes de la future révolution verte. Les écologistes ont pris leur place. La phrase de Hans Jonas n'a jamais été autant d'actualité et les adeptes de la transition climatique sont convaincus qu'il leur appartenait de parler à leur place. Pis, ils sont convaincus qu'il est temps de sonner l'hallali contre la « doctrine libérale » qu'ils accusent d'avoir détruit la planète.

Les écologistes parlent maintenant d'une dette écologiste à mettre sur le même pied d'égalité que la dette financière des États. Pour les écologistes la dette verte est certainement plus importante pour l'avenir de l'humanité.

La nécessité d'une transition énergétique s'est imposée au niveau international, à quelques exceptions près, notamment si on prend en compte les refus des États-Unis et du Brésil de s'engager pour la préservation de la planète. Les préconisations faites au niveau international impliquent désormais le respect des objectifs de réduction des gaz à effet de serre (GES) fixés par l'accord de Paris du 12 décembre 2015 : réduction de 40 % de ces rejets en 2030 par rapport à ceux de 1990. Cette stratégie nécessite la définition d'une nouvelle croissance moins énergivore dont les paradigmes sont en grande partie à déterminer. Le succès des partis écologistes lors des élections du Parlement européen de 2019 a été mis en relief dans de nombreux pays européens, notamment en Allemagne, aux Pays-Bas, en Belgique et en France. Par ailleurs, l'enjeu climatique est en train de donner naissance à un nouveau courant de pensée économique permettant de passer de l'intention à l'action. Sa mise en œuvre implique de nouveaux principes de la vie sociétale dont beaucoup bousculeront ceux qu'avaient établis les trois grands systèmes de pensée économique qui se partageaient le monde jusqu'ici. Dans ce combat, la France, gardienne du traité de Paris sur le climat, veut être à l'avant-garde, mais elle est pourtant déjà critiquée pour son insuffisance de projets. Alors que son objectif annuel à partir de 2015 était une réduction des émissions à effet de serre de 1,9 %, la diminution réelle n'a été que de 1,1 %. Cependant, beaucoup d'autres États, moins brillants en la matière, préfèrent avancer à leur rythme, sans qu'ils soient pour autant critiqués, mais il est vrai qu'ils n'étaient pas parmi les « premiers de cordée ». C'est le cas de la Pologne qui n'hésite pas à afficher que 80 % de son électricité est toujours produite par des centrales à charbon. Si la France a du chemin à faire, beaucoup d'autres se retrouvent dans une situation pire.

Il y a pourtant urgence parce que pour limiter l'augmentation de la température à deux degrés il faudrait limiter l'émission de gaz à effet de serre (GES) à environ 800 milliards de tonnes dans un proche avenir. Or, on a émis près de 2 200 milliards de tonnes depuis le début de la Révolution industrielle et aujourd'hui l'émission s'élève encore à 40 milliards de tonnes par an. L'objectif de réduction de 800 milliards de tonnes implique donc une réduction drastique des émissions, ce qui ne peut que modifier en profondeur le modèle économique actuel. Des changements drastiques de comportement sont nécessaires tant au niveau des entreprises que des consommateurs. Certains parlent de rupture, ils n'ont pas complètement tort.

Les écologistes ne sont pas pourtant les premiers à avoir été attentifs aux excès commis contre la nature et ce désir pressant, voire oppressant, de défendre la planète n'est pourtant pas nouveau. Jean-Jacques Rousseau a été l'un des précurseurs de l'écologie moderne. Il a en effet contribué d'une manière informelle à l'éclosion de la pensée écologiste. Bien avant beaucoup d'autres, Jean-Jacques Rousseau s'est affiché comme un critique de la modernité et en ce sens il s'est opposé aux Lumières. Ce message a été systématisé dans son « *Discours sur les sciences et les arts* » de 1750. Pour lui, les progrès techniques ont corrompu l'homme de façon irréversible. Avec la division du travail dans le Nouveau Monde industriel, les hommes dépendent désormais des uns des autres pour subvenir à leurs besoins, introduisant ainsi une forme de corruption et de domination. Mais parallèlement, dans sa réponse à Voltaire sur le tremblement de terre meurtrier de Lisbonne, Rousseau estime que ce sont les hommes qui ont été les vrais responsables des victimes décomptées, mais pas la nature. Il justifie sa position par une critique acerbe des règles d'urbanisme de l'époque et par la folie des constructions à étages. C'est dans *l'Émile* qu'il a synthétisé cependant le mieux sa pensée quand il écrit : « *Tout dégénère entre les mains de l'homme. ... il mutile son chien, son cheval, son esclave ; il bouleverse tout, il aime la difformité, les monstres.* » C'est donc pour lui la société qui est responsable, il ne parle pas encore du monde des entreprises. Il a eu conscience des périls liés au progrès scientifique et dans la *Nouvelle Héloïse,* il préconise de respecter la nature et de la faire évoluer de manière la plus adaptée. Sa préfiguration écologiste est aussi palpable dans sa « *Profession de foi du vicaire savoyard* ». Il écrit notamment dans cet ouvrage : « *Ôtez nos funestes progrès, ôtez nos erreurs et nos vices, ôtez l'ouvrage de l'homme, et tout est bien.* » Un écologiste du XXIe siècle ne dirait pas mieux, face à l'homme devenu destructeur de son environnement. Rousseau est allé jusqu'à affirmer que les erreurs humaines *« rendaient l'homme tyran de lui-même et de la nature,* et *de plus, en se prenant pour le centre du monde, il scie la branche sur laquelle il est assis.* » Cette vision rousseauiste conserve toute sa pertinence actuelle face aux nouvelles menaces de réchauffement climatique et aux ravages de l'anthropocène. Rousseau a bien été un précurseur de la pensée écologiste contemporaine.

L'écologie moderne ne manque pas d'adeptes et de cerveaux brillants, mais jusqu'ici ces idées n'ont pas été structurées en un ensemble doctrinal cohérent et on assiste plutôt à un bouillonnement d'idées diversifiées, voire contradictoires, allant d'une écologie volontariste du possible à une écologie punitive imposée, sans prise en compte évidente des paramètres économiques fondamentaux actuels et des capacités financières des États, des entreprises, voire du monde. L'incantation a été le mantra de ce nouveau mouvement, mais très vite, on est passé à une idéologie de la peur. Misant sur l'effroi des hausses de température consécutives aux émissions de gaz à effet de serre (GES), certains écologistes ont fait état de prophéties manichéennes d'une fin de monde prochaine. Cette présentation de l'écologie visant uniquement à tétaniser l'opinion publique ne saurait constituer une théorie débouchant sur de vraies solutions durables. La peur n'est pas un mode opératoire scientifique.

C'est plutôt en courant mystique que l'écologie se présente aujourd'hui avec un radicalisme hors norme. On est encore au stade du prosélytisme, de la croisade médiatique, de la conversion des belles âmes, de la « condamnation à l'enfer » de l'espèce humaine récalcitrante, voire de la sublimation de la faute et du péché mortel. L'écologie se présente ainsi avec les atouts d'une nouvelle religion séculière, mais décomplexée, d'un manichéisme étourdissant et d'un jeunisme triomphant. Elle se veut une nouvelle avant-garde pour changer le monde et imposer une nouvelle hiérarchie de valeurs remettant en compte les acquis du siècle des Lumières et les fondements de la culture scientifique mondiale. Les écologistes adultes ont inculqué cette nouvelle culture aux adolescents qui, à leur tour, sont devenus encore plus exigeants que leurs ainés. Les pensées eschatologiques sont omniprésentes dans l'argumentation imposée et peuvent se résumer ainsi de façon plutôt brutale : *« Si vous ne changez pas radicalement de comportement, nous allons tous disparaitre. Vous n'avez plus le choix.* » Certains dommages bien réels sont cependant magnifiés pour impressionner l'opinion publique. Il en va ainsi des dangers présentés par le recours aux énergies fossiles. Dans ce domaine, le bilan annuel de 48 000 victimes de la pollution en France fait débat. Il en va de même de la prévision des 4 milliards de morts engendrés par le climat si la température s'élève de 1,5 degré. C'est à celui qui développera la vision la plus apocalyptique possible. Mais, si cet argumentaire effarouche l'opinion publique, il a encore peu d'effets sur les États. La chasse aux pays récalcitrants est mal partie. La Chine, par exemple, a été jusqu'ici le premier émetteur de gaz à effet de serre ; on y observe certes un découplage relatif : les émissions croissent désormais moins vite que le PIB, mais aucune décroissance nette des émissions n'y est aujourd'hui perceptible. Quant au président Trump, il se glorifiait le 21 janvier 2020 à Davos, « *d'être à la tête d'un pays qui est de loin le premier producteur d'or noir du monde et que son pays était au seuil de ressources énergétiques illimitées avec le charbon propre, le gaz, le pétrole, le nouveau nucléaire.* » Aucune allusion à des énergies renouvelables n'a été faite dans son discours. Le combat n'est donc pas gagné d'avance.

Sur le plan doctrinal, Il est vrai par ailleurs que les tendances écologiques nouvelles s'inspirent presque exclusivement des thèses antilibérales en oubliant trop facilement que pendant les cinquante dernières années le développement de la production a été le levier qui a permis d'éradiquer la grande pauvreté dans le monde. Ce passé est soit volontairement oublié, soit rappelé pour être voué aux gémonies. Cependant, comme dans toute religion, on trouve parmi ces adeptes des chapelles assez diverses.

On trouve d'abord des « collapsologues » pour qui le monde va s'effondrer très rapidement et qui militent même pour l'éradication rapide de la société industrielle dont ils prévoient la chute imminente. Dès 2015, l'ouvrage de Pablo Servigne et de Raphaël Stevens : « *Comment tout peut s'effondrer* ? » (Ed du Seuil) a eu un fort retentissement médiatique, mais cette théorie n'a jamais été au-delà des catégories sociales sensibles à l'écologie. Les tenants de l'effondrement apocalyptique prennent en compte les pronostics les plus sombres consistant à cibler plusieurs milliards d'êtres humains qui ne pourraient plus habiter en 2100 dans des zones devenues impropres à la vie humaine, suite aux dommages commis à la biodiversité, à l'agriculture, à la santé, et suite aussi à l'élévation du niveau des mers et au dégel du permafrost. Pour eux, ces évènements prévisibles représentent une menace d'apocalypse pour l'humanité. Cependant, espérant une meilleure couverture médiatique, certains spécialistes écologistes, comme Dominique Bourg, parlent même de « *dynamiques d'effondrement* ». En fait, par effondrement, ces spécialistes entendent un processus de disparition inéluctable de la civilisation thermo-industrielle pouvant s'étaler sur des décennies, mais il s'agit pour eux d'un mouvement irrémédiable, même si on peut envisager par moment des périodes de répit. Cependant, toujours selon eux, toute volonté délibérée d'action correctrice de la part de l'homme serait désormais impossible, comme s'il s'agissait d'une fatalité. Certains, comme Jean Marc Jancovici, ne se soucient même pas des conséquences humaines de cet effondrement en termes de chômage de masse à l'échelle de la planète. Ces adeptes ne pensent qu'en termes de vengeance climatique irrésistible, comme si c'était une sentence divine. D'autres, comme Jem Bendel, célèbre chercheur américain et auteur du document « *Deep Adaptation* » (ou « *Adaptation profonde* ») soutiennent que l'effondrement est inévitable et qu'il nous reste à nous y adapter, quel qu'en soit le prix.

Les « collapsologues » insistent par ailleurs sur la fragilité des flux qui soutiennent l'activité économique comme celle des flux tendus dans la distribution ou bien la vulnérabilité, à température élevée, d'appareils pouvant paralyser le fonctionnement de l'industrie ou des transports. Ils insistent aussi sur la disparition inéluctable de certains pays emportés par la montée des eaux entrainant alors l'amplification des mouvements migratoires. D'où la publication d'un certain nombre d'oukases de plus en plus terrifiants.

Très proches de ces derniers, on retrouve aussi, parmi les adeptes invétérés de la punition extrême, et ce, à quelques nuances près, les « catastrophologues » qui se réjouissent de façon morbide de la forte émission récente de gaz à effet de serre (GES) dans l'espoir de pouvoir mieux châtier l'humanité coupable et la condamner ainsi à la frugalité permanente en guise de pénitence. Ces adeptes de l'effet « *catastrophe* » se réfèrent aux prédictions de deux chercheurs, l'Australien Will Stefen et le Suédois, Johan Rockström, pour qui un enchainement de dérèglementations pourrait conduire à un réchauffement climatique de 8°C.

Très proche de ces tendances, on retrouve aussi le groupe « *Extinction rébellion* » né à Londres, pacifique à ses débuts, mais qui a revendiqué en décembre 2019, lors de la grève des transports en France, le sabotage de milliers de trottinettes électriques en justifiant dans un premier temps ces exactions par le caractère non « *écolo compatible* » de ces nouveaux moyens de transport, et aussi par le fait que ces derniers étaient utilisés pour *« briser les grèves légitimes dans les transports et éradiquer les acquis sociaux*. » D'écologiste au départ, ce groupe est vite passé à la phase suivante, à savoir, la condamnation du système libéral, assimilé à un accélérateur de régression sociale.

Ces conceptions idéologiquement fort proches s'en prennent à la croyance bien répandue selon laquelle la production des hydrocarbures a encore de beaux jours devant elle, que l'essor du gaz de schiste a relancé encore plus fort la consommation d'hydrocarbures et qu'en conséquence il existe largement assez de pétrole, de gaz et de charbon pour assurer la consommation énergétique mondiale en hausse jusqu' en 2100. Pourquoi alors faire des sacrifices ? La société « *thermo-industrielle'* aurait donc encore un brillant avenir et elle estime pouvoir, voire devoir, subsister. En conséquence, pour ces écologistes, les dommages directs et indirects ne peuvent qu'empirer. Cette conception sombre de l'avenir du monde pourrait conduire cependant au découragement, mais les « collapsologues » s'en défendent, invoquant le philosophe allemand, Hans Jonas, qui voyait la peur comme étant *« une incitation à la responsabilité.* » Toutefois, le risque politique est de voir émerger une forme « *d'éco fascisme* » qui prendrait de façon autoritaire les mesures de limitation que les démocraties représentatives n'ont pas su prendre. Pour eux, il y a des régimes politiques à réinventer, de nouveaux partages à réorganiser, une nouvelle justice à établir, car l'avenir ne peut plus se développer à partir des structures actuelles, structures inadaptées qu'il faut absolument éradiquer.

Une autre tendance de ces conceptions extrémistes est celle du « *survivalisme* », tendance née aux États-Unis. Elle consiste à fabriquer des bunkers ou des abris pour entasser des provisions en vue de l'arrivée de cet effondrement. Une autre vision plus « soft » consiste à obliger un maximum de gens à émigrer à la campagne pour se préparer à vivre en autarcie et sans électricité. Un des éminents défenseurs de ce mouvement a été le célèbre écologiste américain William Vogt (1902- 1968) qui dans son célèbre ouvrage *« Road to Survival* » (« *Route de la survie* ») s'en est pris avec véhémence au système productiviste américain, fossoyeur selon lui de l'environnement au nom d'une course insensée au profit. On retrouve dans cette famille, Yves Cochet, ancien ministre de l'Écologie, qui a préconisé le besoin absolu d'apprendre à survivre dans son ouvrage : « *Devant l'effondrement : Essai de collapsologie* » (Ed « *Les liens qui libèrent* ») prophétisant, sans vraie démonstration, la disparition de la moitié de la planète d'ici 2025. D'autres, qui au sein de ce courant de pensée se donnent le nom de « *survivalistes* », vont jusqu'à décréter « *que sans changement brutal de notre mode de vie nous serons tous morts en 2050 »*, phrase semblant faire écho à celle de Keynes : *« In the long run we are all dead »* (« *Nous serons tous morts à long terme* »). C'est d'ailleurs ce que prophétisent Pablo Servigne, Raphaël Stevens et Gauthier Chapelle dans leur retentissant ouvrage intitulé : « *Une autre fin du monde est possible* » (*Ed du Seuil)* espérant quand même l'émergence d'un monde meilleur. Il ne semble pas que ces propos aussi extrêmes et aussi sombres puissent servir à long terme la cause écologiste, car les pensées eschatologiques ont peu de chance d'émuler les citoyens.

Mais on retrouve aussi dans ce groupe d'écologistes radicaux les défenseurs des espèces animales menacées. Ils viennent d'ailleurs d'annoncer la sixième extension massive de certaines espèces qui, selon eux, se déroulerait sous nos yeux. Ils ne cessent de sonner l'alarme et font état d'ores et déjà de la perte de 60 % d'espèces animales sauvages. Ils déplorent pareillement l'extinction de nombreuses espèces d'oiseaux et de plantes.

Ce groupe est aussi constitué d'adeptes de la décroissance matérielle qui prônent le retour à un monde sans croissance, une sorte d'encéphalogramme plat de la production dans lequel le mode de vie actuel - reposant sur les conquêtes technologiques - serait proscrit et la recherche du confort interdite. La démonstration repose sur le fait que plus un pays s'enrichit et plus il rejette des gaz à effet de serre (GES). Entre un citoyen américain qui rejette en moyenne et par an 16,5 tonnes de gaz carbonique et un citoyen du Bangladesh qui n'en rejette que 0,5 tonne, le contraste est saisissant. On parle alors de *capitalocène.* Ces théoriciens font retomber sur la croissance de type capitaliste l'ensemble des dommages commis à la nature et exigent un retour vers un passé plus frugal en énergie. Mais il est peu probable que les habitants des pays émergents puissent approuver de tels concepts, car ce serait pour eux le retour vers le monde misérable dont ils viennent à peine de sortir et, de plus, on voit mal comment ils pourraient renoncer au « rattrapage » en matière de confort matériel, leur but inavoué étant d'atteindre celui de l'Occident. Par ailleurs, les pays où le confort est le plus élevé ne sont pas forcément ceux qui utilisent le plus d'énergie carbonée comme le prouve la Suède, grande utilisatrice de ressources hydrauliques et d'énergie nucléaire. Jeremy Riejin, dans son ouvrage : « *Le New Deal vert mondial* » (Éditions : Les liens qui libèrent) estime que les thèses de la décroissance renverraient des millions de personnes sous le seuil de pauvreté.

Mais ce groupe radicalisé comprend aussi des antinucléaires, alors que l'énergie nucléaire est décarbonée. Pour ces adeptes, les déchets de l'énergie nucléaire et les technologies d'enfouissement posent un défi à l'environnement et donc à l l'humanité. Ces adeptes s'insurgent contre la création de nouveaux EPR et militent pour un abandon rapide de cette énergie comme c'est le cas en Allemagne, même si cet abandon implique pendant une certaine période de transition le recours à l'utilisation du charbon : en effet, l'électricité allemande pendant la période de transition actuelle est produite à 40 % à partir d'un combiné lignite/ charbon.

Ce groupe du refus comprend aussi tous les partisans anti OGM qui accusent les agriculteurs américains d'empoisonnement de masse, et ce bien que le célèbre chercheur en biologie, Bernard Salles, ait démontré récemment que les accusations de toxicité des OGM étaient erronées et que les travaux de Gilles-Eric Séralini étaient remplis d'erreurs, notamment d'erreurs de protocole. Mais même si 90 % des chercheurs en France s'accordent pour dire que les OGM ne posent pas de danger de santé publique, le mal est déjà fait et plus de 75 % des Français croient désormais au caractère toxique des OGM. Les partisans anti OGM sont devenus les premiers contestataires écologistes.

Ce tableau ne serait pas complet sans citer les « *anticapitalistes* », ceux pour qui les « *capitalistes* », donc les entrepreneurs, sont les seuls responsables de la pollution de la planète et doivent donc en payer le prix. Pour eux, il faut abolir de façon définitive le capitalisme si on veut s'attaquer au problème écologique. Selon ces adeptes, le capitalisme a contribué à l'appauvrissement des sols, à la prolétarisation des personnes, à la destruction massive de la biodiversité, à l'asservissement des peuples colonisés, à une domination planétaire de l'homme blanc. Parmi ces fervents écologistes radicaux qui raisonnent de façon purement idéologique, on trouve de nombreux transfuges des partis d'extrême gauche reconvertis dans l'idéologie écologique pure et dure aux accents marxistes à peine camouflés. Pour eux, le système capitaliste qui repose sur la maximisation du profit pousse à une croissance exacerbée des besoins et donc de la production. Ils prônent l'arrêt de ce système économique et se rapprochent ainsi des adeptes de la mouvance marxiste, lesquels accusent le système capitaliste d'aliéner les prolétaires. Si capitalisme et écologie sont pour eux antinomiques, gauchisme et écologie sont pour eux compatibles. Certains en viennent même à regretter la défunte économie soviétique dont l'objectif n'était pas la recherche du profit individuel, mais celle du bien collectif, tout en oubliant cependant que l'URSS a été l'un des plus gros pollueurs de la planète en son temps.

On peut aussi rattacher à cette mouvance de pensée les travaux de Naomi Klein qui, dans plusieurs de ses ouvrages, notamment « *Stratégie de choc* » *(*Ed *Actes Sud),* estime qu'il faut profiter de l'effroi créé par la peur des conséquences de la hausse des gaz à effet de serre (GES) pour changer de fond en comble les structures de la société actuelle. Le choc écologique doit servir à cela. C'est ainsi que Naomi Klein veut imposer le retour pour tous à la consommation globale d'énergie de 1970 sans se soucier pour autant des conséquences négatives inévitables en termes de revenu mondial estimées à 50 % et sans se poser la question de savoir si cette réduction moyenne devait être plus forte dans les pays développés et moins forte dans les pays émergents. On voit mal l'ensemble des citoyens retourner sans réagir aux conditions de vie de 1970 et on voit encore plus mal les citoyens des pays émergents retourner vers une situation synonyme de misère.

On ne peut oublier non plus que dans ce groupe radical existent aussi des « *antinatalistes* » qui partagent l'idée émise par William Vogt dans l'ouvrage précité et pour qui la croissance démographique incontrôlée de l'humanité reste un sujet anxiogène majeur. Dans ce sillage, deux chercheurs de l'université de Lund en Suède, Seth Wynes et Kimberly Nicholas, sont arrivés à la conclusion que le fait de ne pas avoir d'enfant ferait économiser 58,6 tonnes de dioxyde de carbone par an, économie à comparer à l'usage régulier d'une voiture générant 2,5 tonnes par an. De façon plus explicite encore, Yves Cochet, ancien ministre français de l'Écologie, proposait une sanction fiscale pour toute naissance d'un troisième enfant. Il avait déjà calculé que le cout d'un enfant d'un pays développé équivalait à 620 allers-retours Paris-New York. De telles réflexions nous rapprochent de la pensée de Malthus qui voyait dans l'évolution déséquilibrée de la démographie et de la production de richesses un problème explosif. Certes, cette sombre prédiction ne s'est pas entièrement concrétisée, car les progrès techniques, y compris dans l'agriculture, ont permis de désamorcer la « bombe » annoncée. Cependant, selon les Nations-Unies, il apparait probable que la population mondiale culminera à 11 milliards de personnes en 2100, avant de décliner pour la première fois depuis deux millénaires. Certes, le taux de fécondité tend à diminuer un peu partout, sauf dans l'Afrique subsaharienne. Malgré cela, il existe toujours la peur d'une surpopulation mondiale incompatible avec les ressources limitées de la terre et Il n'est donc pas curieux de retrouver des « *antinatalistes* » parmi les fervents partisans de l'écologie. Ils prônent une adaptation du niveau de population aux possibilités maximales de nourriture offertes par la terre et non l'inverse. Il s'agit d'une forme de décroissance forcée portant cette fois sur la démographie et non sur les productions. Mais aucun théoricien n'a essayé jusqu'ici de coupler les effets combinés d'une décroissance démographique et d'une décroissance matérielle.

Enfin, cette longue liste d'adeptes de positions radicales se termine par les tenants de l'apocalypse qui font de cette révolution verte une sorte de religion messianique annonçant la fin du monde, ce qui n'est autre qu'un invariant anthropologique.

Il en va de même de cette notion pseudo scientifique appelée « *le jour du dépassement* », inventée par l'ONG *Global Footprint Network* et qui sert d'outil de propagande aux adeptes de la décroissance. Selon leurs auteurs, ce serait le jour où l'ensemble des ressources de la terre d'une année ont été consommées. Or, ce concept est loin de faire l'unanimité des scientifiques. Ainsi, Michael Shellberger, écologiste américain, a déjà montré, dès 2013, les lacunes de cette notion, pourtant reprise avec un engouement extrême par les médias. Ainsi, dès le 29 juillet 2019, l'humanité « *vivait ainsi à crédit.* » Ce jour tomberait chaque année plus tôt. Selon Michael Shellberger, il s'agit de simples prédictions et non de prévisions scientifiques. Le jour du dépassement repose en fait sur la notion d'empreinte écologique, consistant en six mesures de perte de ressources, à savoir, carbone, terres agricoles, terres urbanisées, pâturages, « pêche et forêts ». Selon des études approfondies, cinq de ces ressources seraient en équilibre et il ne resterait que le problème du dioxyde de carbone qui n'est pas une ressource, mais une externalité négative. Ainsi, pour les tenants du *Global Footprint Network,* l'empreinte écologique équivaudrait à l'empreinte carbone qui peut se calculer par le nombre d'arbres à planter pour compenser la production de gaz à effet de serre (GES) émise par les activités humaines. Toutes ces données disparates sont ensuite combinées en un seul indicateur démontrant la perte de ressources appelée empreinte écologique globale. La fusion de ces données diverses pose problème et ne va pas de soi et, par ailleurs, elle paralyse l'action, car on ne sait plus bien sur quel paramètre jouer. C'est pourquoi Michael Shellberger préfère conserver chaque élément du puzzle et répondre par des méthodes appropriées à chaque défi, ce que refusent de faire les écologistes déclinistes qui ne veulent pas utiliser de moyens technologiques pour régler les problèmes écologiques constatés. Bien au contraire, ils veulent forcer les populations à modifier à la baisse leur mode de vie. C'est en ce sens qu'ils sont des déclinistes militant non seulement pour un retour vers une humanité frugale, mais s'opposant aussi au progrès scientifique qui constitue un facteur essentiel de la croissance. Cette perspective n'a rien de réjouissant et cette orientation régressive aux effets eschatologiques a été combattue par Steven Pinker, grand spécialiste des problèmes cognitifs à l'université de Harvard, lequel a condamné celte vision pessimiste de l'humanité. Selon ce dernier, tous les discours eschatologiques ont été démentis par la raison.

Toutes les critiques ne sont pas pourtant à rejeter. Il est vrai que l'organisation mondiale de la production ne manque pas de susciter des questions et notamment des interrogations sur la pertinence de milliers de kilomètres de transports de marchandises souvent inutiles dont certains pourraient être réduits ou éradiqués. Pensons par exemple au cas de la Mauritanie qui exporte vers les pays industriels du monde entier son minerai de fer très prisé pour fabriquer des produits métalliques semi-finis ou finis ; cependant, une partie de ce minerai lui revient sous forme d'importations de produits métallurgiques, de wagons et de rails dont il a tant besoin pour son vaste territoire. Personne ne s'est jamais posé la question de pouvoir fabriquer ces produits métallurgiques sur place. Pensons, dans un autre domaine, aux producteurs de châtaignes du Massif central français qui exportent par milliers de tonnes leur récolte vers les entreprises de confiserie d'Anvers, lesquelles les transforment en produits de confiserie pour les fêtes de fin d'année avant de les réexpédier en France, notamment vers les régions d'origine du produit de base. On pourrait énumérer des milliers de circuits identiques, absurdes d'un point de vue économique, circuits qui pourraient être éradiqués dans le cadre d'une organisation rationnelle de la production mondiale, ce qui économiserait des quantités de gaz à effet de serre (GES) générés par ces transports inutiles. Il ne faut donc pas rejeter d'emblée certaines critiques qui ont un vrai fondement économique.

Il est à remarquer cependant que l'idéologie écologiste radicale de type décliniste possède certains liens de connexité avec la pensée marxiste. Ce nouveau corpus doctrinal de la pensée écologique est en quelque sorte une nouvelle déclinaison du marxisme. Pour les marxistes, comme pour ces écologistes radicaux, l'aventure humaine est pratiquement arrivée à son terme ; pour la doctrine marxiste, c'est « *le capitaliste* » qui est l'ultime coupable, mais pour l'écologie radicale, c'est le capitalisme insouciant qui a cru dominer le monde en épuisant les richesses limitées de la planète. Ce sont donc deux idéologies de la fin de l'Histoire qui, par des voies bien différentes, récusent le système capitaliste : la première accuse le capitalisme d'être prédateur des peuples, la seconde l'accuse d'être le système de la destruction de la terre. Dans les deux cas, il s'avère nécessaire de « *rééduquer* » l'humanité.

Comme on le voit, cette nouvelle idéologie écologique est loin d'être encore homogène et structurée tant sont nombreuses les variantes de ce mouvement de pensée, variantes qui cependant débouchent toutes sur l'eschatologie et l'extinction de la planète si rien n'est fait. Une telle assertion brutale est absolument erronée, car même en cas d'apocalypse, la terre survivra à l'espèce humaine comme le proclamait le grand sociologue Levy Strauss. C'est la relation entre l'homme et l'environnement qu'il faut sauvegarder de façon raisonnée sans avoir à agiter la peur et la transformer en moteur d'évolution catastrophique de l'Histoire. Mais, la surenchère est devenue systématique et aboutit à imputer désormais tous les dysfonctionnements subis au seul réchauffement climatique. Décroissance, baisse démographique, réorganisation totale des paradigmes de la production et de la consommation constituent les trois piliers de cette idéologie condamnant l'humanité à la frugalité et au renoncement.

Il faut pourtant inventer une « arme » économique pour sortir de ce dilemme. Le principe d'une taxation, et principalement d'une taxe carbone croissante, est désormais évoqué comme étant une arme efficace pour lutter contre le dérèglement climatique. Cela n'empêche pourtant nullement l'Allemagne d'inonder l'Europe de CO2 en extrayant son lignite tandis que l'exploitation des terres rares en Chine constitue aussi un scandale écologique. La France voudrait donner l'exemple, mais la taxe carbone qu'elle voulait implanter est de moins en moins acceptée par le corps social. La fiscalité punitive ne semble plus être la solution, car la France est anthropique de gaz à effets de serre, notamment en raison des investissements lourds dans l'énergie décartonnée. Ce sont ces investissements qui expliquent pourquoi l'émission par habitant est le double en Allemagne et le quadruple aux États-Unis. Si toutefois le gouvernement français veut absolument utiliser l'arme de la taxe de carbone comme levier de la transition énergétique, il faut que son produit ne soit pas utilisé à des usages budgétaires divers, mais il faut qu'elle soit reversée intégralement à ceux qui ont le plus besoin d'être accompagnés dans cette révolution climatique, à savoir, ménages modestes et TPE/PME. Mais de toute façon, en France, cette taxe ainsi utilisée ne pourra atteindre les niveaux ambitieux qui avaient été programmés avant la crise des Gilets jaunes. À sa création, en 2014, le cout de la tonne de CO2 était de 7 euros ce qui rapportait 300 millions d'euros dans le cadre d'une TICPE (taxe intérieure de consommation sur les produits énergétiques) de 24,5 milliards d'euros. En 2018, son cout à la tonne était déjà de 44,60 euros et a rapporté alors 10 milliards d'euros faisant passer la TICPE à 35 milliards d'euros. Il devait atteindre 86,20 euros la tonne en 2022 et rapporter ainsi 23 milliards d'euros, ce qui aurait fait passer la TICPE à près de 67 milliards d'euros. Mais, en raison de la crise qui a suivi la révolte des Gilets jaunes, il y a peu de chances que cette évolution se poursuive, à moyen terme du moins. La France avait pourtant jusqu'ici une fiscalité écologique substantielle. Ainsi, selon l'OCDE, la fiscalité verte représentait en 2016 une moyenne de 1,63 % du PIB de l'ensemble des pays industrialisés, mais déjà cette fiscalité était de 2,21 % pour la France, pourcentage plus élevé qu'en Allemagne (1,90 %), pays qui se glorifie pourtant d'être le meilleur élève écologique de l'Europe. Si la tendance initialement programmée de la taxe carbone devenait réalité, on devrait atteindre en France, en 2022, un taux de fiscalité écologique de l'ordre de 2,53 % du PIB, taux qui serait alors le plus élevé d'Europe, alors que Danois et Suédois sont en train de réduire leur fiscalité verte respective.

C'est pour cela que les libéraux peuvent se demander si la France ne fait pas fausse route, et surtout si sa politique de fiscalité verte ne génère pas d'effets pervers. Cette fiscalité verte dont l'essor remonte aux mandats de Nicolas Sarkozy et de François Hollande comporte des aspects ténébreux. L'erreur du ministère des Finances a été de vouloir compenser les pertes de recettes consécutives à des baisses d'impôts ou de cotisations sociales par une augmentation de la fiscalité verte d'un même montant et c'est dans ce domaine qu'il a existé un problème crucial. Certains ont été jusqu'à dire que 3,8 milliards d'euros de taxe d'habitation supprimés en 2019 auraient dû être compensés par une augmentation de la TICPE d'un même montant. C'est ainsi que ce jeu de bascule n'a fait qu'exaspérer les Français, car il était devenu visible que la hausse des taxes vertes ne finançait que fort peu la transition énergétique. C'est ainsi que si entre 2018 et 2019 la hausse de la TICPE a été de 3,9 milliards d'euros, seuls 80 millions d'euros devaient être reversés sur le compte d'affectation spéciale « *Transition énergétique* », le reste devant être affecté aux budgets de l'État et des collectivités locales. La révolte des Gilets jaunes a mis fin à cela. Il est normal que des libéraux se soient attaqués avec clairvoyance à l'opacité de cette fiscalité verte dévoyée de sa finalité. On sait que depuis 2019 l'augmentation de la fiscalité verte a été abandonnée.

Mais la problématique écologique implique aussi la question de l'avenir du nucléaire et de sa participation à la réduction des gaz à effet de serre (GES). Le nucléaire a mauvaise presse en Occident, même s'il est techniquement plus efficace que l'éolien et le solaire et fait moins de morts que les barrages hydroélectriques. Au nom de l'axe franco-allemand, la France a cherché à imiter son voisin en tout. Or, en Allemagne, il existe une haine envers le nucléaire pour des raisons plus culturelles que techniques. On sait que les écologistes, dans leur immense majorité, sont pour l'abandon du nucléaire bien que cette énergie ne rejette pas de gaz à effet de serre (GES). Ils justifient cette position par les accidents qui ont eu lieu dans le monde (notamment, celui de Fukushima). Cependant, en France, et pendant quarante ans, les centrales françaises n'ont pas connu d'incidents majeurs, car elles ont été mieux conçues et entretenues que celles de Russie et du Japon. Ces centrales pourraient alors être prolongées de vingt ans comme c'est le cas en Amérique, voire plus si on décidait d'entreprendre des dépenses dites de grand carénage. Les écologistes sont vent debout contre une telle prolongation ignorant le fait que si ces centrales devaient disparaitre prématurément il y aurait peu de chances que les énergies renouvelables puissent immédiatement compenser cette perte d'énergie, notamment pour maintenir au niveau actuel la production électrique. L'impact sur l'économie serait catastrophique. Les seules alternatives seraient alors d'utiliser pendant une période transitoire l'énergie carbonée comme le fait l'Allemagne ou bien investir massivement dans les énergies renouvelables, ce qui impliquerait des ressources de financement de près de 230 milliards d'euros que l'État ne peut financer, sauf par une fuite en avant, en recourant à l'emprunt. Lutter contre les dérives climatiques et exiger l'éradication concomitante de l'énergie nucléaire semblent être des démarches peu compatibles et financièrement difficilement réalisables. Jean-Bernard Lévy, Président d'EDF, n'avait certainement pas tort lorsqu'il a affirmé dans un entretien récent au journal « Le Figaro », le 14 février 2020, « *qu'il n'y a aucune chance d'arriver à une neutralité carbone en France sans le nucléaire, et que, de plus, abandonner le nucléaire est prendre le risque que dans quelques années les filières nucléaires soient le monopole de la Russie et de la Chine.* »

Pendant ce temps, une nouvelle géopolitique du pétrole se met en place dans le monde qui semble ignorer jusqu'ici les stratégies écologiques, comme cela a été souligné au début de ce chapitre avec les déclarations tonitruantes de Donald Trump au forum de Davos du 21 janvier 2020. Non seulement l'offre mondiale s'est désormais enrichie de la production des gaz de schistes américains, mais la demande de pétrole n'avait pas beaucoup faibli jusqu'en 2019, même si le PIB mondial a fléchi légèrement cette année-là. En effet, le pétrole n'est pas encore devenu la relique barbare évoquée par les écologistes et la progression de sa consommation était de l'ordre de 2,1 % par an ; de ce fait, le pétrole reste de loin la première ressource énergétique mondiale demandée, ce qui rend la géopolitique du pétrole encore dominante pendant longtemps. Il est vrai que la grave pandémie du coronavirus de 2020 a modifié cette donne en provoquant le collapse de la production mondiale et donc la contraction drastique de la demande, laquelle à son tour a fait fléchir les cours à des niveaux historiquement bas. Depuis le 6 mars 2020, ces cours se sont effondrés, aussi bien pour le *Brent* (brut de la mer du Nord, dont le marché est à Londres) que pour *le WTI (*le *West Texas Intermédiate,* coté à New York). On a même vu les 20 et 21 avril 2020, le prix du baril de WTI pour livraison en mai 2020 devenir négatif ! Les prix vont certes se stabiliser autour de 25-28 dollars pour le Brent et 15-20 dollars pour le WTI. Cet effondrement n'est d'ailleurs pas seulement le résultat de l'arrêt des principales économies mondiales, mais aussi celui d'une malencontreuse augmentation de l'offre et du conflit feutré entre les trois puissances dominantes : l'Arabie saoudite, la Russie et les États-Unis. Cette situation est plutôt une anomalie passagère qu'une tendance de fond. Le pétrole a encore de beaux jours devant lui.

Si les hydrocarbures non conventionnels ont permis aux États-Unis de redevenir le premier producteur mondial avec un objectif- hors crise actuelle- de 19,6 millions de barils par jour jusqu'en 2024, on voit mal alors comment la première puissance du monde pourrait prendre le leadership de la croisade écologique, les écologistes considérant la poursuite de la production pétrolière comme étant une contradiction inacceptable. D'ailleurs, *Imperial Oil* et d'autres grandes sociétés énergétiques (*Exxon,*

Mobil Corp, BP, PLC) ont postulé pour effectuer des forages dans la mer de Beaufort. Le Canada est aussi à la manœuvre et pourrait devenir le quatrième acteur pétrolier mondial à la croissance la plus rapide. Les ministres canadiens de l'Alberta et du Saskatchewan réclament la création d'un oléoduc permettant de transporter le pétrole vers l'ouest du pays afin de l'exporter tandis que le gouverneur de l'Alberta vient de constituer un trésor de guerre de 30 milliards de dollars canadiens pour défendre la production pétrolière de son État. La Russie n'est pas loin d'emboiter le pas aux États-Unis et au Canada tandis qu'une des raisons de la création des « *nouvelles routes de la soie* » réside dans la sécurisation des approvisionnements chinois en matière de pétrole. Cette géopolitique mondiale ne peut que contrarier, et à coup sûr retarder, la transition énergétique qui prendra beaucoup plus de temps que prévu. Comme aucun pays ne veut se passer aujourd'hui de pétrole, qu'il soit producteur ou consommateur, le combat des écologistes au niveau mondial ne pourra être que plus complexe. Un effondrement durable de l'économie pétrolière serait d'ailleurs une catastrophe pour l'économie mondiale d'autant que ce secteur est terriblement endetté. Les écologistes radicaux n'en ont pas conscience. Le pétrole pendant longtemps encore sera le moteur de l'économie. Pendant longtemps, « pas de pétrole ne signifiera pas de transport, donc beaucoup moins d'échanges et de commerce ». Il existe une relation directe entre le produit intérieur brut (PIB) au niveau mondial, qui est l'indicateur utilisé pour mesurer la performance économique, et la consommation de pétrole : plus de pétrole signifie plus de PIB, moins de pétrole implique moins de PIB. Or, le système financier a besoin de croissance pour payer les intérêts de ses dettes. Une contrainte sur la disponibilité de pétrole crée une contrainte sur l'économie qui est susceptible d'aboutir à un effondrement du système financier.

En conséquence, pendant encore pas mal de temps, le monde va voir deux stratégies irréconciliables s'affronter. Ce n'est pas sans raison que Jean-Marie Chevalier, économiste des questions énergétiques a pu affirmer lors des récentes « *Rencontres 2049* » organisées au Mans en 2019 qu'il ne fallait pas s'attendre à une disparition brutale des énergies carbonées, gaz, pétrole et charbon, représentant 82 % des ressources mondiales utilisées aujourd'hui : *« Il y aura sans doute encore du pétrole en 2049 et nous ne changerons pas totalement nos flottes de transport en si peu de temps. »* Le combat écologique prendra plus de temps que prévu d'autant que le passage des énergies fossiles à des économies renouvelables perturbera l'économie en profondeur. Dans cette optique il ne faut pas s'étonner que la dernière conférence « *COP 25* » organisée à Madrid en 2019 se soit terminée dans la désunion par un accord minimaliste permettant seulement de sauver la face.

L'enthousiasme des écologistes risque donc de s'émousser dès qu'il va falloir s'éloigner des slogans et rentrer dans le dur de la réalité économique notamment pour changer les processus de production. Les résistances nationales seront énormes. Ainsi, l'Inde a promis, lors de la « *COP 25* », de freiner la hausse de ses émissions de gaz à effet de serre, mais pas de les réduire. De plus, elle mise toujours sur le charbon pour soutenir sa croissance et a même installé 27 GW de capacités supplémentaires reposant sur ce combustible entre novembre 2015 et novembre 2019 ! Le charbon est aussi de retour en Chine qui a même autorisé l'exploitation d'environ 200 millions de tonnes de charbon en 2019 contre 25 en 2018. Pour doper son PIB, elle a laissé le lobby du charbon imposer sa loi. En Europe, la situation est des plus ambigües. Les « Vingt-Sept » n'ont pas réussi à impliquer tous les États membres. La Pologne, comme on l'a vu, reste l'un des plus gros émetteurs de carbone d'Europe, car elle dépend presque entièrement du charbon pour son électricité. Elle a donc refusé pour l'instant de s'engager pour une réduction qu'elle ne pouvait pas tenir tandis que la Hongrie et la République tchèque ont soutenu leur production nucléaire, ce que les écologistes n'acceptent pas non plus. Fin 2019, le front des États européens est bien fissuré en matière de progrès écologique et la réalité économique tant ignorée au début de la campagne de réduction des gaz à effets de serre (GES) a tendance à prendre sa revanche. Même au sein de la zone euro les contestations sont vives. Ainsi le « *Pacte vert* » (ou « *Green Deal* ») de la nouvelle Commission européenne a été plus que fraichement accueilli par le plus grand pays européen qu'est désormais l'Allemagne. Ainsi, Dieter Kempf, président de la *BDI,* principale organisation patronale allemande, n'a pas hésité à attaquer ce Pacte qui selon lui « *constitue un poison pour les investissements à long terme et nous conduit de plus en plus aux limites de la faisabilité technique, économique et sociale.* » On voit que la charge est virulente. Quant au patron de l'équipementier Bosch, Volkùmar Denner, il va jusqu'à accuser la nouvelle Commission de « *de briser l'industrie au genou de manière dogmatique.* » Les agriculteurs allemands par la voix du président de de l'Union de l'économie allemande, se sont eux aussi exprimés de façon véhémente contre ce Pacte qui vise à réduire l'utilisation des pesticides et ils affirment que le Pacte vert « ne *doit pas entraver la croissance. »* Toutes ces frondes venant des leaders des plus importants secteurs de la plus grande économie du continent vont indiscutablement ralentir la marche vers une économie décarbonée. La lutte risque d'être sévère, dogme contre dogme, économie contre écologie, réalité des intérêts acquis contre velléité de changement, émergence de la diplomatie des pays émergents producteurs de l'or noir contre la doxa écologiste. C'est une nouvelle guerre systémique qui commence.

CHAPITRE VIII

La réponse des libéraux aux écologistes. L'intégration de l'écologie dans l'économie d'entreprise est en marche, mais un « krach financier vert » est possible

> « Chaque génération se croit vouée à refaire le monde, la mienne sait pourtant qu'elle ne le fera pas. Mais sa tâche est peut-être plus grande, elle consiste à empêcher que le monde ne se défasse. »
>
> (Albert Camus dans son discours de Nobel)

> « Quand on est économiste, je pense qu'il faut avoir le courage de dire que, oui, ça va peut-être nous couter 5 % du PIB ou plus, mais ça les vaut bien pour sauver la planète. Le pire c'est que plus on attend, plus ça va couter cher. »
>
> (Jean Tirole, prix Nobel, lors de son intervention au Futurapolis de Toulouse, novembre 2019)

> « Pour financer les investissements nécessaires à la transition écologique, les entreprises vont devoir brûler du capital. »
>
> (Geoffroy Roux de Bézieux, (Président du MEDEF)

Souvent présentée sous sa forme la plus véhémente, l'écologie dite révolutionnaire ou « écologisme » veut être l'antithèse du vrai libéralisme qui repose sur la liberté d'entreprendre et celle de se projeter dans l'avenir. En effet, cet « écologisme » tel qu'il est défini par beaucoup de ses nouveaux adeptes est une entité binaire opposant liberté individuelle et droit dit naturel, ce droit étant désormais dérivé de la nouvelle doxa écologiste. Ce droit récemment défini par ces adeptes se veut inclusif et global, s'apparentant à un totalitarisme intellectuel imposé à l'humanité. Certains parlent même de terrorisme écologique étranger à la notion de démocratie visant à s'emparer de tous les champs de l'activité humaine en vue de les assujettir à de nouvelles règles et prescriptions strictes et incontournables. L'obligation de la décroissance est une d'entre elles. Il est clair d'ores et déjà que la décroissance mondiale ne sera acceptée ni par nos concitoyens ni par les citoyens des pays émergents. Il lui sera opposé une croissance sobre en gaz à effet de serre (GES) qui reste le seul choix raisonnable. Et si ce choix est bien celui de la majorité des citoyens et de nombre de libéraux, il incombera non seulement aux gouvernements, mais aussi aux entrepreneurs d'en définir les modalités, de les financer et de les appliquer. Il n'y aura pas de transition possible sans implication massive des entrepreneurs. C'est à eux pour l'essentiel qu'il reviendra de relever les défis écologiques en raison de leurs capacités financières.

Tout d'abord, les théoriciens libéraux ne peuvent pas accepter l'objectif des écologistes dits déclinistes selon lequel il faut diminuer impérativement la population mondiale pour sauver la planète. Un tel objectif est inconsistant. Il suffit de rappeler que dans l'Histoire des siècles passés la croissance démographique a été le corollaire de la prospérité. Dans les faits, la croissance démographique a été presque toujours le principal facteur de la croissance économique. Depuis la révolution industrielle, le succès du capitalisme est toujours allé de pair avec l'augmentation de la population. Et demain, il devra en être ainsi, car sans augmentation de la population on voit mal comment la croissance pourrait augmenter, comment les systèmes de retraites pourront être financés, comment les dettes du pays pourront être honorées. Quant au vieillissement de la population qui est bien réel dans certains pays, il conviendra de le transformer en une opportunité d'innovation et de développement.

En outre, les économistes libéraux ne peuvent partager le pessimisme de Greta Thunberg qui, lors du sommet de l'ONU sur le climat de 2019, faisait allusion « *au conte de fées de la croissance éternelle* » et prônait à sa manière la décroissance comme seule alternative à la mort lente de la planète. Des économistes, comme Nicholas Stern, ex-chef économiste de la Banque mondiale et professeur à la *London School of Economics*, ne sont pas du tout de cet avis. Dans son dernier ouvrage, « *Why are we waiting ?* » (MIT Press) (« *Pourquoi attendons-nous ?')* Il estime que l'on peut à la fois sauver la planète et la croissance et que donc les deux évolutions ne sont pas antinomiques. C'est ce que le Gec (« *Global Environmental Change* ») appelle le « *découplage* » entre croissance et émissions de gaz à effet de serre (GES). Pour Nicholas Stern, opposer croissance et sauvegarde de la planète est incohérent et il appelle cette fausse piste une « *diversion* ». Une économie redevenue verte, car écologique aura inévitablement un cout que certains estiment à 839 milliards par an dans le cas d'une hypothèse raisonnable d'augmentation des températures. Mais, ce faisant, l'économie verte favorisera l'innovation, stimulera de nouvelles activités et favorisera l'emploi. Nicholas Stern va même jusqu'à affirmer que la taxation du carbone et les transferts subséquents limiteront les inégalités. Cet auteur, qui se situe parmi les économistes optimistes en matière d'écologie, veut à tout prix écarter le spectre de la décroissance souvent sous-jacente dans les discours écologistes, une décroissance qui serait synonyme de baisse de la production, des revenus, des salaires, du pouvoir d'achat et d'accroissement de la pauvreté dans le monde.

Les économistes libéraux adhèrent pleinement à l'idée selon laquelle c'est maintenant et non demain que le combat doit être mené, et ce, non d'une façon parcimonieuse, mais bien au contraire massive et ordonnée. C'est d'ailleurs ce que préconisait il y a quelque temps Nicholas Stern, car, selon lui, « *faire trop peu et trop tard* » aura un effet dévastateur sur l'économie de la planète. Toujours selon lui, une faible réactivité au réchauffement climatique au cours des prochaines années pourrait créer des désastres économiques et sociaux d'une ampleur encore plus grande que ceux des deux guerres mondiales et de la Grande Dépression. Ce serait une grande catastrophe pour la planète, avec tout d'abord un effondrement sans précédent de la production. Pour accomplir de telles transformations, les entreprises seront indispensables.

Alors que la théorie keynésienne était une théorie de court terme, la nouvelle doxa écologiste est une doctrine de long terme visant un changement radical de notre société. Elle est aussi une théorie révolutionnaire, car elle s'oppose au concept de « l'Homo economicus » qui avait transcendé la pensée économique depuis Adam Smith et Ricardo, en imposant à la société de nouveaux paradigmes et de nouveaux objectifs. Pour la plupart des écologistes, cet homme « froid » et complètement rationnel qui décide selon la raison et son intérêt privé n'existe pas. Pour la plupart des écologistes, il est obligatoire d'instaurer des actions collectives que seuls des États peuvent impulser, mais en collaboration avec les entreprises. Cela implique surtout de gigantesques « plans verts ». C'est ce commence à faire le gouvernement des Pays-Bas. Ce dernier vient de créer un fonds souverain de l'ordre de 50 milliards d'euros financés par l'emprunt.

Il est bon de rappeler que si l'écologie est une réponse globale à un défi bien réel, « l'écologisme » doctrinaire ne peut être qu'une réponse partielle et partiale. Il ne peut embrasser toutes les autres questions soulevées par les théories économiques déjà exposées et dont le but est de survenir aux besoins essentiels de l'homme.

Le premier problème que les écologistes antilibéraux ont refusé d'étudier est pourtant le plus fondamental : est-ce le système libéral sous sa forme capitaliste ou bien l'activité humaine tout court qui est responsable de la dégradation de notre planète ? Ne serait-il pas plus convenant de désigner « l'anthropocène » théorisé pour la première fois par Paul Josef Crutzen, prix Nobel de Chimie en 1995, comme le vrai responsable, à savoir l'Homme au sens large et non pas seulement le seul système économique existant ? « L'anthropocène » est défini comme « *L'Âge de l'Homme* ». Ce serait une nouvelle ère géologique ayant débuté lors de la Révolution industrielle de 1850, et succédant à l'« holocène » (l'ère interglaciaire qui a favorisé l'expansion des sociétés humaines), qui dura plus de 10 000 ans. Elle vise à définir une nouvelle ère dans la géologie dans laquelle l'Homme est devenu l'acteur central. Dans un tel concept, le système économique n'est qu'une partie de la réponse, il n'est pas la réponse.

Par ailleurs, il est certain que, comme le définissait le philosophe Alain Finkielkraut, le principe de sauvegarde ne peut se limiter à la terre, il doit englober la culture, la civilisation et les droits de l'homme. C'est le sens donné à l'appellation de « conservateur écologique. »

Les libéraux ont toujours dit être prêts à faire face au défi climatique désormais inéluctable. Toutefois, ils récusent les scénarios catastrophiques, le pire n'étant pas heureusement le plus probable. Ils sont d'ailleurs rejoints en cela par des chercheurs. Dans son dernier rapport, le Groupe d'experts intergouvernemental (Giec) sur l'évolution du climat a établi quatre scénarios permettant de le modéliser tel qu'il pourrait être en 2100. Pour ce faire, ces scénarios diffèrent par la quantité de gaz à effet de serre rejetés (GES). Parmi ces quatre scénarios contrastés, les experts ont rejeté le plus pessimiste appelé « RCP 8.5 » qui est celui qui se produirait si rien n'était fait au niveau mondial. Or, les chercheurs comme Zeke Hausfather (*Breakthrough Institute of California)* et Glen Peters *(Centre pour la recherche sur le climat et l'environnement* d'Oslo) estiment que ce scénario, qui engendrerait une hausse de température d'au moins 5 degrés dans le monde, est peu probable et, de ce fait, ils vilipendent l'utilisation faite par les médias pour exercer une pression maximale sur les individus. Ces chercheurs sont par contre en faveur de scénarios plus nuancés, estimés plus probables, lesquels limiteraient à environ 3 degrés la hausse des températures à la fin du siècle. Mais ces scénarios sont avant tout orientés vers la quantité de GES émis et ne présument en rien de la hausse réelle des températures subséquentes. Quoi qu'il en soit, ces scénarios plus nuancés sont reconnus comme des hypothèses fiables par les théoriciens libéraux.

Les théoriciens libéraux ne peuvent pas non plus accepter l'idée selon laquelle le commerce mondial devrait impérativement se restreindre, voire disparaitre pour satisfaire les besoins de la transition écologique. C'est mal posé le problème de fond, car le commerce international se confond avec l'histoire de l'humanité depuis l'aube de l'Antiquité et il répond de plus à des nécessités vitales pour couvrir les besoins humains. Sans ce commerce mondial, des pans entiers de territoires, voire nombre de pays, retrouveraient une situation proche de celle du Moyen-Âge. Ce n'est pas le trafic maritime international qu'il faut condamner, mais bien au contraire, il faut en assurer la défense en s'obligeant à le « verdir ». L'OMI (*Organisation maritime internationale)* impose depuis le début de 2020 une réduction drastique de la teneur en soufre du fioul utilisé qui doit passer rapidement de 3,5 % à 0,5 %. Cela concernera l'ensemble de la flotte marchande sur toutes les mers du monde et non plus sur des mers isolées comme la Baltique ou la mer du Nord. Près de 100 000 bateaux seront concernés par cette transition énergétique alors que le transport maritime représente 90 % des échanges commerciaux de la planète. Certes, des surcouts sont à attendre pour les armateurs. Il faudra utiliser vraisemblablement un carburant plus léger comme le diesel marin ou le fuel lourd. Mais le vrai changement viendra du recours au gaz liquéfié (GNL) qui ne dégage pas d'oxyde de soufre. De leur côté, de grandes compagnies pétrolières sont en train de transformer du pétrole brut à fort taux de soufre en carburant marin. La Société *Total* a décidé d'aller dans cette voie. C'est ainsi que l'OMI a prévu une baisse de 40 % des émissions de CO2 émis par tonne de marchandise transportée d'ici 2030. Le monde industriel répondra aux besoins de la révolution énergétique, non pas en supprimant ou en restreignant le trafic maritime, vecteur essentiel du commerce international, mais au contraire en « verdissant » l'ensemble des navires affectés à ce transport indispensable à l'homme. C'est parce que la flotte mondiale des navires va faire sa révolution verte que la Commission européenne peut sereinement envisager de nouveaux accords commerciaux internationaux comme celui qui vient d'être ratifié le 12 février 2020 par le Parlement européen entre l'Europe et le Vietnam tandis que des négociations sont en cours avec l'Australie et à nouveau avec le gouvernement américain, après la dénonciation par Donald Trump du TTIP ou TAFTA (traité de libre-échange transatlantique).

La révolution verte est cependant en marche et rien ne l'arrêtera. Une grande partie de la jeunesse ne se reconnait plus dans les idéologies du passé. Pour beaucoup, la nouvelle religion verte a pris une place capitale dans leur vie, comme le prouve le mouvement mondial qui entoure la jeune Greta Thunberg. Le libéralisme économique au sein de cette religion y est souvent décrié. Mais il est indispensable de démontrer que l'intégration de l'écologie dans l'économie de marché est non seulement possible, mais aussi souhaitable. C'est le but de ce chapitre. Le pessimisme ambiant dans ce domaine semble volontairement exagéré. Un exemple parmi d'autres le prouve : le Royaume-Uni, durant l'été 2019, a volontairement produit plus d'électricité provenant des énergies renouvelables que d'électricité en provenance des énergies fossiles.

Avant toute chose, il convient de préciser que l'on ne peut plus traiter cette thématique par l'émotion, mais par l'analyse économique et scientifique. Malheureusement, jusqu'ici, les médias en ont fait un thème qui parle plus au cœur qu'à la raison, et ce en vue de galvaniser les foules, en particulier la jeunesse. Déjà, en France, selon une enquête récente, la pression sur l'inconscient de la jeunesse a été si forte que 80 % des adolescents pensent que le nucléaire libère des gaz à effet de serre (GES) et doit donc être traité comme une ressource carbonée. Ils ont même oublié que, grâce à la production du nucléaire, la France n'émet que seulement 1 % de la production mondiale de gaz à effet de serre (GES). Cette jeunesse mondialisée a été volontairement ciblée et galvanisée par des slogans simplistes, mais fantasmés, inventés par les adeptes radicaux de l'écologie, adeptes de ce qu'on appelle « écologisme ». Faut-il rappeler que Greta Thunberg a sonné l'hallali en proclamant « *qu'on avait volé l'avenir à sa génération* ? »

Il faut cependant commencer par s'entendre sur ce que signifie la baisse des émissions de gaz à effet de serre (GES). On comprend aisément ce que sont les émissions provenant des agents économiques d'un pays, entreprises et ménages confondus. Déjà, ces dernières ne baisseraient que trop lentement en France selon le rapport du *Haut Conseil pour le Climat*. Mais à ces émissions directes à caractère national, certains experts ajoutent aussi désormais les émissions indirectes plus difficiles à calculer, notamment les émissions inhérentes aux achats à l'étranger. Or, si les émissions directes sont bien identifiées dans un pays donné, même si elles ne sont pas faciles à faire disparaitre à court terme, il sera encore plus difficile de quantifier le bilan carbone réel des importations d'un pays, donc ses émissions indirectes, et encore plus de les faire régresser puisque le pays importateur n'a aucune emprise sur ces émissions, sauf de renoncer à ses importations. Mais, en conséquence, pour y parvenir, il faudrait pratiquement renoncer aux échanges internationaux, lesquels jouent un rôle majeur dans la croissance mondiale. Il conviendrait alors que chaque pays se transforme en économie autarcique. Ne plus rien acheter à l'étranger est certes le meilleur moyen d'améliorer le bilan carbone des importations, mais c'est nier toutes les conséquences subséquentes, à savoir : chute de la consommation, de la production, de la croissance, de la productivité, des rendements, et du revenu per capita. Aucun gouvernement sérieux n'est prêt à adopter de telles mesures, mais il se trouve que certains théoriciens écologistes radicaux, et même quelques professeurs d'économie fort connus, n'hésitent pas à brandir l'étendard de « la *nécessaire diminution du bilan carbone des importations* » sans se soucier des conséquences graves sur la croissance du pays et de la chute inévitable de ses performances. Nier par ailleurs la nécessité des échanges internationaux et son rôle dans la croissance mondiale semble ne pas poser de problème à certains. On touche là au caractère utopiste de certaines revendications d'écologistes radicaux. À quoi bon féliciter la France pour sa performance proche de la moyenne mondiale quand il s'agit d'émissions directes sur son territoire et pourquoi la vilipender quand elle dépasse de 70 % les normes internationales en prenant en compte les émissions liées aux produits importés ? On est dans une sorte de frénésie convulsive et inconsidérée de l'écologisme. Mais ce n'est pas tout. Comme le démontre William Norhaus, dans son récent ouvrage : « *Casino climatique* » (Éditions *De Boeck Supérieur*), non seulement tout ce que nous fabriquons recèle du CO2, mais aussi nos simples activités de loisirs en produisent. Ainsi, une promenade en vélo est en principe écologique (eu égard à l'utilisation de la voiture), mais des gaz à effets de serre ont pourtant été émis pour fabriquer la bicyclette et pour construire la route ou la piste cyclable. On retrouve ce dilemme pour le chemin de fer, considéré comme le moyen de transport le moins polluant sur longue distance. Mais la construction de l'infrastructure ferroviaire et celle des engins moteurs et remorqués ferroviaires ont nécessairement contribué à émettre du CO2. Même en faisant abstraction des importations, et en se cantonnant aux seules émissions internes d'un pays donné, un vrai bilan énergétique est déjà difficile à dresser si on veut intégrer les effets indirects. William Norhaus n'a pas tort d'affirmer que ce que nous faisons dans la vie recèle des gaz à effet de serre (GES) dont nous ne sommes pas conscients. Alors, comment établir des bilans raisonnables ? C'est une question posée par les théoriciens libéraux.

À ce titre, si les théoriciens libéraux sont d'accord sur la nécessité de diminuer drastiquement le volume des GES dans l'atmosphère, ils estiment par contre que ni les calculs économiques, ni le réchauffement climatique, ni l'état des équipements ne justifient l'arrêt prématuré de centrales nucléaires largement amorties, lesquelles ne rejettent pas de carbone. L'électricité d'origine nucléaire confère à notre économie un avantage substantiel en matière de couts de production dont bénéficie la compétitivité de nos produits et services. Faire disparaitre brutalement cet avantage de compétitivité alors que nous n'en avons si peu d'autres est un acte répréhensible du point de vue économique. Vouloir faire coïncider le temps court du politique avec le temps long de l'énergie est une grave erreur.

Le combat sera long et les critiques des écologistes radicaux contre les entreprises ne s'arrêteront pas d'aussitôt. Déjà s'esquissent de futurs combats entre l'Ancien Monde et le Nouveau Monde, entre l'économie et l'écologie. Le développement de la 5G en est un bon exemple. Pour les tenants de la 5G, la nouvelle technique devrait permettre de déployer l'économie de demain de façon plus numérisée, plus rapide, elle devrait faciliter le B2B *(business to business*), la voiture autonome, la santé connectée. Mais un tel progrès est en contradiction avec les vraies ambitions écologiques, avec le besoin impératif de faire des économies d'énergie. En effet, cette technologie implique le déploiement de nouvelles antennes et probablement l'implantation de *data center* qui seront de gros consommateurs d'énergie et provoqueront donc une surconsommation d'énergie. Se pose donc désormais le débat de concilier l'écologie et la croissance. Ce débat est loin d'être tranché et il faudra certainement le faire trancher par le peuple et non par des experts. Mais inévitablement les entreprises seront impliquées dans ce dilemme.

Les théoriciens libéraux et les entrepreneurs prennent au sérieux le défi climatique. Déjà de nombreux chefs d'entreprise se sont regroupés dans des associations aux États-Unis, en France et en Grande-Bretagne et ont décidé d'apporter leur contribution dans ce domaine comme dans celui, plus étendu, des défis sociétaux. Les entreprises affirment être prêtes à travailler sur des projets concrets refusant la logorrhée des critiques des partisans antilibéraux qui vouent le plus souvent le libéralisme aux gémonies.

Face aux accusations peu réalistes portées contre le libéralisme, il faut indiquer que c'est bien le Medef, et aucun autre organisme, qui a émis l'idée de créer un mécanisme d'ajustement carbone aux frontières de l'Union et qui a fini par convertir la Commission. Ceci est une bonne nouvelle pour les citoyens européens qui vont pouvoir faire de l'Europe le premier continent neutre en carbone d'ici 2050, ce dispositif s'appliquant notamment à des secteurs comme l'acier, le ciment, ou l'aluminium fortement exposés à la concurrence mondiale. Ce mécanisme inspiré par le Medef a convaincu la nouvelle Commission qui en a fait l'un des grands principes *du Pacte vert* présenté le 11 décembre 2019 par Ursula von der Leyen au niveau européen. C'est aussi une bonne décision, car cela diminuera les tentatives toujours fortes de délocalisation d'usines vers les zones à bas couts qui, le plus souvent, ne taxent pas les émissions de carbone. C'est de plus une bonne chose pour les industriels européens eux-mêmes qui verront disparaitre les avantages injustes de nombre de leurs concurrents. Certes, des représailles tarifaires sont possibles de la part des pays pollueurs notamment de la Chine et des États-Unis. Les exportations vers l'Europe de ces derniers seront taxées, ce qui n'est que justice. Mais on ne pourra plus affirmer abusivement que le monde des entreprises, en France notamment, n'a pas réagi et a laissé faire.

Cependant cette progression sera plus lente que prévu et la phase de transition sera partagée entre utilisations des ressources de « l'Ancien Monde » et celles du « Nouveau Monde ». Comme on l'a vu, le pétrole continuera à jouer un rôle dominant pendant des décennies. Si son prix s'est effondré en mars 2020 à cause la rétraction de la demande mondiale consécutive à la pandémie du coronavirus et à une extension provisoire concomitante de l'offre orchestrée par l'Arabie saoudite, le prix du baril est appelé à se redresser dès 2022/2023 au redémarrage de la croissance mondiale, le prix étant alors d'autant plus élevé que les compagnies pétrolières ont été obligées de diminuer leurs investissements ces dernières années rendant ainsi l'extraction plus onéreuse. La volonté des écologistes dans ce domaine ne sera donc que peu respectée, sauf peut-être en partie si le trafic aérien et les échanges internationaux devaient diminuer, suite à la pandémie du coronavirus, ce qui supposerait un consensus international qui est loin d'être acquis.

Des vents contraires continuent donc à souffler provenant de tous les pays qui ont intérêt à prolonger la rente pétrolière ou houillère et à miser pendant longtemps encore sur les énergies classiques. Les nouveaux adeptes de l'écologie devront être patients tant que l'appât des gains que généreront pendant longtemps ces énergies classiques restera important. On sait combien de nombreuses grandes compagnies pétrolières convoitent, à l'instar *d'Imperial Oil*, les richesses pétrolières de l'Arctique et combien le Groenland attire les grandes entreprises américaines notamment pour son pétrole. La Russie projette même d'investir 20 milliards de dollars dans les secteurs gazier et pétrolier irakiens. On sait que le Canada n'a pas renoncé à l'extension de son réseau d'oléoducs « *Transmountain* ». Les États-Unis continuent l'exploitation des gaz de schiste qui lui servent à se positionner en première ligne dans le monde. Mais cela ne leur suffit pas puisqu'ils viennent de sanctuariser leur présence dans la zone pétrolifère de la Syrie à l'est de l'Euphrate. Par ailleurs, la bataille des hydrocarbures sous-marins fait rage autour du bassin oriental de la Méditerranée à telle enseigne que plusieurs navires de guerre de plusieurs pays y patrouillent en permanence. Même si un trou d'air financier est annoncé en 2022 pour les grandes compagnies pétrolières suite à la pandémie du coronavirus, la politique généreuse de dividendes de ces entreprises a été peu modifiée. Ces sociétés ont été jusqu'ici généreuses envers leurs actionnaires. En conséquence, l'épargnant se retrouve face à un choix cornélien : maximiser le rendement de ses actions pétrolières liées à des activités générant des émissions de CO2 élevées, ou s'en détourner au nom de la protection de l'environnement, sans garantie d'un rendement élevé équivalent à court terme. Nul doute que beaucoup préféreront le rendement immédiat des actions. On peut en déduire que la fuite en avant des grandes entreprises vers les hydrocarbures de la planète va se perpétuer au moment même où les leaders écologistes mondiaux exigent l'arrêt de l'exploitation de toutes les énergies fossiles. Les États-Unis, qui sont aujourd'hui le premier pays producteur, devraient le rester plus longtemps que prévu, malgré la rivalité avec la Russie. Washington pourrait contribuer à la hausse progressive des cours pétroliers à partir de 2022 de manière à assurer la rentabilité de l'extraction du pétrole de schiste qui deviendra alors de plus en plus cher. Jeremy Rikkin, spécialiste américain de *« l'écologie positive »* a eu tort dans un élan d'optimisme d'affirmer dans son ouvrage : « *Le new deal vert mondial* » *(*Ed « Les liens qui libèrent »*)* que l'effondrement de la société de pétrole avant 2028 était certain. Selon toutes les études, la demande de brut continuerait à progresser dans les prochaines décennies, et au mieux, la demande mondiale pourrait croitre « seulement » de 12 % au lieu de 13 % d'ici 2040 selon le dernier rapport de l'OPEP de novembre 2019. Ce n'est pas pour rien que l'Arabie saoudite a placé sans difficulté en Bourse 1,5 % du capital *d'Aramco,* la puissante compagnie pétrolière du pays, pour en retirer 25 milliards de dollars. La chute des cours survenue en mars 2020 ne devrait être que temporaire même si la remontée des cours dépendra du retour plus ou moins rapide du trafic aérien, du tourisme et de la reprise économique mondiale. L'euphorie de stocks de pétrole pleins ne sera que de courte durée. Ryad a besoin que le prix du baril de brut remonte au-delà de 60 dollars pour financer ses grands projets. Mais c'est aussi le souhait de la Russie et de l'Amérique. Qui peut prétendre aujourd'hui que le recours à l'or noir appartient au passé ? Pis, si les cours devaient rester bas, ce serait un signe de début d'une spirale déflationniste mondiale qui rendrait même les prix des énergies renouvelables relativement plus élevés et l'avenir de ces dernières serait alors compromis. De vrais écologistes ne devraient pas se réjouir de cours pétroliers trop bas.

Ce sont avant tout des stratégies d'État qui sont responsables de cette tendance et il serait anormal d'accuser les seules compagnies pétrolières d'une telle évolution. En effet, l'objectif de réduction des gaz à effet de serre (GES) sera loin d'être atteint tant que les leaders de pays comme les États-Unis et le Brésil ne considéreront pas cette réduction comme prioritaire, tout comme aussi le chef de gouvernement australien, Scott Morrisson, lequel a provoqué l'opinion de son pays en 2017 en brandissant un gros morceau de charbon au Parlement affirmant : « *Ceci est du charbon, n'ayez pas peur, cela ne vous fera pas de mal.* » Pis, l'Australie possède l'un des taux les plus élevés de gaz à effet de serre (GES) du monde et 70 % de son électricité proviennent du charbon dont elle est toujours la quatrième productrice mondiale. L'économie houillère pèse donc lourdement dans son économie, en termes de production, de commerce extérieur et d'emplois (près de 38 000 mineurs). Elle n'est donc pas prête à se réformer entièrement. Ce sont d'abord les stratégies étatiques qui doivent être d'abord incriminées. C'est absolument vrai pour les États-Unis, le Canada, la Russie, le Brésil et tant d'autres. Pis, des pays comme la Norvège jouent des deux côtés affichant à la fois une foi inébranlable dans la révolution verte tout en sauvegardant des intérêts dans l'exploitation des hydrocarbures classiques. Le plan stratégique de la Norvège est très ambigu puisqu' elle veut toujours être l'un des leaders de l'exportation des hydrocarbures tout en voulant être aussi leader dans la promotion des énergies renouvelables financée grâce aux bénéfices retirés des hydrocarbures ! En effet, les hydrocarbures représentent la moitié de ses exportations et 19 % de son PIB, ce qui alimente son énorme fonds souverain de 1 100 milliards de dollars. Ce pays ne peut facilement modifier ce modèle, car les hydrocarbures ont développé une économie de rente laquelle alimente en allocations sociales 20 % des citoyens du pays. Mais d'un autre côté, cette rente lui permet aussi de financer des projets d'énergies renouvelables dont il est l'un des leaders mondiaux. L'ambiguïté de la stratégie du pays a toutes les chances de subsister longtemps et c'est bien au niveau de l'État que cette contradiction est entretenue.

La demande d'hydrocarbures ne devrait donc fléchir qu'après 2040 selon l'OPEP, sauf si le commerce international et le trafic aérien devaient fléchir lourdement suite à la pandémie actuelle. Le pétrole a donc encore un bel avenir et il sera, de plus, alimenté par la croissance retrouvée après 2022 et l'inexorable essor démographique. Par ailleurs, selon l'AIE (*Agence internationale de l'énergie*), l'intensité énergétique ne fait qu'augmenter et elle a même connu un pic en 2018, toutes sources confondues. La baisse de la demande constatée en mars 2020 consécutive à la grave crise du coronavirus ne devrait être qu'un épiphénomène. En termes de ratio, la consommation énergétique par rapport au PIB ne s'est réduite que de 1,2 % en 2018. On est loin d'une société de frugalité dans ce domaine. Pis, les suspicions d'infection par le coronavirus que les moyens de transport public suscitent massivement risquent fort de provoquer désormais un abandon massif de ces derniers au profit d'un report modal vers la voiture individuelle, ce qui ne pourra qu'encourager la consommation d'essence et donc la relance de la production pétrolière. La révolution verte prendra inévitablement plus de temps que prévu. Une autre raison va s'ajouter à la précédente puisque le passage du diesel à l'essence, plus gourmand en carburant de l'ordre de 20 %, ne réduira pas la consommation, bien au contraire !

Outre les hydrocarbures classiques, le charbon est encore très utilisé. Il faut rappeler que la Chine a élaboré récemment des projets de centrales à charbon qui, lorsqu'ils seront mis à exécution, ne pourront qu'augmenter la production des gaz à essai de serre (GES). Selon une étude récente de *Bloomberg New Energy Finance*, le budget chinois pour les énergies renouvelables a même diminué de 34 milliards de dollars entre 2017 et 2018, car selon cette agence, la Chine a besoin de retombées économiques rapides compte tenu de la réduction actuelle de sa croissance. Ainsi, en 2019, la totalité des énergies fossiles devrait encore augmenter. Le chemin vers la transition écologique restera bien sinueux.

Il en ira de même de l'énergie nucléaire, de plus en plus vilipendée en Occident pour ses déchets radioactifs, mais appréciée en Chine qui a récemment multiplié le nombre de ses réacteurs dans un passé récent tandis que l'Ouzbékistan, puissance montante d'Asie centrale, vient de plébisciter cette source d'énergie pour l'avenir, préférant destiner le gaz- dont ses sous-sols regorgent- à l'exportation. En France, au contraire, pour faire passer le mix électrique du nucléaire de 70 à 50 % d'ici 2035, d'autres réacteurs seront arrêtés, le risque étant d'augmenter le prix de l'électricité et d'abandonner les compétences technologiques françaises au profit de la Chine et de la Russie. En France, près de huit ans après la promesse de François Hollande, la fermeture de la centrale de Fessenheim n'est devenue réalité qu'en 2020. Cependant, la Cour des comptes a critiqué la procédure la qualifiant de « *chaotique* » et évoquant à cet égard un risque financier pour les pouvoirs publics. Les montants liés au futur manque à gagner sont incertains, car ils dépendent notamment de la régulation à venir des prix de l'électricité. Une meilleure visibilité est d'autant plus nécessaire que les démantèlements en cours de 36 installations de « première génération », déjà arrêtées par EDF, sont soumis à de fortes contraintes techniques et connaissent des dérives de couts prévisionnels énormes. Le cout des charges futures de démantèlement pour les trois exploitants impliqués que sont respectivement *EDF, CEA et Orano*, est de l'ordre de 46,4 milliards d'euros, somme en constante augmentation. Les théoriciens libéraux n'ont certainement pas tort d'affirmer qu'il y a eu une forte précipitation dans cette stratégie de fermeture sans véritable bilan financier prévisionnel précis. Les finances publiques risquent donc d'être sollicitées bien au-delà de ce qui était prévu à l'origine.

Malgré cette route semée d'embûches, la transition climatique se fera, mais plus lentement et difficilement que prévu. La dernière conférence climatique tenue à Madrid en décembre 2019 (*COP 25)* s'est fait l'écho de ces difficultés, mais ce sont avant tout les États et beaucoup moins les entreprises qui en sont responsables, d'autant que pour beaucoup de pays producteurs les recettes des hydrocarbures représentent la première recette budgétaire. Par ailleurs, les dépenses publiques obligatoires occasionnées par la pandémie du coronavirus vont avoir un effet négatif sur les financements qui avaient été prévus pour la transition écologique. Les institutions bancaires internationales, les banques centrales et les pouvoirs publics nationaux n'ont pas des moyens financiers illimités et ne sauraient financer l'ensemble de ces doubles engagements de façon concomitante.

Financièrement on se retrouve face à une impasse. Le coronavirus n'est nullement l'allié de la transition énergétique, bien au contraire, il va obliger les écologistes à restreindre considérablement leurs ambitions.

Face aux défis climatiques, l'humanité a devant elle deux risques mortifères, l'extinction de la vie biologique, mais avant cela, si la transition climatique est mal maitrisée, la mort économique par collapse du système financier international compte tenu de l'importance démesurée des besoins de financement. Mais ce dernier risque est passé totalement sous silence. À ce risque systémique, il faut bien sûr ajouter l'impact direct du climat sur les activités économiques encore aujourd'hui mal documenté, et les risques juridiques relatifs aux responsabilités des pouvoirs publics, des entreprises et des ménages dans cette transition.

On ne peut accuser impunément les entreprises et donc l'idéologie libérale de ces dysfonctionnements, voire de cette tiédeur. Le combat pour la préservation de la planète n'est pas, pour les libéraux, incompatibles avec la croissance économique, bien au contraire, et on ne peut accuser les libéraux d'être les apôtres de la décroissance. Ils veulent combiner à la fois la nécessité de la lutte pour le climat et celle de la croissance économique, seule source d'élimination du chômage et d'augmentation des revenus.

En particulier, le monde de la finance ne reste pas inerte.et celui-ci est devenu de plus en plus responsable, sa volonté étant d'offrir plus de transparence qu'aujourd'hui. La finance responsable n'est pas une mode, c'est une tendance de fond, car elle répond à l'attente de la société. C'est dans ce sens qu'ont été définis les critères environnementaux, sociaux, et de gouvernance appelés ESG, véritables critères de la soutenabilité de politiques écologiques et de l'impact éthique de ces dernières. Ainsi, depuis 2015, les institutionnels français doivent rendre compte de la façon dont ils prennent en compte les critères ESG. Au niveau mondial, il est apparu urgent de définir pour les besoins des financiers et pour ceux de leur clientèle des nomenclatures d'activités durablement vertes dans lesquelles s'engager. Créer une « *taxonomie* » des actifs vraiment verts (au sens d'une classification objective et détaillée) est indispensable. De façon plus précise, les acteurs financiers qui souhaitent lancer sur le marché des fonds labellisés « verts » devront mentionner le pourcentage ou partie de ses actifs correspondant à la *« taxonomie »* européenne. Contrairement aux déclarations de certains écologistes, la finance s'est mobilisée pour gagner la bataille de la transition climatique. Ce n'est pas pour rien que Villery de Galhan, gouverneur de la Banque de France, a pu écrire que : *« la gestion du risque climatique s'impose donc désormais au titre du mandat de stabilité financière des banques centrales et des autorités de supervision du système financier.* » Les financiers sont donc sur le pied de guerre pour éviter un « krach financier vert » tandis que les gouvernants ne se sont pas encore mis d'accord sur la valorisation de la taxe carbone.

En effet, la finance si souvent décriée a mis aussi le cap sur les énergies renouvelables. C'est le cas de nombre de banques, de compagnies d'assurances, de fonds de pension, et de fonds souverains qui ont réduit leurs investissements dans les énergies fossiles. Leurs nouveaux objectifs sont devenus non seulement un enjeu écologique, mais aussi un enjeu économique, car ces organismes veulent pouvoir défendre leurs intérêts dans les économies de demain. L'américain *JP Morgan AM* a fait de l'ESG une de ses priorités pour 2020. Il en va de même pour *Black Rock*, le plus grand gérant du monde ; ils déclaraient en 2009 gérer 1 458 milliards d'euros de façon « responsable ». De même, Axa a été ainsi le premier grand investisseur à cesser d'investir dans les mines de charbon et les centrales thermiques qui lui sont liées. Allianz n'investira plus dans les entreprises liées au charbon à partir de 2040. BNP Paribas a arrêté de son côté le financement de projets de mines de charbon et a mis un frein sur ceux du pétrole et des schistes bitumineux, suivi en cela par Société Générale. Par ailleurs, ces établissements ont commencé à investir tous dans les énergies renouvelables. Axa vise 12 milliards d'euros dans les investissements verts en 2020 tandis qu'Allianz va y investir 6,8 milliards.

Les fonds de pension misent de leur côté sur des obligations vertes. Jeff Bezos, fondateur d'*Amazon*, va doter de 10 milliards de dollars un fonds de soutien à la lutte contre le réchauffement climatique pour financer la recherche. La « dette verte » est très recherchée comme le souligne l'agence de notation allemande *Scope*. Les émissions de *green bonds* sont quasiment souscrites. La société de recherche *ETFGI* révèle pour sa part que les montants investis dans les trackers prenant en compte les critères écologistes ont bondi de 7,4 % en novembre 2019. On assiste ainsi à une refondation rapide de la finance internationale au profit de l'écologie. Le problème singulier des États-Unis reste cependant entier. Pour beaucoup, les États-Unis qui sont à la traine dans le combat contre le défi climatique doivent repenser leur système financier, notamment parce qu'ils contrôlent la finance mondiale à travers les fonds de pension alors que le *New Deal vert* a besoin d'investissements pour construire l'ère post carbone.

La finance est aussi sollicitée au plus haut niveau des institutions européennes. Le « *fonds vert pour le climat* » prévu par l'accord de Paris commence à porter ses fruits puisque près de 10 milliards de dollars viennent d'être recueillis pour la période 2020-2023. Ce fonds a la particularité d'être contrôlé à parts égales par les pays donateurs et les pays bénéficiaires et la France va y contribuer à hauteur de 1,5 milliard de dollars. Ce fonds s'avère très proactif puisqu'il a déjà approuvé 111 projets dans 100 pays en développement pour un volume de 7,2 milliards de dollars. Les entreprises sont une des cibles importantes de ce fonds. Un de ces projets présentés par la France est par exemple d'octroyer des lignes de crédit à des banques privées à des conditions avantageuses afin de financer des investissements permettant de lutter contre le réchauffement climatique. Mais ce fonds vert est aussi associé à la Banque mondiale sur un projet géothermique en Indonésie et à la Banque africaine de développement sur l'énergie solaire au Burkina Faso.

Il est indispensable aussi que les institutions bancaires européennes soient associées à la révolution écologique. La BRI (Banque des règlements internationaux) va lancer un fonds dédié aux obligations vertes. Des sommes importantes pour soutenir les projets visant à lutter contre le réchauffement climatique et à développer l'économie circulaire ont été sanctuarisées par la banque. Aujourd'hui 25 % de prêts accordés par la banque le sont pour ces thématiques et il est question de porter cette part à 50 %. La BRI est déjà engagée sur un programme de 10 milliards d'euros de crédits en cinq ans pour financer l'économie circulaire. La banque dispose d'ores et déjà d'un portefeuille de projets à financer. Les autres institutions monétaires ont déjà créé des réserves, mais sans dégager encore une vraie stratégie. L'objectif est de faciliter l'usage par les banquiers centraux du levier de financement de la transition énergétique. Ces emprunts émis par les marchés auront pour caractéristique de financer exclusivement des projets liés à la transition énergétique. L'intérêt du fonds de la BRI est qu'il fédérera des ressources importantes grâce aux concours des banques centrales. Cela permettra au marché des obligations vertes de se développer rapidement, car il représente aujourd'hui à peine 1 % de l'ensemble des marchés obligataires. Certains évoquent aussi l'idée d'investissements financés par la Banque européenne d'investissement (BEI), ce qui éviterait de modifier le *Pacte de stabilité*. À cette fin, certains ont imaginé l'émission d'obligations vertes par la BEI (Banque européenne d'investissement) qui pourraient être rachetées par la BCE dans le cadre de sa politique monétaire d'accommodement. C'est par ce biais que la BEI obtiendrait alors les fonds nécessaires pour financer les colossaux investissements verts.

La nouvelle Commission européenne n'est pas en reste. Le plan qu'elle prévoit, s'il est adopté par les États membres et le Parlement, drainera sur dix ans 1000 milliards d'euros d'investissements européens et nationaux, publics et privés. Les entreprises en bénéficieront dans toute l'Europe, car elles sont considérées comme des partenaires majeurs, mais, bien sûr, les administrations et autorités locales en bénéficieront aussi. Sur le montant de 1000 milliards d'euros, 503 milliards seraient pris sur le budget européen, tandis que 279 milliards proviendraient de l'ex-Plan Juncker baptisé *InvestEU* et de la BEI tandis que 114 milliards seraient mis à disposition par le truchement de cofinancements nationaux et 143 milliards viendraient de mécanismes de transition destinés à aider les pays dépendants du charbon. Le fait que les entreprises ne soient pas oubliées dans la distribution de cette manne démontre que la Commission veut en faire le fer de lance de la transition écologique.

Cependant, ces énormes collectes de fonds au niveau des institutions européennes ne doivent pas faire penser que les entreprises privées auront un rôle passif dans ce domaine en tant que bénéficiaires d'aides ou de prêts européens. Pourquoi ? Parce que les investissements annuels annoncés par la nouvelle Commission, lesquels devraient s'élever à environ 260 milliards d'euros, représentant un pourcentage de l'ordre de 1,5 à 2 % du PIB européen, dépassent largement les capacités budgétaires de l'UE dont l'enveloppe est de l'ordre de 1 % du PIB. La politique énergétique européenne ne pourra donc se concrétiser que si elle fait appel à des fonds privés. Mais pour ce faire, il faudra que le secteur privé y trouve son intérêt et puisse rentabiliser ses engagements financiers. Ceci implique une augmentation du prix de la tonne carbone qui n'est pas encore assez rentable pour le secteur privé. Ce prix est aujourd'hui compris entre 20 à 25 euros la tonne si on se réfère au marché des droits d'émission de CO2. Par ailleurs, Il faudra étendre ces droits à de plus nombreux secteurs, comme le chauffage, les transports, l'isolation. Ce n'est qu'en prenant de plus amples mesures que les projets deviendront rentables pour le secteur privé qui pourra alors s'investir pleinement dans la transition écologique et suppléer aux insuffisances financières publiques européennes et nationales. Le prix du carbone devrait approcher de 500 dollars la tonne d'ici 2030 selon l'économiste américain James Boyce, chiffre qui ne sera socialement acceptable que si une restitution est opérée vers les consommateurs pour qu'ils consentent des prix élevés. On peut aussi imaginer que les entreprises puissent bénéficier de la part des organismes de financement de prêts à taux zéro octroyés à cet effet par la BCE, ses pertes étant alors transférées aux États à travers sa politique de dividendes. L'autre moyen serait que les États puissent nouer de nouvelles relations avec la Banque européenne d'investissement (BEI) dont le capital pourrait être revalorisé. Dans tous les cas de figure, c'est bien le secteur privé qui sera appelé en renfort, mais il faudra augmenter pour cela le prix de la tonne de CO2.

Par ailleurs, des risques financiers ne sont pas à exclure. Le changement climatique, selon la Banque des règlements internationaux, pourrait déstabiliser le système financier, notamment en tenant compte des dommages économiques et des pertes non assurées, représentant des sommes colossales. À l'opposé du « *cygne noir* » évoqué en 2008 par l'essayiste Nassim Nicholas Taleb, les risques climatiques pourraient devenir un « *cygne vert* » aussi dévastateur. Ce changement d'objectifs et de paradigmes ne peut être cependant que progressif. Il est indéniable qu'une transition brutale pourrait provoquer un krach systémique, si l'abandon des énergies fossiles se faisait sans aucune transition : les actifs financiers des entreprises qui exploitent ces énergies seraient alors dévalorisés d'un coup, et ce, peut-être de 50 à 70 %, provoquant des réactions en chaine, des risques de contrepartie pour les teneurs de marchés et une course généralisée à la liquidité comme l'a si bien théorisé le professeur Michel Aglietta. Pis, Irena (*Agence internationale pour les énergies*) évalue à 12 000 milliards de dollars les actifs qui devront être déclassés d'ici à 2050 compte tenu des objectifs, des contraintes environnementales et des évolutions technologiques. Ce sont ces pertes liées aux adaptations des agents économiques, États, industriels et ménages qui ont été valorisées. Ce risque de transition est énorme d'un point de vue financier et il est désormais devant nous. Il pourrait représenter 3 % du stock du capital productif mondial. Il est hautement regrettable que les écologistes, dont peu ont la fibre économique et encore moins financière, n'aient pas anticipé ces risques de krach financier, qui par leurs ampleurs risquent eux aussi d'anéantir la planète. Cette déstabilisation est bien ce « *cygne vert* » déjà évoqué.

En fait, les chiffres des investissements jugés indispensables pour la transition climatique sont hallucinants. On parle d'un cout de 830 milliards de dollars par an entre 2016 et 2050, et seulement dans l'hypothèse d'une limitation à 1,5° du réchauffement climatique ; ce cout représente pour chacune des années précitées 1 % du PIB mondial, dans un contexte financier mondial où un pays sur deux de la planète ne sera pas capable de faire face à ces investissements. La grave crise économique mondiale générée par la pandémie du coronavirus et les immenses plans indispensables de relance au rétablissement des économies de la planète risquent fort de rendre en partie caduques les plans de financement ambitieux retenus pour la transition climatique, car ces plans font appel aux mêmes acteurs et bailleurs de fonds en Europe, à savoir : pouvoirs publics nationaux et organismes financiers de l'UE. L'Europe dont les moyens financiers ne peuvent être infinis ne pourra soutenir financièrement les deux plans ambitieux. Le choix sera douloureux.et nul doute que les plans programmés au niveau européen comme au niveau mondial pour soutenir l'économie mondiale, restaurer le marché de l'emploi et aider les entreprises défaillantes seront prioritaires.

Face à ces contradictions, voire incohérences, les entreprises industrielles et commerciales ne sont pas restées inactives et ont commencé d'ores et déjà à élaborer des stratégies nouvelles permettant d'aller de l'avant. Ainsi, *EDF* et *ENGIE* ont commencé à développer les énergies renouvelables. EDF s'est mise à travailler sur un scénario d'énergie 100 % renouvelable. Dans le domaine des voitures propres, un grand pas a été fait. Dès 2020, les constructeurs automobiles doivent tenir compte d'un objectif moyen de 95 grammes de C02 par kilomètre parcouru pour l'ensemble de leurs véhicules vendus en Europe, ce qui a encouragé *Renault* et *PSA* à se lancer dans la voiture électrique. Ainsi, à titre d'exemple, le prochain lancement de la première voiture électrique *low cost*, *Dacia Spring*, implique non seulement une baisse du cout de production, mais de plus, la création de nouvelles motorisations ne dégageant plus de CO2. il en va de même de la nouvelle conception d'habitats modernes et de la rénovation énergétique des logements. Total, qui en 2015 avait annoncé sa volonté de diminuer ses émissions de CO2 de 6 millions de tonnes à l'horizon de 2025, vient d'estimer que cet effort était insuffisant et a décidé une réduction de 20 millions de tonnes. Toutes les critiques formulées contre le monde des entreprises ne sont pas recevables. Ce volontarisme est visible dans tous les secteurs.

D'autres inflexions écologistes, mais moins médiatisées, sont en cours au niveau des entreprises. Ainsi sont nés des projets coordonnés tels que « *Fashion Pact* » fédérant de grandes industries comme *Kering, Chanel,*

H&M, Inditex, Nike et Adidas. Les grands distributeurs comme *Carrefour, Casino, Auchan, Leclerc, Intermarché, Système U* ont vite développé les rayons bios et locaux, certains n'hésitant pas à créer leur propre enseigne bio. Les géants de l'agroalimentaire ont suivi, tandis que *Danone* a créé une offre AB dans les produits destinés aux enfants. La suppression des flacons et des bouteilles de plastique est en cours dans le secteur des industries de boissons ou de parfumerie. Air France, de son côté, promet une compensation totale de ses émissions de gaz à effet de serre (GES) grâce à une importante plantation d'arbres. Quant aux constructeurs d'avions, ils se sont engagés à réduire les émissions de 75 % d'ici 2050, et d'ores et déjà l'A 320 néo consomme 15 % de carburant en moins que l'A 320. C'est ainsi que se développent les labels verts qui garantissent que des produits, des services, ou des entreprises, respectent l'environnement. Par ailleurs, les efforts des entreprises pour devenir écoresponsables se multiplient et font l'objet de certificats et d'audits. Il sera difficile d'affirmer que les entreprises sont restées inactives. Elles ont déjà amorcé le tournant écologique, et en ce sens, leurs intérêts individuels se confondent avec ceux de la société tout entière. Contrairement à ce qu'affirmait Nicolas Hulot, libéralisme et écologie ne sont pas incompatibles.

Nombre de *start-up* n'ont pas non plus attendu des directives gouvernementales pour se lancer dans la croissance verte et notamment dans le créneau du « conseil vert » aux grands groupes industriels en vue de les aider à repenser leurs applications pour économiser de l'énergie. Ainsi la *start-up Greenspecto*r a imaginé des sites internet « écoconçus », faisant par ailleurs la chasse aux flux de données inutiles. En effet, l'explosion du volume de données consommées en ligne s'est en effet traduite par une multiplication par trois des gaz à effet de serre (GES) en cinq ans selon le « *think-tank* » appelé « *The Shift Project* » qui prend en compte la consommation énergétique des réseaux télécoms, des centres de stockage des données et des terminaux. L'entreprise *Green Flex* par exemple, a développé une analyse préconisant des évolutions dans les modes de production afin de réduire l'impact environnemental d'une activité. L'entreprise *Phenix* a développé une plateforme permettant aux industriels de mieux valoriser leurs invendus. La *start-up Qarnot Computing* a intégré des PC et des serveurs informatiques à des radiateurs pour que ces derniers profitent de la chaleur générée par les premiers. *Energency* a de son côté conçu un logiciel qui analyse la consommation énergétique de grands groupes industriels, comme *Arcelor Mittal,* suggérant des changements de procédures permettant de réaliser entre 5 et 15 % d'économies. L'entreprise *E4*V (*Energy for Vehicles*) fabrique des batteries en lithium pour voitures électriques pour de courts trajets. C'est ainsi que de nombreuses *start-up* françaises participent de leur propre gré à la politique de réduction de l'empreinte carbone.

De plus et de façon générale, beaucoup d'entreprises se sont lancées dans les investissements socialement responsables (ISR). Ce type d'investissement permet de contribuer surtout à la rentabilité des projets de long terme, ceux qui ont une durée de vie de 25 à 60 ans, comme c'est le cas en matière d'infrastructure. Pour ces secteurs, c'est un gage de visibilité et de sécurité. Mieux encore, pour nombre de ces entreprises, l'absence d'un prix du carbone en France (cas actuel) ne constitue pas un handicap, car il est possible de réaliser des investissements faibles en carbone sans le signal de prix ; en effet, il est possible d'évaluer les gains d'émissions évitées par ces projets. Certes, la connaissance d'un prix de carbone permettrait de mieux calculer la rentabilité des projets, mais son absence n'est nullement un frein pour le lancement de tels projets. De même, nombre d'entreprises se préparent d'ores et déjà aux métiers de demain dans notamment les secteurs du BTP et de l'énergie qui devront apporter une contribution prioritaire à la révolution verte. Il est bon de rappeler à cet effet que le président du Medef a déclaré récemment que pour financer la transition écologique, « *il faudrait brûler du capital* », ce qui revient à dire que les fonds des entreprises destinés jusqu'ici à d'autres finalités seraient mobilisés en priorité dans cette direction, et ce au détriment bien sûr des investissements prévus à l'origine.

Toutes ces avancées volontaristes émanant d'organismes financiers, entreprisses commerciales et industrielles, entreprises informatiques et *start-up* démontrent que l'intégration de l'écologie dans l'économie de marché est possible. C'est ce qui se produit sous nos yeux.

C'est d'ailleurs au niveau des entreprises de demain que devront s'opérer des choix cruciaux, car c'est à ce seul niveau que l'on peut assurer une optimisation des ressources. Le développement de l'IA et des pratiques de « *big data* » sont énergivores et un choix crucial devra être opéré entre l'évolution de l'IA dans la société et le besoin impératif d'économiser de l'énergie. De telles optimisations ne peuvent s'opérer qu'au sein des entreprises. Isabelle Autissa, présidente française de la puissante ONG écologique WWF, n'a d'ailleurs pas hésité à dire que pour maitriser la transition écologique « *il fallait aider les entreprises à avoir de bonnes pratiques.* » Pour beaucoup d'analystes, l'État serait même aujourd'hui à la remorque des entreprises en matière de projets en raison de la montée en puissance des nouvelles technologies dans les processus de production, alors que dans les années 1960 c'était le contraire.

C'est peut-être Bruno Derieux qui dans son récent livre, « *Contre l'écologisme* » (Éditions de Fallois) a trouvé les arguments justes pour réfuter une bonne partie des oukases de cette nouvelle religion écologiste. Sa démonstration est d'autant plus percutante que Bruno Derieux se définit comme un homme de gauche et il fut même ministre de François Mitterrand. Selon lui, le monde ne s'est jamais aussi bien porté qu'aujourd'hui et ce progrès est bien l'aptitude de notre système économique à produire plus en abaissant les prix. Les famines ont quasiment disparu dans le monde et les productions de tous ordres sont désormais abondantes pour nourrir la planète. Mais on ne veut pas le reconnaitre, car, selon lui, on est face à une « *religion totalitaire* » qui ne supporte aucune contradiction et contre laquelle il convient donc de s'opposer.

En conclusion, ce sont bien les entreprises qui sont d'ores et déjà le fer de lance de la révolution écologique et leur rôle ne pourra que s'accroitre demain. Sans elles, les objectifs globaux de cette transition risqueraient de n'être qu'une suite de vœux pieux. Ce sont bien elles qui constitueront le moteur de la transition même s'il appartient légitimement à l'État d'être le maitre d'œuvre du projet, d'en fixer les objectifs globaux et d'en déterminer les phases essentielles et leur consistance. Cette responsabilité est conforme aux récentes résolutions émises lors du dernier colloque de 181 grands chefs d'entreprise américains (*Business Roundtable)* organisé e*n* août 2019. Lors de ce colloque, une demande forte s'est exprimée en faveur d'une participation des grandes entreprises aux défis sociétaux et en particulier aux efforts de la transition énergétique. Il ne s'agira plus pour les entreprises de dégager seulement de la valeur pour les actionnaires, mais d'avoir une responsabilité sociétale. C'est une nouvelle boussole pour la gestion des entreprises. Dans cette perspective, les capitaux naturels commencent à être traités comme un capital autonome dans le sillage de la méthode CARE (*Comprehensive Accounting in Respect of Ecology*) élaborée par l'économiste Jacques Richard. L'écologie a donc commencé à prendre ses marques au niveau des entreprises et au niveau macroéconomique. La philosophie du monde des affaires va changer. Geoffroy Roux de Bézieux, président du Medef, disait récemment dans le même sens : « *Pour financer les investissements nécessaires à la transition écologique, les entreprises vont devoir brûler du capital.* » Le courant libéral est déjà en marche sur le chemin de cette révolution.

CHAPITRE IX

De la théorie à la pratique : le caractère ambivalent des politiques économiques des pays de l'OCDE. Le retour triomphant de Keynes dans le monde de 2020

« Faites quelque chose, et si ça ne réussit pas, essayez autre chose. »
(Franklin Delano Roosevelt)

« Les idées sont une prison. »
(Jacques Chirac)

Les pays qui se disent libéraux ont-ils toujours recours aux préceptes et aux stratégies libérales en matière politique et économique ? Cela n'a pas été toujours le cas, bien que les raisons des crises soient complexes : il a existé des crises d'insuffisance de la demande au sens où l'entendait Keynes, mais d'autres ont éclaté à cause d'une insuffisance de l'offre suite à la rétraction ou la raréfaction de la production et enfin il a existé des crises mixtes par écroulement à la fois de l'offre et de la demande, comme celle de mars 2020 qui sera documentée dans cet ouvrage.

La crise de mars 2020 a été une des plus graves qu'ait connue l'Occident. Les populations des pays qui représentent 50 % du PIB mondial ont été confinées, et donc la production mondiale a chuté. Rien qu'en Europe, un million d'entreprises n'ont survécu que grâce aux aides publiques. Pour éviter un vrai collapse de l'économie, les pouvoirs publics ont préparé des plans de relance de grande ampleur dépassant par leur importance tout ce qui avait été mis en œuvre lors des crises antérieures. Tous les leviers de la théorie keynésienne ont été activés : déficits massifs des budgets des États, endettement des pouvoirs publics à des niveaux inégalés, et recours colossal de la planche à billets par les banques centrales à hauteur de milliers de milliards d'euros ou de dollars. Keynes est revenu en sauveur dans tout l'Occident en 2020 sans qu'aucune objection ne puisse être émise par les libéraux. En période de grave tempête économique, il semble que seule la doctrine de Keynes puisse empêcher l'effondrement du système économique. Comme dans toute thérapie d'envergure, des séquelles et des effets secondaires sont déjà à prévoir, mais ce n'est pas en pleine crise qu'il apparait opportun de s'étendre sur ce sujet. Le seul objectif immédiat est d'éteindre alors l'immense incendie qui ravage la planète. Dans le monde, plus de quatre personnes sur cinq ont été mises au chômage en avril 2020, et le recul du PIB y est perceptible partout de façon drastique. Dans de nombreux États, ce sont les pouvoirs publics qui sont revenus au centre du jeu, se portant au secours de leurs entreprises dévastées tandis que dans les pays européens, où existe le système de chômage partiel, ils se sont engagés à prendre en charge la perte des revenus des salariés au chômage. En Amérique, on a fait appel au concept de la « *monnaie hélicoptère* » cher à Milton Friedman pour attribuer des revenus minima aux ménages modestes. Les Banques centrales ont été mises partout à contribution inondant de leurs milliards l'ensemble des circuits économiques. Ce n'est pas « Keynes », mais « un grand Keynes » qui est de retour, et divine surprise, il est souvent invoqué par des gouvernements conservateurs, comme c'est le cas au Royaume-Uni et surtout aux États-Unis où un plan gouvernemental de 2 200 milliards de dollars a été mis en œuvre dans un pays où 30 % de la population active était au chômage en avril 2020.

Il est évident que les pays dits libéraux n'ont pas été, tant s'en faut, des partisans inconditionnels du libéralisme économique. Ils ont été dans les faits, selon les circonstances, à la fois des apôtres d'Adam Smith et de John Maynard Keynes, à commencer par la France qui depuis des décennies a renoncé à l'orthodoxie budgétaire et monétaire, repoussant toujours à plus tard le redressement pérenne de ses comptes publics et de ses comptes extérieurs. Malgré tous les démentis, la France a été plus souvent dans les faits disciple de John Maynard Keynes, et ce, dès la fin de la Seconde Guerre mondiale. La stratégie retenue et maintes fois appliquée pendant des décennies, et donc aussi pendant les *Trente Glorieu*ses, a été d'augmenter les dépenses publiques en lançant des investissements ou en soutenant activement la consommation, permettant ainsi une augmentation de la production et donc de l'embauche. C'est ce que voulait faire Jean-Luc Mélenchon en présentant son programme lors de la campagne présidentielle de 2017. Cependant, le plan le plus massif de relance français date de 2008 : il a absorbé 34 milliards d'euros sur les exercices 2009 et 2010. Son bilan est selon la Cour des comptes peu glorieux, car son cout pour les finances publiques a été de 1,4 % du PIB alors que son résultat n'a pas dépassé 0,5 point de cet agrégat sur deux ans. On touche là les insuffisances de la théorie keynésienne du multiplicateur appliquée dans des économies évoluées où la demande nationale ne peut plus provoquer un accroissement de l'offre domestique de même ampleur, compte tenu, entre autres, de l'ouverture des frontières, mais aussi de la déliquescence du tissu industriel. En conséquence, la relation cout/ bénéfice d'une relance keynésienne est désormais critiquable. Par ailleurs, depuis décembre 2018, la France a cependant opté pour une relance de la consommation à hauteur de 17 milliards d'euros pour relancer le pouvoir d'achat des ménages. On est donc toujours dans le cadre d'une démarche bien keynésienne favorisant la relance de la consommation. Malgré cela, la croissance annuelle de 2019 n'a pas dépassé 1,3 %, contre 1,7 % en 2018. Il y a donc une déperdition manifeste de l'effet du multiplicateur comme cela a déjà été expliqué dans cet ouvrage. Mais cette relance couteuse de la consommation s'est concrétisée au détriment de la relance des investissements dont les capacités de financement ont été obérées d'autant. Tout ceci démontre bien qu'un pays qui revendique haut et fort son appartenance au libéralisme n'a aucun scrupule à avoir recours fréquemment aux stratégies keynésiennes. Keynes a été de nouveau plébiscité en France en 2020 face à la pandémie du coronavirus. Le Covis 19 a décimé en effet l'économie française où le PIB a reculé de 6 % au premier trimestre suite au confinement total de la population, le confinement entrainant chaque quinze jours une diminution de 1,5 % du PIB annuel, lequel, dans le meilleur des cas, pourrait chuter de 4,9 %, et dans le pire, baisser au-delà de 10 % (prévision de l'UNEDIC prévoyant une chute de près de 14 %). Face à ce qui semble être la pire récession enregistrée en France depuis 1945, le plan de soutien à l'économie fixé à 45 milliards d'euros au départ a été porté à 100 milliards d'euros en avril 2020 en additionnant la totalité des mesures budgétaires et de trésorerie en faveur des entreprises et des ménages. Ce plan comprenait les mesures d'indemnisation du chômage partiel concernant 70 % de la population active. Il s'agit donc bien d'un véritable plan de soutien de type keynésien mis en place par un gouvernement qui, à ses débuts, était plutôt catalogué « libéral ».

La France n'est pas la seule dans une telle situation. Le monde occidental est coutumier de ce genre d'ambiguïté. D'ailleurs, il n'échappe à personne que la grande crise des *subprime*s n'a pu être maitrisée que grâce à l'intervention massive des pouvoirs publics américains et européens.

Le monde économique de l'après-guerre nous a montré qu'il n'y a pratiquement jamais eu de politique économique nationale complètement homogène se rattachant uniquement à une seule doctrine économique, mis à part au Chili où les « *Chicago boys* », disciples de Milton Friedman, y ont mené pendant des décennies une politique monétariste agressive, privatisant pratiquement tout ce qui pouvait l'être. À l'opposé, Franklin Delano Roosevelt, pourtant animé par des valeurs libérales sur le plan politique et éthique, a cru devoir, dans les années 1930, tenir des propos qu'on pourrait qualifier aujourd'hui de populistes, notamment lorsqu'il proclama qu'il était souvent nécessaire de *« substituer la liberté collective à la liberté individuelle »* et *« qu'il fallait restreindre la concurrence, laquelle ne pouvait être illimitée. »* Il n'est nul besoin de rappeler son « *New Deal* » mis en œuvre pour lutter contre la Grande Dépression. Il n'est pas rare non plus aux États-Unis que de grands leaders républicains, adeptes en théorie du libéralisme économique et de la responsabilité individuelle de l'entrepreneur, se montrent interventionnistes en concevant des plans de relance impressionnants dignes des politiques keynésiennes les plus orthodoxes. A contrario, François Mitterrand, qui a été un farouche partisan de l'interventionniste étatique, a orienté sa politique vers un libéralisme rigoureux deux ans après son élection, et ce, en raison de la pesante contrainte financière. La France, pays politiquement libéral s'il en est, a donc joué selon les époques sur les deux registres de la politique économique, mais compte tenu de son incapacité à présenter des budgets en équilibre d'une part, et de son addiction à l'endettement d'autre part, son recours à la doxa keynésienne l'a souvent emporté sur la pratique du libéralisme économique, lequel ne fut vraiment à l'honneur qu'à l'époque du gouvernement de Raymond Barre (1978-1981).

D'autres pays ont fait de même. Ainsi, le premier gouvernement espagnol de Pedro Sanchez du 7 juin 2018 a eu pour objectif d'augmenter le SMIC - et donc le pouvoir d'achat- de 23,3 %, d'étendre les activités de service public, autant d'objectifs keynésiens, mais il a voulu aussi accroitre la flexibilité du marché de travail et la compétitivité des entreprises espagnoles, ces derniers objectifs étant d'essence libérale. De même, le premier gouvernement de Giuseppe Conte en Italie a entériné le plan de citoyenneté visant à augmenter le pouvoir d'achat des classes populaires défavorisées, ce qui s'apparente à une stratégie keynésienne, mais il a aussi adopté une tarification unique ou *flat tax* pour les classes moyennes engendrant alors une diminution de recettes fiscales de 12 milliards d'euros, ce qui constitue une mesure d'économie libérale, même si cette dernière mesure a fini par être abandonnée dans son second gouvernement. Ainsi, la plupart des pays occidentaux jouent en fait, selon les circonstances, sur les deux tableaux. Au Royaume-Uni, Boris Johson, nouveau Premier ministre conservateur depuis début 2020, a fait opérer un tournant de180 degrés à son parti qui incarnait jusque-là le libéralisme pur et dur d'origine thatchérienne. Dès le démarrage de son mandat, il a annoncé une relance des investissements publics de type keynésien dans les infrastructures, écoles, transports ferroviaires ; il a même décidé de réindustrialiser son pays grâce à une politique de relance en pérennisant par la loi le financement du service public de santé *(NHS*). Présenté comme un « ultra libéral », il a pourtant inauguré son mandat par une politique keynésienne. Keynes est bien vivant au Royaume-Uni.

Le cas ambigu de la politique économique du Japon mérite aussi d'être souligné. Confronté à une situation déflationniste depuis trente ans, le Japon a mis en place une politique monétaire accommodante, son institut d'émission (*BoJ*) lui permettant à la fois de soutenir un endettement qui est un des plus élevés du monde occidental (taux de 250 % du PIB), d'engager constamment une politique expansive de dépenses publiques, tout en maintenant des taux d'intérêt voisins de zéro, voire négatifs. Toutes ces mesures puisent leur justification dans la théorie keynésienne. Une telle politique avec un tel niveau d'endettement n'est pas pourtant sans danger. Le pays vit sur une sorte de volcan, s'enfonçant d'ailleurs dans des contradictions de plus en plus graves. En effet, et tout en se proclamant libéral, l'État japonais a mis la main progressivement sur toute l'économie puisqu'il décide finalement de tout pour chaque plan. Ainsi, un pays dont la banque centrale possède la moitié de la dette nationale se déresponsabilise sur le plan économique. Pour soutenir la demande interne défaillante depuis trente ans au moins, les gouvernements successifs du Japon se sont lancés dans une politique keynésienne de relance répétitive, multipliant d'année en année des plans quasi identiques. Le dernier atteignait 206 milliards d'euros, dont une grosse part des dépenses devait être consacrée comme toujours aux dépenses de construction pour lutter contre les catastrophes naturelles. Cependant, pour financer certaines dépenses publiques croissantes, le Japon a décidé en 2019 de relever son taux de TVA, mesure déjà mise en œuvre en Allemagne, ce qui s'apparente par contre à une mesure d'essence libérale (augmentation d'une taxe indirecte pour compenser une augmentation de dépense publique afin d'éviter que le déficit du budget ne se creuse davantage). Par ailleurs, rompant avec une tradition vieille d'un siècle, le Japon a entrepris une flexibilisation de son marché de travail, autrefois très rigide, ce qui est sans contexte la marque d'une politique économique libérale. En définitive, le Japon est devenu le plus keynésien des pays libéraux, tout en étant très libéral cependant sur certaines stratégies économiques.

Le libéralisme économique a pourtant bien existé. On pourrait évidement citer parmi les fidèles alliés de la doxa économique libérale la politique de Margaret Thatcher, mais ce serait oublier qu'à peine arrivée au pouvoir elle doucha toutes les espérances libérales en imposant une hausse drastique des impôts, ce qui est peu conforme à la théorie économique classique, même si cette augmentation était assortie d'une réduction de dépenses publiques pour restaurer l'équilibre budgétaire. Ce n'est que dans une seconde phase qu'elle est devenue le symbole du libéralisme pur et dur, sa doctrine étant souvent assimilée au néolibéralisme ou à l'ultralibéralisme.

Il faut aussi citer Donald Reagan et ses « *reagonomics* », mais ce serait oublier un peu vite qu'il fut l'instigateur du plus important plan de relance keynésien de l'Amérique de l'après-guerre, même si ce plan était aussi porteur d'une réduction d'impôts, lequel a généré un important déficit budgétaire. C'est donc bien le déficit budgétaire qui a financé alors la relance de l'économie américaine, et cette stratégie peut donc être assimilée partiellement à une relance de type keynésien, partiellement cependant, car elle impliquait en même temps une réduction des impôts des plus riches, ce qui n'a, par contre, rien de keynésien, comme on va le voir ci-après.

Mais il y a eu à nouveau une autre expérience. Ainsi, le pays le plus libéral au monde, défendeur acharné de la libre entreprise, est paradoxalement redevenu très keynésien avec Donald Trump, l'État s'étant substitué pendant une longue période à l'initiative privée pour relancer la croissance. Déjà, un consensus s'était dégagé au Congrès en 2019 pour un plan de 2 000 milliards dollars sur vingt-cinq ans dans le but de rénover les infrastructures du pays. À ce sujet, il convient de remarquer que, contrairement à des idées reçues, le capitalisme américain n'est pas adversaire des investissements publics. À cet égard, il est surprenant de constater que ce pays a un niveau d'investissement public par habitant quasiment deux fois plus élevé que celui de la zone euro. De façon plus précise, les investissements publics, les crédits militaires mis à part, sont 40 % plus importants aux États-Unis que dans la zone euro. L'écart s'est d'ailleurs accru depuis la crise de 2008.

Le recours à certains leviers d'action d'inspiration keynésienne ne doit pas surprendre. Certes, tous les outils de la théorie keynésienne ne se sont pas retrouvés dans les plans de relance de Donald Reagan et de Donald Trump. Par ailleurs, l'objectif principal de ces plans de relance reposait avant tout sur l'attente d'un taux de croissance élevé généré par une forte baisse de la charge fiscale des citoyens, notamment celle pesant sur les plus fortunés. Cet élément particulier de leur stratégie globale n'avait rien par contre de keynésien. Dans ce double schéma, un accroissement de dépenses privatives était attendu du choc fiscal, et leurs effets sur la croissance devaient se conjuguer avec celui de l'accroissement des dépenses strictement publiques financé par l'emprunt. Pour les tenants du libéralisme, Il s'agissait donc en partie d'un transfert dit vertueux de ressources budgétaires vers des ressources privatives. Cependant, dans cette stratégie, l'abaissement subséquent des ressources budgétaires de l'État n'étant pas compensé par une diminution équivalente de dépenses publiques, il en a résulté un accroissement supplémentaire du déficit budgétaire de type volontaire. Si la philosophie de ces plans de relance n'était donc pas entièrement inspirée par la doctrine de Keynes, certaines modalités s'en rapprochaient pourtant.

À cet égard, il convient de rappeler cependant que les Républicains se sont souvent montrés plus keynésiens que les Démocrates, alors que le credo républicain a toujours été très libéral et qu'il repose sur l'apologie des bienfaits de la liberté individuelle et donc de la liberté d'entreprendre. En effet, les dépenses publiques sont pratiquement toujours supérieures lorsque les États-Unis sont présidés par un Républicain. Selon certains calculs, depuis la Seconde Guerre mondiale, un président issu du parti républicain dépense chaque année un quart de point de PIB de plus que son alter ego démocrate. Dans ce domaine, Donald Trump est aussi un fidèle héritier de ses prédécesseurs républicains. À cet égard, la chute ininterrompue du marché obligataire depuis l'élection de Donald Trump a démontré que les intervenants économiques et financiers s'attendaient à ce qu'il persévère dans la logique keynésienne de ses prédécesseurs républicains, s'éloignant de la politique des démocrates qui ont souvent essayé de consolider les grands équilibres et même de générer des excédents publics. Les stratégies respectives de Donald Reagan et de Donald Trump sont à cet égard parallèles.

Donald Reagan est le premier président américain d'après-guerre à s'être adonné sans limites aux effets d'un grand plan de relance keynésien en y recherchant, comme tout keynésien, un effet à court terme, ce qui sied d'ailleurs à tout homme politique pour qui le long terme est hors de toute épure électorale. Lorsque Ronald Reagan a été élu fin novembre 1980, il a hérité d'une situation peu florissante, en particulier d'une croissance qui n'était soutenue que par des artifices monétaires. Les gouvernements précédents avaient massivement eu recours à la planche à billets et malgré plusieurs plans de relance keynésiens, la croissance de la décennie 1971-1980 s'est avérée inférieure de plus de moitié à celle de la décennie 1961-1970. Ainsi, entre 1978 et 1979, le taux de croissance avait chuté brusquement de 5,3 % à 2,5 %, pour devenir même négatif en 1980. Certes, le second choc pétrolier de 1979 avait joué un rôle dans la récession de 1980. Mais l'inflation record de 13,5 % et le taux de chômage de 7,2 % ont aussi joué un rôle récessif. En conséquence, tous les ressorts de la croissance semblaient alors brisés et la situation budgétaire désespérée. Avant de lancer un plan de relance, Ronald Reagan et Paul Volker, alors président de la FED, ont voulu d'abord assainir la politique monétaire héritée de leurs prédécesseurs en brisant l'inflation qui sapait la confiance des agents économiques. Pour cela, ils décidèrent de remonter considérablement le taux directeur de la FED, lequel, en juin 1981, s'est alors élevé à 20 %. Tous les crédits furent gelés, la cure monétaire fut si sévère qu'elle entraina une forte récession en 1982. En conséquence, le taux de chômage passa à 9,7 %. C'est alors qu'en 1982, Ronald Reagan lança sa première grande réforme fiscale comportant des mesures vigoureuses de baisse d'impôts. L'effet fut immédiat et après une récession (de l'ordre de - 2 % en 1982), la croissance revint dès 1983 pour dépasser 3 %. En 1984, elle atteint même 6 %. C'est alors que le taux marginal d'imposition passa de 75 % à 28 %. Cette révolution libérale a été influencée par deux économistes libéraux, à savoir Milton Friedman et Martin Feldstein, l'un des conseillers de Reagan. Tous les deux ont plaidé une baisse de l'impôt considéré être un frein à l'économie et une incitation à ne pas travailler.

Autre conséquence : pendant les années Reagan, le taux de chômage a été divisé par deux, passant de 10 à 5,3 %. L'ascenseur social s'est alors remis à fonctionner et 86 % des ménages appartenant à la catégorie des revenus les plus pauvres ont rejoint la tranche de revenus suivante. Des dizaines de millions d'Américains sont ainsi sortis de la pauvreté. Mais le grand échec de la politique économique de Ronald Reagan a été de maintenir un déficit budgétaire chronique en raison de la réduction pérenne des recettes fiscales. Le déficit budgétaire et l'endettement s'étant aggravés, certains en ont conclu hâtivement qu'il s'agissait d'une stratégie keynésienne de relance de l'économie. Cependant, Ronald Reagan s'en est toujours défendu. Il estimait au contraire qu'ayant réduit les impôts des citoyens, il leur avait restitué du pouvoir d'achat permettant à l'initiative privée de relancer la croissance. Les mobiles d'une telle politique furent libéraux, mais les effets en grande partie keynésiens.

Donald Trump s'est inspiré de cette stratégie aux effets partiellement keynésiens, dominée cependant par une volonté de réduire encore plus les impôts. Mais il a cru bon devoir mettre l'économie américaine au service de ses ambitions politiques alors que la croissance américaine, lors de son élection, n'affichait pas de signes évidents de faiblesse. Déjà, lors de son accession, et suite aux initiatives économiques de l'administration Obama, le marché était proche du plein emploi avec un taux de chômage de l'ordre de 3,6 %. En effet, Donald Trump est arrivé à la Maison Blanche quand l'économie avait déjà été assainie par l'administration de son prédécesseur. Pour donner toutefois à son plan de relance toutes les chances de réussir, il a réduit certains impôts sur le revenu et surtout abaissé nettement l'impôt sur les sociétés de 35 % à 21 %, lequel ne représente plus que 1 % du revenu national contre 7 % dans les années 1950. Contrairement aux seules préconisations de Keynes, mais comme l'avait fait son prédécesseur Donald Reagan, cette relance a donc été financée d'abord par une baisse des impôts des entreprises et des ménages aisés, mais aussi par un déficit budgétaire important comblé comme toujours par l'émission de bons du Trésor et d'obligations d'État que la FED a revendus en grande partie au reste du monde. Parmi ces nouveaux acheteurs d'obligations, on a retrouvé l'Allemagne dont les paradigmes économiques sont pourtant aux antipodes de ceux de Donald Trump, à savoir : rigueur budgétaire et désendettement. En relançant la croissance, Donald Trump a obtenu ce qu'il désirait : un prolongement de la croissance américaine, précieux sésame pour une réélection. Le nouveau plan de relance a permis à la croissance du pays d'atteindre 2 % en 2019 et de faire chuter le taux de chômage à 3,7 %, son plus bas niveau depuis décembre 1969. Ce faisant, le président Trump a contribué à prolonger le cycle de croissance à un niveau jamais constaté aux États-Unis. Le précédent record enregistré de mars 1991 à mars 2001 a donc été battu. Pis, depuis 1857, jamais l'économie américaine n'avait connu un cycle ininterrompu de cette ampleur tant et si bien que certains ont évoqué même le retour de « l'âge d'or » que Mark Twain avait salué dans ses écrits en mettant en exergue la croissance exceptionnelle qui avait duré de 1860 à 1900. Plus exactement, en février 2020, l'économie américaine en était au 127e mois consécutif de croissance. Le *NBER* (*National Bureau of Economic Research*) qui a pour mission de surveiller « *les business cycle*s » et de prévenir en cas de danger repéré s'en est étonné. Pensant que le premier plan n'était pas suffisant, Donald Trump en a lancé un second pour faciliter sa réélection.

Cependant, il y a une ombre qui plane sur les deux stratégies budgétaires des deux présidents américains : l'accroissement vertigineux de la dette publique américaine qui a découlé de ces plans de relance. Aujourd'hui le montant de l'endettement de l'État est de l'ordre de 23 000 milliards de dollars et il augmente d'environ 1 000 milliards par an, ne suscitant nullement d'inquiétude planétaire jusqu'ici. Mais demain ?

Ainsi, l'économie américaine, à la fin de 2019, est apparue performante alliant plein emploi, inflation réduite et taux d'intérêt bas. L'effet positif à court terme de cette relance a été indéniable, même si, comme dans le cas de Donald Reagan, le mobile de ce plan n'était pas totalement keynésien. Cette situation contrastait cependant avec celle de l'Europe à la croissance atone, une Europe qui attendait le lancement de politiques de relance préconisées par la BCE, politiques ralenties par les réticences allemandes incessantes, mais remises à l'ordre du jour par le récent accord franco-allemand pour un plan de relance européen de 500 milliards d'euros décidé à la mi-mai 2020..

Une question s'est pourtant posée : comment relancer la demande et donc la croissance alors que les ressources humaines sont déjà toutes employées ? Cela n'a pu se réaliser que parce que la robotisation des processus s'est amplifiée et que l'informatisation et la numérisation des activités se sont développées. Dans le cas contraire, aucune relance n'aurait été possible.

Des implications sur les taux d'intérêt directeurs ont découlé de cette stratégie. C'est ainsi que la FED a été en mesure de remontrer très progressivement en 2018 ses propres taux directeurs en vue d'atténuer le choc d'une croissance trop rapide dans un premier temps, tout en maintenant ceux-ci en dessous du taux d'équilibre réel de l'activité économique. Mais une faible décrue de ces taux a été opérée en 2019, et à nouveau en mars 2020, ceux-ci -voisins de zéro- demeurant toujours inférieurs au taux de croissance réel.

Ainsi, quand les Républicains sont dans l'opposition, ils passent leur temps à s'inquiéter des déficits en prédisant des catastrophes, mais dès qu'ils prennent le pouvoir ils mènent instantanément une relance budgétaire keynésienne corrélée à une politique de baisses d'impôts extrêmement agressive, les effets cumulés des deux stratégies se traduisant par une très forte stimulation de l'économie et un regain d'endettement. Mais il ne peut s'agir de stratégie répétitive en raison de l'ampleur des déficits créés et ces politiques ne peuvent pas être entièrement qualifiées de keynésienne, car la théorie keynésienne ne repose pas sur la diminution des impôts des classes les plus aisées. Il s'agit en fait de politiques hybrides reposant en partie sur les fondements des théories classiques et en partie sur la théorie keynésienne.

Nul n'avait jamais pensé avant le début de l'année 2020 que le président Trump allait être amené à préparer un nouveau plan de relance, cette fois le plus massif de l'histoire américaine, face à l'effondrement de l'économie créé par une grave pandémie imprévue. Cette crise est complexe, car c'est à la fois une crise de l'offre et de la demande. En effet, il va falloir à la fois renforcer l'offre, et donc la production complètement dévastée, mais aussi la demande, compte tenu d'un chômage de grande ampleur et d'une perte de revenus non compensée. En effet, après plus de neuf ans de solides créations d'emplois, l'économie américaine a été stoppée nette par le coronavirus qui a causé la destruction de dizaines de milliers de postes, tandis que le taux de chômage moyen annuel devrait dépasser les 10 % et que la chute annuelle du PIB était estimée entre 4 et 5 % en 2020. Début mai 2020, près de vingt-six millions de nouveaux chômeurs étaient inscrits pour obtenir une allocation chômage. Les marchés financiers se sont alors effondrés et la liquidité a disparu, créant le risque d'un emballement des faillites et de licenciements. C'est dans ce contexte que Donald Trump a fait appel pour une nouvelle fois aux théories keynésiennes pour sauver l'Amérique. Des mesures budgétaires exceptionnelles sont venues compléter la relance du QE (*quantitative easing)* de la FED. À la demande du président américain, le Congrès a finalement décidé de lancer un plan de relance à hauteur de 2 200 milliards de dollars, soit 10 % du PIB américain, plan gigantesque supérieur à celui de 2008, le plus important de l'histoire américaine. Ce plan prévoit, entre autres, l'envoi de chèques de 1 200 dollars aux ménages pauvres (en fait deux chèques pouvant atteindre 1 200 dollars chacun), un guichet de 350 milliards de dollars aux petites et moyennes entreprises, un pool d'aides aux grandes entreprises de 500 milliards de dollars, une aide aux États et municipalités de 500 milliards, et 150 milliards d'aides aux hôpitaux. La conjonction de deux plans (FED et Budget fédéral) qui s'adressent tous deux autant aux ménages qu'aux entreprises devrait empêcher une dépression de longue durée aux conséquences considérables. L'ensemble des sommes des deux plans réunis, auxquels s'ajoutent de nombreuses contributions moins importantes s'élève à 6 000 milliards de dollars. Ces plans vont générer un endettement supplémentaire colossal. L'aide directe aux ménages qui peut s'assimiler à la « monnaie hélicoptère » prônée par Milton Friedman s'explique par le fait que nombre de salariés américains mis au chômage ne touchent pas en général d'allocations, le pays n'ayant pas instauré de filet social de protection. Quoiqu'il en soit, la crise dénote l'échec de la stratégie de surchauffe économique impulsée quelques mois auparavant par Donald Trump à des fins électoralistes. De toute manière Keynes sous la présidence républicaine actuelle est revenu par deux fois inspirer la politique économique américaine. Qui peut dire que le libéralisme américain est incompatible avec la théorie keynésienne ?

Le caractère ambivalent des stratégies économiques des pays de l'OCDE reste toujours d'actualité bien que ces pays se définissent tous comme politiquement libéraux. On retrouve cette dualité de politiques économiques en Europe où la BCE appelle ouvertement les États à pratiquer une relance de type keynésien dans un contexte surréaliste où les taux d'intérêt sont devenus négatifs.

Enfin, il semble intéressant d'aborder le cas ambigu de l'Allemagne, le plus fidèle et solide représentant du libéralisme économique, partisan de l'équilibre des comptes et de la réduction des dettes étatiques. Pendant huit années consécutives le budget allemand a été en excédent. La dette publique y a diminué de 158 milliards d'euros depuis 2012. Ces surplus budgétaires considérables lui permettent aujourd'hui de lancer des investissements colossaux en minimisant le recours à l'emprunt.. Certes, suite à la crise de la pandémie du coronavirus, une somme de 110 milliards d'euros a été débloquée mais elle implique un endettement limité, une partie de cette somme étant prélevée sur les excédents budgétaires. C'est donc surtout grâce à une politique libérale que l'État allemand va pouvoir investir considérablement et lancer d'immenses chantiers de type keynésien, mais en empruntant modérément. Keynes n'avait pas pensé à un tel scénario de plan de relance massif financé surtout par des excédents budgétaires du passé. Sa théorie s'adressait d'abord à des pays exsangues financièrement.

Pourtant, Keynes, pourfendeur à court terme des idées libérales, serait heureux de voir aujourd'hui que son message théorique est bien vivant. Le dualisme des stratégies économiques des pays dits libéraux redonne un intérêt certain à la théorie keynésienne, particulièrement en période de crise, sauf que dans certains pays, comme au Japon, cette stratégie n'a pas permis au pays de s'extraire d'une situation durable proche de la déflation, et que dans d'autres, comme aux États-Unis, elle est utilisée dans le cadre d'un cocktail de politiques mixtes alliant keynésianisme et libéralisme économique. Sa victoire, même relative, tient au fait qu'aucun pays qui se dit libéral ne peut se passer de son message en cas de grave crise. On vient de le voir avec la crise consécutive à la pandémie du coronavirus. Les Banques centrales ont recommencé à faire fonctionner la planche à billets comme rarement cela s'est produit dans l'Histoire. Des plans massifs de relance ont été prévus tant au niveau du gouvernement américain qu'à celui de la zone euro tandis que les critères budgétaires de Maastricht ont été provisoirement abolis en matière de déficit et d'endettement. Tout a été prévu pour que Keynes revienne en force. Avec lui, c'est l'État qui est revenu en première ligne comme le stipule sa théorie. Il redevient l'acteur majeur de la société, se substituant même aux entreprises pour le paiement d'une grande partie des salaires du secteur privé dans le cadre du temps partiel. Il devient aussi le garant en dernier ressort de la survie de nombre d'entreprises et du soutien aux plus fragiles.

CHAPITRE X

Analyse des critiques virulentes adressées au libéralisme économique

« Le marché libre, ça n'existe pas. »

(Ha-Joon Chang, Professeur à l'Université de Cambridge, ouvrage : « 2 ou 3 choses que l'on ne vous a jamais dites sur le capitalisme. »

« L'idée libérale est devenue obsolète. »

(Vladimir Poutine)

« Ce n'est pas à l'Europe de s'adapter aux Gafa. »

(Thierry Breton, Chargé du Marché intérieur, du numérique, de l'industrie et de l'espace à la Commission européenne)

Il est évident désormais pour le plus grand nombre d'économistes que le capitalisme fondé sur les principes libéraux ne peut plus se donner comme seul objectif la maximisation du profit. Il doit partager désormais un dessein plus inclusif répondant aux orientations de la nation et aux attentes de la collectivité. Ce dessein doit avoir non seulement une finalité sociétale permettant le bien- être du plus grand nombre, mais aussi une finalité écologique pour protéger les ressources de la planète et devenir ainsi le moteur de la transition énergétique. Le capitalisme des XIXe et XXe siècles est désormais dépassé. Le libéralisme en tant que corpus doctrinal doit donc se préparer à cette inflexion inévitable s'il ne veut pas encore, au cours du XXIe siècle, être l'objet de critiques virulentes. Il est vrai que le capitalisme du passé n'a pas toujours été respectueux des ressources humaines et des ressources naturelles engendrant notamment au sein des nations développées des inégalités, une lente dégradation de la classe moyenne, et ce même si les inégalités entre pays émergents et pays riches ont eu tendance à se résorber au fil du temps.

Un nouveau cap est donc à définir et de nouvelles valeurs à mettre en exergue sachant toutefois que deux types de capitalisme sont d'ores et déjà critiquables, à savoir d'une part le capitalisme financier de type américain dans lequel la ressource est rarement mise à la disposition de l'économie réelle, car utilisée à d'autres fins, et d'autre part le capitalisme de type chinois qui repose avant tout sur la toute-puissance de l'État et l'absence patente de liberté individuelle. Le capitalisme du possible doit être un capitalisme responsable, ouvert sur la société et sur l'écologie. Il doit devenir le capitalisme du bien commun. Dans cette optique le rôle de l'État est aussi à redéfinir pour devenir moins un propriétaire de biens de production et plus un régulateur de marchés et surtout un incitateur des processus d'innovation. Le libéralisme de demain n'exclut nullement la puissance publique du « *playing field* » comme le pensaient les anciens théoriciens libéraux, mais il lui attribue bien au contraire une légitimité en tant que régulateur et source d'innovation.

Ces nouvelles orientations sont nécessaires, mais jusqu'ici il faut remarquer que la colère contre le libéralisme économique ne trouve pas de répit, certains dénonçant le capitalisme actuel comme étant un « *capitalisme de prédation.* » La recherche de l'intérêt personnel, fondement du libéralisme économique, ne s'est pas toujours traduite par une société apaisée puisque dans certains pays elle a engendré un accroissement des inégalités et une course effrénée à la création d'empires industriels représentant une menace pour la société, cette dernière tendance étant une caractéristique de l'ultralibéralisme qui se confond avec le néolibéralisme.

Il est vrai cependant que le capitalisme contemporain a fini par « *marchandiser* » certaines ressources matérielles de la planète. On parle même de financiarisation de ces ressources. Certaines ne posent pas problème, mais pour d'autres existe un véritable débat. Il en va ainsi de l'eau naturelle que l'Assemblée générale de l'ONU qualifie de « *droit universel* » avec son corollaire qui est celui de « *l'accès libre* à l'eau. » Mais dans les faits, il faut bien remarquer que l'eau gratuite n'existe plus, alors que cet or bleu est considéré comme le « *nouveau pétrole* » du XXIe siècle. A l'époque de l'ultralibéralisme débridé de Margaret Thatcher, l'eau a été non seulement privatisée sans aucune régulation de sorte que des dizaines de milliers de Britanniques -qualifiés alors de mauvais payeurs- ont été contraints de faire la queue dans la rue devant les fontaines publiques, provoquant, non seulement au Royaume-Uni, mais aussi dans le monde, une vague d'indignation. Aucun État développé n'a voulu en fait introduire dans ses propres lois le principe de droit universel des Nations-Unies. On peut citer aussi le cas de l'Australie qui a un besoin de plus en plus crucial d'eau en raison des conditions climatiques désastreuses ; pourtant, dans ce pays, l'eau destinée à l'irrigation est achetée par des Fonds d'investissement spécialisés, puis elle est stockée et ensuite redistribuée aux agriculteurs qui en font la demande moyennant un prix élevé. Le principe de la financiarisation est même porté à son paroxysme puisque l'eau est cotée sur les marchés boursiers selon le principe de l'offre et de la demande, son cout étant proche de 500 dollars le million de litres. Le rendement de cette financiarisation de l'eau est tel qu'il a attiré nombre de souscripteurs profitant de rendements souvent supérieurs à 20 %. Mais cette financiarisation existe aussi sous d'autres latitudes, notamment en Californie centrale où la cotation boursière est même devenue si importante que le Nasdaq lui a attribué une notoriété nationale depuis janvier 2019. Il s'agit d'un exemple abusif, parmi tant d'autres, de la marchandisation d'un bien commun qui intéresse de plus en plus les fonds spéculatifs, lesquels ont renoncé à toute éthique morale pour ne considérer que l'intérêt strictement financier de leurs activités.

Les contempteurs du libéralisme ont fini par assimiler libéralisme et austérité au point que la contestation de l'austérité est devenue contestation du libéralisme. Les manifestations ne sont plus l'apanage des partis politiques ou des syndicats, mais au contraire, et de plus en plus, de membres de la société civile comme la crise des Gilets jaunes l'a démontré. La crise économique s'est en fait doublée d'une crise politique qui a généré une montée rapide des populismes. Beaucoup de raisons sont invoquées par ses détracteurs, notamment l'absence de salaire minimum dans certains pays ou bien l'apparition de revenus indécents dans d'autres pays et un peu partout l'accroissement des inégalités intra nationales. De telles inégalités existaient dans le passé, mais elles étaient peu documentées tandis qu'aujourd'hui de très nombreux économistes ont surmédiatisé cette situation rendant le système capitaliste seul responsable de ce dysfonctionnement et exacerbant volontairement les passions. On a beau démontrer que les inégalités moyennes entre nations se sont en partie réduites, il n'empêche que celles qui sont apparues au sein des sociétés occidentales ne sont plus acceptées. Il est déjà loin le temps de l'apogée du cycle libéral qui a correspondu à la chute du mur de Berlin, époque où Alain Minc célébrait la « m*ondialisation heureuse* », époque où Francis Fukuyama prédisait l'avènement d'un « *monde plat* ». La mondialisation heureuse est aujourd'hui brocardée. Le monde semble se refermer et le retour des frontières nationales est revendiqué par une partie des citoyens au nom de la protection sociale, voire d'une protection multiforme dans chaque pays.

Certains excès du libéralisme sont réels et ils méritent d'être analysés, et si besoin est, ils doivent être condamnés, mais il faut convenir qu'ils concernent le plus souvent l'ultralibéralisme contemporain, lequel, en voulant s'affranchir des règles et des lois pour conquérir le monde, voire l'assujettir, n'a pas hésité à piétiner une des valeurs fondamentales du libéralisme qui est la liberté d'agir et d'entreprendre. Le libéralisme de millions de petits et moyens entrepreneurs de par le monde qui luttent dignement chaque jour pour gagner leur vie et celle de leurs salariés ne peut se confondre avec l'ultralibéralisme d'un groupe de grandes entreprises mondialisées méprisant lois et règlements. Les contempteurs du libéralisme mettent en exergue les failles réelles de l'ultralibéralisme, mais les imputent injustement au libéralisme. Ce procès est en partie biaisé.

C'est pour cela que le libéralisme proprement dit a de nombreux contempteurs. Ainsi, Ha-Joon Chang, professeur à l'Université de Cambridge, est un des plus virulents critiques du corpus doctrinal libéral. En tant que professeur d'une grande université, ses détractions méritent d'être examinées de près. Son ouvrage culte qui s'intitule : « *2 ou 3 choses que l'on ne vous a jamais dites sur le capitalisme » (Ed* du Seuil*)* est un concentré de remarques intéressantes.

Pour lui, la mondialisation est un faux problème, car le monde, selon son analyse, a été plus mondialisé il y a cent ans qu'entre les années 1960-2000.

Il prétend aussi que le marché libre n'existe pas. Il estime que les agents économiques qui s'y combattent ne sont pas égaux et qu'il s'y produit un effet de domination qui fausse les prix dits d'équilibre.

Il affirme aussi que la gestion des entreprises modernes au profit des seuls actionnaires n'est pas optimale, car enrichir les actionnaires ne signifie pas enrichir les autres parties prenantes de l'entreprise, notamment les salariés, et qu'en conséquence le partage des fruits de la croissance entre toutes les parties prenantes est donc faussé.

Mais c'est à l'égard de l'État-providence que son analyse parait intéressante. Pour lui, les théoriciens libéraux se fourvoient lorsqu'ils critiquent cette fonctionnalité au prétexte qu'elle obère considérablement le budget des États et diminue les incitations à la création de richesses.

Il s'en prend notamment au protectionnisme américain qu'il juge plus excessif qu'en Europe alors que l'intervention de l'État au sein de l'Union y est beaucoup plus forte qu'aux États-Unis. En Europe, selon lui, perdre un emploi n'est pas trop dramatique, car le filet sécuritaire existe, le nouveau chômeur aura droit à des indemnités de chômage, à un recyclage subventionné, à une aide publique pour la recherche d'un nouvel emploi, tout en conservant les droits à l'assurance-maladie et aux allocations logement. En Amérique, la situation est bien différente. Le salarié doit tout faire pour conserver son emploi parce que, sans emploi, il perd alors pratiquement tout, du fait que l'indemnité de chômage est peu importante et qu'il existe peu d'aides publiques allouées à la formation et encore moins à la recherche d'un emploi. Par ailleurs, comme l'assurance-maladie est le plus souvent liée à l'entreprise, la perte de l'emploi détermine aussi la perte de cette assurance. Pour conserver ces avantages, les salariés ont tendance à rechercher dans le protectionnisme un remède à la conservation de leur emploi et au maintien des avantages subséquents. Pour ce faire, ils ont tendance à résister plus qu'en Europe à toute tentative de restructuration, voire de fusion-acquisition, car c'est leur avenir qu'ils défendent d'abord. Ce faisant, ils défendent souvent des structures obsolètes qui ne favorisent pas la croissance. C'est donc, selon Ha-Joon Chang, dans les pays où existe l'État-providence que les restructurations d'entreprises, synonymes le plus souvent de pertes d'emplois, sont les plus fréquentes et sont menées à terme malgré les oppositions médiatisées des syndicats. Les statistiques prouvent que jusqu'en 1980 les États-Unis ont u une croissance bien plus lente que celle de l'Europe, alors que l'État-providence y était embryonnaire. Depuis 1990, toujours par rapport aux États-Unis, et même si les résultats macroéconomiques s'y sont améliorés pour d'autres raisons, certains pays européens dotés d'un État providence significatif ont eu une croissance plus rapide, ce qui est le cas de la Finlande (+2,6 % de croissance en moyenne) et de la Norvège (+ 2,5 % en moyenne), ces deux pays étant connus pour la qualité de leur État-providence. De 1999 à 2010, ce sont encore les taux de croissance moyens de la Finlande (+2,8 %) et de la Suède (+2,4 %) qui ont démontré à nouveau la supériorité, en termes de croissance, des pays dotés d'un État-providence, alors que sur la même période la croissance moyenne américaine n'a été que de +1,8 %. C'est grâce à cette démonstration que Ha-Joon Chang prétend que les théoriciens libéraux font fausse route quand ils attribuent à l'État-providence un rôle négatif dans le processus de la croissance, notamment lorsqu'ils critiquent le cout des systèmes de providence pour les finances publiques. Cette prise de position iconoclaste ne manque pas d'interpeller les théoriciens libéraux. Pour lui, le progrès économique va de pair avec le progrès social.

Dans un autre ouvrage intitulé « *Inévitable protectionnisme* » (2012 Ed Gallimard) rédigé par trois économistes (Benjamin Masse-Stamberger, Adrien de Tricornot, Franck Dedier) la logique absolutiste des marchés mondiaux a été dénoncée, car elle aurait contribué à creuser des inégalités au sein des pays développés tout en poussant l'Occident dans une spirale de surendettement suicidaire pour compenser les effets d'une désindustrialisation qu'elle a engendrée. Certes, personne ne peut nier l'émergence d'une classe moyenne dans les pays émergents, classe issue de la misère endémique séculaire et accédant à la production de biens et de services à valeur ajoutée certaine. On ne peut nier non plus que la désindustrialisation de nombreux pays occidentaux a eu pour conséquence de déséquilibrer les comptes extérieurs, de créer un chômage endémique, autant de phénomènes générateurs de déficits que seul un endettement croissant a permis de combler. Mais cette mondialisation n'est pas « *heureuse* » contrairement à ce que pense Alain Minc, et elle n'est pas harmonieuse, car elle s'est constituée sur la base du postulat de la recherche de salaires bas, quitte à délocaliser, le but premier recherché étant celui de la compétitivité et non celui du pouvoir d'achat. Pour ces auteurs, le seul moyen d'échapper à cet engrenage est de promouvoir un vrai « *protectionnisme positif européen* » qui soit à la fois social et écologique. Certains l'ont appelé « *juste échange* » qui serait la forme du libéralisme humaniste et tempéré de demain.

Dans le sillage des critiques du libéralisme, il faut citer aussi l'ouvrage de Sophie Coignart et de Romain Gubert intitulé : « *La caste cannibale* » (2014, Ed Albin Michel). Ce livre écrit au moment de la grande crise des *subprimes* est un plaidoyer brutal contre le capitalisme qui « *dévore tout* ». Les auteurs s'en prennent aux « *armes financières de destruction massive* » des États libéraux qui, comme les États-Unis, ont « *profité de Lehman Brothers* » pour « *commettre des crimes en série, États qui sont de véritables tueurs* ». Ces auteurs, un peu excessifs, s'en prennent aussi aux divers gouvernements de la France qui auraient permis de détourner le crédit impôt recherche (CIR) destiné théoriquement à financer les dépenses de R&D des entreprises dans le but d'autoriser les banques à « *créer des logiciels de crédit à haute fréquence, permettant de vendre des millions d'actions en une nanoseconde et capables donc de détruire leurs proies en quelques secondes* ». Prévoyant la révolte future contre les « élites », ces auteurs s'en prennent à l'élite financière et politique qui a dévoyé l'économie de marché « *à son profit exclusif* ». Ils décrivent cette élite comme des « *monstres incontrôlables* » qui règnent sur des marchés financiers devenus fous. Ils s'en prennent aussi à l'ex-maitre de l'université de Chicago, Milton Friedman, ennemi de toute économie étatique et défenseur de la toute-puissance du marché. Ils s'en prennent aussi à tous les disciples de l'École de Chicago, aux ex-dirigeants comme Auguste Pinochet, Donald Reagan, Margaret Thatcher et même à Arthur Laffer, auteur du célèbre postulat selon lequel *« trop d'impôt tue l'impôt. »* Ils s'en prennent aussi aux édiles de gauche qui ont eu un rôle majeur dans la mondialisation financière : Michel Camdessus au FMI, Jacques Delors à Bruxelles, Henri Chavranski à l'OCDE. Ils vilipendent les LBO, ces rachats d'entreprises prisés des financiers, stratégie morbide selon eux, qui consiste à faire rembourser par l'entreprise rachetée la dette contractée lors de l'achat. C'est donc la proie qui est mise à contribution. Ils ironisent sur le prix Nobel d'économie de 1973, Robert Merton de l'université de Chicago, lequel, en plus d'être professeur, a été un spéculateur avéré et est même devenu cofondateur d'un *hedge fund*, *LTCM*, lequel a fait faillite en 1997 et que les banques américaines ont dû renflouer pour éviter l'effondrement du système financier mondial.

Mais les critiques sont venues aussi du cœur même du capitalisme. Surprenante à cet égard a été l'annonce de l'animateur Yoram Hazony, du *think-tank* de la *Edmund Burke Foundation*, haut lieu du conservatisme américain, qui a présenté une nouvelle doctrine en rupture complète avec le reaganisme, tandis que l'éditorialiste Tucker Carlson, du même organisme, affirmait sans sourciller en 2019 que « *la principale menace pesant sur notre capacité à mener notre existence comme bon nous semble ne vient pas du gouvernement, mais du secteur privé* », en fustigeant au passage l'utopie progressiste des élites mondialisées.

Par ailleurs, dans un autre domaine, les critiques fusent un peu partout de la part des détracteurs du libéralisme pour fustiger l'immobilisme, voire l'impuissance, des pays occidentaux à l'égard des grandes sociétés mondialisées. Malgré de timides avancées, comme celles de la France en matière de taxation des *Gafa*, la régulation ne fonctionne pas à leur égard. Il en va de même de l'impuissance de ces pays à empêcher l'usurpation des données personnelles par les géants du numérique. Certains, comme l'économiste Jeremy Rikkin, prétendent même que la révolution numérique implique la disparition progressive du capitalisme traditionnel et il condamne sans équivoque les gouvernements libéraux pour leur incapacité à assurer la liberté des citoyens face aux violations des libertés perpétrées par les grandes sociétés numériques. Cette fatalité n'est pourtant pas certaine si l'Europe abandonne sa posture actuelle et se lance massivement dans l'innovation et le traitement des données. Elle ne l'a pas fait jusqu'ici et est restée bien silencieuse face à l'exil des talents et des capitaux vers la *Silicon Valley*. Elle a surtout oublié que c'était l'offre qu'il fallait stimuler en premier, donc l'investissement, et non pas la consommation, et que de plus c'était le risque qu'il fallait encourager et non la protection. C'est donc seulement une stratégie de type libéral qui pourrait inverser la situation. Les États-Unis et la Chine l'ont compris. Grâce à des stratégies privilégiant l'offre et les investissements subséquents, ils ont pris le leadership de l'économie numérique mondiale, alors que l'Europe reste enfermée dans les vieux schémas industriels du siècle passé.

Il est indispensable pour l'analyse de structurer toutes ces critiques et de les regrouper par grandes familles de griefs. Ces derniers portent sur :

1) La montée des inégalités qui en Occident :

1.1) Elle se manifeste d'abord par une inégalité entre revenus. Certes, le différentiel de revenu moyen per capita entre les pays émergents et les pays occidentaux a eu tendance à diminuer, mais cela s'est produit souvent au détriment des classes moyennes occidentales, de sorte que les inégalités au sein des pays occidentaux ont connu une forte progression. Ainsi est apparue une nouvelle catégorie de citoyens aisés, les PVNE (ou *Particuliers à valeur nette élevée*) dont la fortune collective est beaucoup plus importante qu'en 2008, avant la crise des *subprimes*. Leur nombre dans le monde serait passé de 8,6 millions en 2008 à près de 12 millions aujourd'hui et ces citoyens détiendraient des avoirs liquides supérieurs à 39 milliards de dollars. Dans les pays occidentaux, les détenteurs des plus hauts revenus, soit 1 % de la population, ont, selon ces détracteurs, un niveau de vie indécent qui n'a rien à voir avec le mérite personnel. Au Chili, selon une étude récente, 1 % de la population posséderait 25 % de la richesse nationale. Face à cette concentration de la richesse, on dénote une mer de pauvreté et de résignation. Ainsi, au Royaume-Uni, on compte 14 millions de pauvres qui vivent sous le seuil de pauvreté, dont 1,4 million dans la misère, impliquant un développement de plus en plus important de banques alimentaires. Plus de 2 millions de repas ont été livrés l'an dernier au Royaume-Uni, dont un demi-million à des enfants. Ces pauvres sont souvent des travailleurs sans protection, à la merci d'employeurs qui peuvent les embaucher et les licencier sans problème. Cette pauvreté s'étend un peu partout. Le taux de pauvreté a aussi augmenté en France en 2018. Selon l'INSEE, 14,7 % de la population aurait un niveau de vie inférieur au seuil national de pauvreté et environ 9,3 millions de personnes y déclarent un revenu disponible inférieur à 60 % du niveau médian. Cette situation a obligé le gouvernement français à instaurer « *un plan pauvreté* », plan doté d'un peu plus de 8,5 milliards d'euros de crédits. La masse des niveaux de vie détenue par les 20 % des personnes les plus aisées est désormais 4,4 fois plus importante que celle détenue par les 20 % les plus modestes. En France, par ailleurs, les riches seraient plus riches avant impôt que dans les autres pays comparables, ce qu'on appelle une « *inégalité primaire* ». Le seuil d'entrée pour ce 1 % de revenus s'élève à 7 600 € après impôt pour une personne seule, alors que ce seuil d'entrée dans le groupe de 1 % des ménages les plus riches est de 6 600 € en Grande-Bretagne et de 6 000 € en Allemagne. Pour de nombreux contempteurs, ces revenus trop élevés sont peu corrélés avec le mérite personnel, une part s'expliquant par la rente, ce qui, selon Louis Marin, directeur de *l'Observation des Inégalités*, impliquerait de taxer fortement la transmission du patrimoine. En particulier, selon lui, la France n'a pas connu de stagnation aussi longue des niveaux des niveaux de vie depuis la Seconde Guerre mondiale, évolution d'autant plus mal ressentie qu'elle rompt avec une hausse moyenne de 1,5 % par an pendant les décennies précédentes. Le niveau de revenu médian mensuel de 1 735 € en 2017 était pratiquement le même qu'en 2008. Cette situation explique les tensions sociales actuelles en France. Cette grande pauvreté française est corrélée avec un fort taux de chômage de l'ordre de 8,1 % (chiffre du dernier trimestre 2019, mais chiffre sous-évalué ne tenant pas compte de l'effet croissant dit de « *halo* » de près de 1,7 million de chômeurs non enregistrés dans les statistiques officielles, car « classés » comme inactifs, soit parce qu'ils ne sont pas disponibles rapidement pour travailler, soit parce qu'ils ne recherchent pas activement un emploi). Par ailleurs, les dépenses dites « contraintes » de l'ensemble de la population française (dépenses immobilières, énergétiques, dépenses de santé, etc.) ne feraient qu'augmenter pour atteindre 29 % des revenus actuels contre 12 % il y a 50 ans, mais ces dépenses représenteraient jusqu'à 60 % des budgets des populations pauvres, leur donnant ainsi une impression de grande vulnérabilité et d'impuissance face à leur destin.

Malgré un coefficient de Gini honorable en France, certains ont affirmé que les mesures budgétaires de la première moitié du quinquennat actuel n'ont pas permis de réduire les inégalités. Certes, des mesures ont été prises pour améliorer la situation des plus modestes (allocation solidarité envers les seniors, mise à charge zéro, allocation pour handicapés), mais d'autres mesures ont amputé leurs revenus (désindexation de prestations sociales, baisse des aides au logement, réforme de l'assurance chômage, hausse du tabac) et, selon de nombreux analystes, le bilan des mesures sociales apparait plutôt défavorable à cette classe sociale, en particulier pour les sans-emplois.

Toutefois, globalement, on ne peut nier que l'inégalité des revenus est fortement réduite en France après impôt grâce à une généreuse politique de transferts. Elle est au contraire plus accentuée dans d'autres pays par une fiscalité qui favorise plus les riches que les pauvres. Ainsi, aux États-Unis, dans les années 1930 et jusque dans les années 1980, le taux de taxation marginal supérieur sur les hauts revenus avoisinait 90 % et sous Franklin Roosevelt ce taux avait été même fixé à 92 % par le Congrès, mais ce taux a déjà chuté ensuite à 28 % sous Donald Reagan. Aujourd'hui, selon les travaux de Gabriel Zucman et d'Emmanuel Saez, professeurs d'économie à Berkeley, les 400 Américains les plus riches paieraient, en profitant de la politique fiscale de Donald Trump, moins d'impôts, tous prélèvements obligatoires compris, que le reste de la population : leur taux d'imposition serait de 23 % contre 28 % pour un Américain moyen. Selon ces économistes, en seulement quatre décennies, la part avant impôt et transferts sociaux des 1 % d'Américains les plus riches, soit 2,2 millions de contribuables, est passée de 11,5 % à plus de 20 % du revenu national alors que la moitié de la population la plus pauvre, soit 110 millions d'individus, a vu la sienne passer de 20 à 12 %. Aujourd'hui la société américaine se décompose en quatre classes distinctes : une classe populaire qui représente 50 % de la population, dont les revenus sont inférieurs au revenu médian du pays, une classe moyenne qui représente 40 % de la population dont la situation se dégrade, une classe moyenne supérieure qui représente 9 % de la population dont les intérêts sont en partie préservés et les 1 % les plus riches qui sont les vrais gagnants.

Pour les contempteurs du libéralisme, cette pauvreté s'expliquerait en grande partie par la multiplication des traités de libre-échange, et de façon générale, par la mondialisation génératrice d'une éradication de nombreux emplois en Occident. Mais elle provient aussi et surtout de l'inadaptation des profils des chômeurs empêchant ces derniers d'accéder au marché de l'emploi. Au Royaume-Uni, la situation serait bien pire et le cycle de la pauvreté commencerait souvent par une réduction des obligations des employeurs envers leurs salariés, ce que Margaret Thatcher avait autorisé. C'est ainsi que certains employeurs britanniques ont décidé unilatéralement qu'ils pouvaient utiliser les travailleurs seulement quand ils en avaient besoin et cela a été le début du salariat temporaire si prisé dans ce pays (« *temp jobs* »). Pour ces raisons, le cout du travail britannique a été radicalement abaissé au profit d'une meilleure compétitivité de l'économie du pays. Le traitement du salariat et la nature du droit du travail sont en effet très différents entre le Royaume-Uni et la France.

1.2) L'inégalité ne touche pas que les revenus, elle touche aussi le patrimoine. Il ne faudrait pas pourtant généraliser l'idée, souvent répandue, selon laquelle les grosses fortunes personnelles sont la résultante soit d'une gouvernance d'entreprise aux marges de la légalité, soit d'une insuffisance de concurrence permettant l'émergence de monopoles ou d'oligopoles rémunérateurs. Certes, quand la concurrence existe, il est difficile d'engranger longtemps des profits élevés, car de nombreux compétiteurs ne vont pas tarder à s'introduire et à s'imposer sur le marché lucratif. Mais ce raisonnement est très relatif. En effet, on retrouve de nombreuses entreprises *high tech* riches et opulentes confrontées à de nombreux concurrents. Cependant, lorsque le marché concurrentiel fonctionne bien, les profits de certains sont sans nul doute amputés, mais d'autres peuvent augmenter si ces entreprises mieux aguerries sont capables de récupérer les parts de marché d'entreprises mal adaptées. Enfin, si l'innovation est certainement la clé de la croissance, et s'il est normal que les « innovateurs » récupèrent une part des retombées financières de leurs découvertes, lesquelles profitent avant tout à la collectivité, il ne faut pas en exagérer l'ampleur. L'économiste William Nordhaus a calculé qu'entre 1948 et 2001 les innovateurs, au sens de Schumpeter, n'ont récupéré que 2 % de la valeur ajoutée générée par leurs innovations. Dans les faits, ce n'est pas aux innovateurs « générateurs de croissance » qu'il faut s'attaquer, mais plutôt au problème de la richesse héritée. En effet, il est devenu facile dans certains pays, comme les pays anglo-saxons, de transmettre les richesses personnelles d'une génération à une autre.

1.3) Ceci étant, on ne peut nier qu'il existe une forte inégalité dans la propriété des patrimoines dans les pays occidentaux et dans certains pays comme la France, cette inégalité est même plus importante que celle des revenus. Selon la dernière étude de l'INSEE de décembre 2019, 5 % des ménages français détiendraient un tiers du patrimoine. Selon la même étude, le centième de la population la plus aisée se partagerait même 16 % de l'ensemble. Quant au patrimoine financier,5 % des ménages en détiendraient plus de la moitié.

1.4) Si ces paradoxes concernent surtout les pays développés, il n'empêche que les pays médians (BRICs) et les pays émergents sont aussi concernés.

a) Les pays « médians » qui ne sont ni émergents ni encore totalement développés ne réussissent pas à sortir du cercle vicieux de la pauvreté et ont vu aussi les inégalités s'accroitre et la pauvreté progresser. Cela a été le cas dans toute l'Amérique latine où on assiste à l'effondrement de la classe moyenne qui avait émergé pendant l'âge d'or des années 2000 et où la croissance en 2019 a été la plus faible de la planète avec une baisse du PIB de 0,2 %. La classe moyenne y est devenue fragile et on note qu'un tiers de la population vit avec un revenu quotidien de 13 à 30 dollars. Il en est aussi de même au Liban, longtemps considéré comme un pays prospère, comme une sorte de Suisse au Proche-Orient. Selon une étude économique libanaise impliquant le traitement de toutes les données disponibles sur le revenu (enquêtes auprès des ménages, comptes nationaux, rapports sur les finances publiques avec une prise en compte des grandes fortunes), il a été démontré, qu'entre 2005 et 2014, 1 % de Libanais les plus riches détenait près du quart du revenu national total, ce qui place le Liban à des niveaux similaires à ceux du Brésil et de l'Afrique du Sud. Plus frappant encore : environ 55 % de la richesse du pays sont captés par les 10 % les plus riches, tandis que la moitié la plus pauvre de la population doit se partager un dixième du revenu national. Enfin, pour ce qui est du patrimoine, un simple coup d'œil aux données du classement annuel de la fortune des milliardaires établi par le magazine *Forbes* suffit à confirmer que les milliardaires libanais se trouvent dans une situation très confortable. En effet, entre 2005 et 2016, leur fortune représentait en moyenne 20 % du PIB, contre 2 % en Chine, 5 % en France et même 10 % aux États-Unis. Dans un tel contexte de crise économique et d'inégalités sociales extrêmes, il n'est guère surprenant qu'une forte contestation sociale se soit manifestée au second semestre 2019 ayant abouti à la chute du gouvernement Hariri. En mars 2020 cette crise n'a fait que s'aggraver et le pays étranglé financièrement est en défaut de paiement.

Parmi ces pays médians, le cas de l'Argentine est aussi intéressant, car même avec un gouvernement libéral elle n'a pas réussi à s'extraire du cercle vicieux de la pauvreté. Ainsi, l'ex-président libéral Maurice Macri, arrivé au pouvoir en 2015, avait promis « *une pauvreté zéro* » et « *une pluie d'investissements* » pour sortir le pays de l'ornière. Cependant, quatre ans après, le pays est retombé dans une crise profonde malgré des mesures de libération de l'économie. Fin 2019, 35 % des Argentins vivaient sous le seuil de pauvreté soit 3,4 millions de personnes supplémentaires par rapport à 2018. Le pays a toujours prorogé une loi alimentaire comportant de nombreux programmes sociaux contre la faim ; pour éviter l'explosion d'une nouvelle crise sociale inévitable, le FMI a été amené à octroyer un prêt de 57 milliards de dollars, ce qui n'a pas empêché la devise nationale (peso) de s'effondrer de 20 %, engendrant alors une inflation de 55 %. La thérapie du fort choc libéral n'a pas fonctionné, la pauvreté n'a pas été éliminée même si le taux de pauvreté est quand même passé de 57 % à 41 % depuis 2001.

b) Quant à l'Afrique que les théoriciens libéraux prétendent avoir sortie de la spirale de la pauvreté, les antilibéraux prétendent qu'il n'en est rien. Ils se réfèrent au dernier rapport de la Banque mondiale : le continent détiendrait le monopole de la misère, même si la partie de la population dans l'extrême pauvreté y a diminué (chutant de 54 % en1990 à 41 % en 2015). Cependant, le nombre de l'ensemble des pauvres y a fortement augmenté au cours de la même période passant de 278 millions à 413 millions, toujours selon la Banque mondiale. Le dernier rapport de l'ONU publié le 16 janvier 2020 sur les perspectives de l'économie mondiale est également alarmant. Il met en exergue la stagnation des pays dont l'économie dépend seulement des matières premières et qui ne se sont pas remis de la chute des prix de 2014, ce qui explique que la croissance du PIB par habitant continue à fléchir passant de + 2,9 % en moyenne entre 2009 et 2014 à seulement +0,5 % depuis 2015. Globalement, cependant, ce dernier ratio devrait s'accroitre en 2020, tous pays africains confondus, mais, selon le rapport, ce faible progrès ne sera pas à la hauteur des objectifs qui doivent être atteints pour engendrer un vrai développement durable. Mis à part le Rwanda, l'Éthiopie, et la Côte d'Ivoire, l'Afrique a vécu une décennie de stagnation en termes de PIB par habitant, et la situation, selon l'ONU, est loin de s'améliorer, car il faudrait une hausse du PIB moyen par habitant d'au moins 8 % par an pour éradiquer la pauvreté. Ces rapports officiels sont certes accablants. Pourtant, ils ne mettent suffisamment pas l'accent sur les aspects négatifs d'une démographie galopante. Faut-il alors s'en prendre au système économique et donc au libéralisme économique- ou à la démographie que personne ne sait freiner ? Le ratio susmentionné ne peut que continuer à fléchir, car numérateur et dénominateur sont loin d'évoluer au mime rythme. Si le numérateur s'accroit en moyenne annuellement, sa progression est sans aucune mesure avec celui, à caractère explosif, de l'effectif de la population figurant au dénominateur. Ainsi, ce ratio (PIB moyen par habitant) est appelé à décroitre tant que l'explosion démographique ne connaitra pas de répit.

C'est donc plus le dérapage démographique qui est à blâmer que le corpus doctrinal du libéralisme économique africain, d'autant que les trois seuls pays africains susmentionnés qui ont réussi à améliorer leurs ratios respectifs sont classés parmi des pays à économie libérale avancée. Il n'en demeure pas moins que le taux de croissance démographique du continent africain continue à croitre sur un rythme de +2,7 % par an en moyenne, et de plus, le taux de fécondité y a baissé beaucoup moins qu'en Asie de l'Est. Là est le nœud du problème.

L'inégalité existe donc encore dans le monde, au sein des pays occidentaux, au sein des pays médians et des pays émergents. L'éliminer est certes un devoir, mais il faudrait aussi rappeler comme l'affirmait le philosophe Gary Becker (1930-2014) : « *que la justice ne consiste pas à définir une distribution idéale des richesses, mais à garantir des règles de fonctionnement justes et réalistes pour leur production et leur distribution.* »

2) L'inacceptable traitement des salaires réels par les théoriciens libéraux des siècles passés : ces théoriciens considéraient le salaire comme une variable d'ajustement possédant une flexibilité tant à la hausse qu'à la baisse. Pour ces théoriciens, en cas de déséquilibre sur le marché, et donc d'une chute de la production, la baisse de salaire réel (salaire nominal corrigé de la variation du niveau général des prix) constituait la thérapie de choix permettant de réduire les couts, d'augmenter en conséquence les marges et donc le bénéfice, et par là ce mécanisme incitait à relancer la production. Le déséquilibre n'était alors conçu que comme un évènement passager : les forces endogènes du marché étaient capables par elles-mêmes de déterminer le retour à l'équilibre. Ce mécanisme a bel et bien fonctionné au détriment bien sûr des travailleurs. Les théoriciens libéraux n'hésitaient pas à affirmer de ce fait qu'une baisse de salaire réel devait favoriser l'embauche. Déjà, les théoriciens marxistes s'étaient élevés contre cette conception du salaire réel conçu comme une simple variable d'ajustement et dont les travailleurs faisaient les frais. Dès l'industrialisation de l'Europe et jusqu'à la crise de 1929, cette théorie a montré son insuffisance face à la persistance d'un chômage massif témoignant d'un déséquilibre profond et durable du marché du travail que Keynes appellera « *équilibre de sous-emploi.* »

Pourtant, aujourd'hui, dans la plupart des pays, le Droit du Travail contribue à encadrer le niveau des salaires nominaux, lequel a perdu définitivement sa fonction de variable d'ajustement ; en effet, les salaires nominaux ne peuvent plus baisser dans la plupart des pays occidentaux si le volume des prestations d'un travailleur est constant. C'est donc le profit en cas de déséquilibre sur le marché qui sert désormais de variable d'ajustement, et en particulier la rémunération du capital, bien que les entreprises françaises cherchent à la stabiliser. En conséquence, toute manipulation des salaires nominaux à la baisse est aujourd'hui devenue impossible, sauf exception motivée comme c'est le cas en Allemagne avec le système du « Kurzarbeit » ou du « chômage partiel » en cas de récession. Cependant, en pareil cas, il s'agit d'un progrès social évitant un chômage total.

Malheureusement, la pratique du dumping social mettant en concurrence les travailleurs nationaux et les travailleurs étrangers existe toujours et cette situation tempère la précédente affirmation. Il en va de même des effets des délocalisations volontaires d'entreprises qui permettent de bénéficier dans les pays émergents de niveaux de salaires réels beaucoup moins élevés. Dans ces deux derniers cas, les entreprises peuvent alors bénéficier de salaires réels nettement plus bas, ce qui profite certes à l'entreprise, mais aussi à la compétitivité de ses produits ou services. C'est une autre manière de voir le problème. Toutefois, dans les pays occidentaux, le concept de salaire minimum est désormais une institution légale correspondant à une éthique sociale.

On ne peut nier cependant qu'il y a une cinquantaine d'années la rigidité des salaires réels dans nos économies modernes et l'impossibilité de les voir diminuer à travail égal faisait encore l'objet de longues controverses. Certains théoriciens libéraux ultraconservateurs, comme Jacques Rueff, se sont opposés à la rigidité du salaire réel prétendant que cette rigidité était la nouvelle cause du chômage dans les pays occidentaux. De même Arthur-Cecil Pigou dans son ouvrage « *La théorie du chômage* » (publié en 1933) et surtout Lionel Robbins, dans celui écrit en 1935 intitulé « *La grande dépression 1929-1934* » ont persisté dans l'idée que l'emploi pourrait se développer si les salaires réels étaient plus faibles. Ces théories sont aujourd'hui dépassées et ont été abandonnées par les libéraux eux-mêmes qui ne font plus obstacle à la hausse du salaire réel justifié par la croissance de la productivité pas plus qu'ils ne s'opposent à l'existence de systèmes d'assurance chômage. Toutefois, si les niveaux de salaires nominaux ne peuvent plus baisser dans un pays occidental donné en raison des avancées sociales introduites dans le droit, il n'en reste pas moins qu'ils peuvent rester à niveau constant pendant de longues années alors que l'inflation, même minime, les lamine progressivement. Le salaire réel diminue donc en pareil cas. Mais aujourd'hui, en l'absence d'inflation notable, cette remarque n'est plus d'actualité. La stagnation du niveau de salaire nominal est donc proche de celle du salaire réel. Mais il n'en a pas été toujours ainsi. C'est le cas, en période d'inflation, des politiques de « *dévaluations internes* » qui ont été développées pendant de longues années sous des formes diverses, notamment dans les stratégies dites de « *désinflation compétitive* » consistant à stabiliser les niveaux nominaux des salaires, et donc d'en diminuer les niveaux réels, en vue d'augmenter la compétitivité des produits exportés. De nombreux économistes ont accusé cette politique de diminuer la part des salaires dans le PIB, d'abaisser donc la demande et de réduire la croissance.

3) L'austérité salariale a encouragé l'endettement des ménages, suite notamment à la dérèglementation des marchés du travail présenté comme un progrès économique et le laissez-faire.

Déjà, au cours des trente dernières années, on a estimé que la part de la population salariée américaine n'ayant pas connu d'augmentation de salaire nominal s'élève à 30 % et on peut estimer qu'il s'agit d'un effet structurel. Cette austérité salariale, en affaiblissant la demande des ménages, a incité ces derniers à emprunter pour maintenir, voire accroitre, leur pouvoir d'achat, comme ce fut le cas avant 2007 aux États-Unis. Cette politique encouragée par les pouvoirs publics a été à l'origine de la crise des *subprimes* et donc de la grande crise qui a suivi au niveau mondial. Quand l'endettement devient un palliatif à l'austérité salariale, une catastrophe peut alors survenir en cas d'impossibilité de remboursement des emprunts et elle peut être alors planétaire. Par ailleurs, l'austérité salariale oblige le secteur bancaire à ne pratiquer que des taux bas pour maintenir un minimum de clientèle, taux qui ne rémunèrent pas suffisamment les banques qui à leur tour peuvent être déstabilisées. Enfin, la stagnation des salaires réels ne permet même plus aux salariés de bénéficier des fruits de la productivité de l'entreprise, productivité à laquelle ils ont contribué. Les adversaires du libéralisme parlent alors de spoliation, rappelant alors la théorie marxiste.

Outre l'austérité salariale, les antilibéraux pointent aussi du doigt l'hostilité des organisations patronales européennes représentées par *Business Europe*, à l'égard de la création d'un SMIC européen. Ces organisations voient dans ce SMIC au niveau de l'UE un moyen de réduire la compétitivité des produits et services européens sur le marché mondial ; en conséquence, elles préfèrent le statuquo qui va d'un SMIC mensuel à 2071 euros au Luxembourg, 1 521 euros en France jusqu'à 300 euros en Bulgarie. Ce statuquo favorise le dumping social pour les grandes entreprises qui peuvent ainsi jouer de ces disparités pour abaisser leurs couts. Les antilibéraux s'en offusquent, mais ils y voient de plus une opposition à la construction d'une Europe sociale et une faute morale. Pour eux, les propositions du nouveau commissaire européen, Nicolas Schmit, fervent partisan d'un SMIC européen « *pour garantir un niveau de vie digne en Europe* » risquent de n'être que virtuelles.

4) La délocalisation des emplois opérée par les grandes entreprises du monde occidental permet d'utiliser une main-d'œuvre bon marché en améliorant les résultats de l'entreprise et abaisser le prix de vente du produit ou du service pour le client final. Mais les antilibéraux ne l'entendent pas ainsi. En effet, de telles pratiques contribuent à pérenniser dans nombre de pays émergents un environnement sociétal inacceptable comme l'effondrement du *Rana Plaza* survenu à Dhaka (Bengladesh) en 2013. Par ailleurs, ces délocalisations impactent les conditions de travail au sein des pays occidentaux, particulièrement aux États-Unis où le droit des travailleurs s'en trouve même modifié. En effet, les entreprises américaines peuvent

avoir recours à la justification d'une concurrence impitoyable sur les marchés internationaux pour opposer à leurs propres travailleurs une fin de non-recevoir concernant toute renégociation salariale.

5) Le développement de la *high tech* dans les pays occidentaux, et particulièrement aux États-Unis, est venu compliquer la donne. En effet, la *high tech* a tendance à créer une inégalité structurelle à l'intérieur des sociétés entre ceux qui profitent des avantages générés par ces nouvelles technologies, à savoir ceux qui travaillent déjà dans le « *Nouveau Monde* », et les exclus rattachés à « *l'Ancien Monde* ». Ce clivage prévaut non seulement entre citoyens, mais aussi entre États. Ce n'est plus un jeu « *gagnant-gagnant* » à l'échelle du monde, mais plutôt, comme on le dit dans le jargon de la *high tech,* un jeu où le gagnant « *rafle la mise* ». Les inégalités ne pourront que s'accroitre entre ces pays, et pour un pays donné entre ces groupes opposés de citoyens. Jusqu'ici il n'existe aucune autorité régulatrice pour atténuer ce violent choc sociétal.

6) Les contempteurs du libéralisme accusent le système économique capitaliste d'être instable et de faire alterner une succession de périodes d'expansion et de récession. En cas de rupture de tendance, comme c'est le cas avec la grave crise économique actuelle consécutive à la pandémie du coronavirus, les pauvres actuels auront tendance à devenir plus pauvres et les inégalités plus grandes. Certains en arrivent même à vanter les mérites d'une économie administrée, voire planifiée, dans laquelle les fluctuations de production seraient éradiquées, grâce à une production pérenne et une allocation optimale des ressources. On en oublie pourtant de préciser que ce système anti cyclique a existé avec l'économie planifiée de l'ex-URSS, mais, comme chacun sait, cette économie s'est transformée en une économie de privation qui a abouti à une faillite gigantesque, l'offre planifiée n'ayant jamais réussi à satisfaire la demande réelle.

7) L'ascenseur social est en panne dans la plupart des pays. Ainsi, en France, selon une enquête INSEE de 2015, 44 % des fils d'employés et d'ouvriers non qualifiés occupent des postes équivalents à ceux de leurs parents et seuls 8 % d'entre eux ont réussi à s'élever dans la hiérarchie sociale en devenant cadres.

8) Enfin, les contempteurs du libéralisme fustigent les migrations permanentes des entreprises d'un pays à l'autre, toujours à la recherche de salaires réels plus rémunérateurs, d'une main d'œuvre plus docile et d'une législation plus permissive. Ces migrations profitent dans un premier temps au pays d'accueil qui en retire des bénéfices en termes sociaux économiques : augmentation du revenu national, meilleure cohésion sociale. Cependant, au fur et à mesure que les avantages initiaux s'érodent, l'entreprise migrante recherche de nouvelles terres d'accueil, cette

transhumance incessante laissant des séquelles négatives dans chaque pays de transit. Ainsi, de nombreuses entreprises nord-américaines ont choisi de se délocaliser au Mexique, lequel a bénéficié de ces implantations, a vu sa masse salariale nationale augmenter, sa balance commerciale s'améliorer et son chômage diminuer. Puis, au fur et à mesure que les salaires mexicains ont augmenté, une grande partie de ces entreprises américaines n'ont trouvé aucun intérêt à demeurer au Mexique et elles ont migré alors vers la Chine où les salaires étaient quatre fois moins onéreux qu'au Mexique, faisant sombrer ainsi une partie du Mexique dans la récession en raison du caractère massif de la migration. Mais nombre de ces usines ne sont pas restées longtemps en Chine et quand les salaires chinois ont aussi augmenté à leur tour, certaines ont migré alors vers le Laos, le Cambodge ou, le Vietnam. L'Europe a connu aussi de telles migrations de la part de firmes allemandes en particulier. C'est, dans un premier temps, l'Europe de l'Est qui a profité des délocalisations allemandes, mais là aussi, au fur et à mesure que les salaires ont augmenté dans cette partie de l'Europe, c'est la Turquie qui a bénéficié à son tour des délocalisations et pour finir, compte tenu de l'évolution des salaires en Turquie, ce sont les pays du Maghreb et l'Égypte qui ont constitué les dernières terres d'accueil.

Dans le cadre de telles stratégies, les usines sont soumises à un processus de migration sans fin se déplaçant pour générer toujours plus de « cash » à court terme, n'obéissant qu'aux seules considérations de couts relatifs et ignorant strictement les spécificités et les intérêts des pays d'accueil. Ce n'est pas pour rien que dans certains pays de violentes critiques ont été proférées à l'encontre de ces migrations intempestives qui s'avèrent être à la longue un fardeau pour les différents pays d'accueil successifs. C'est ainsi que sont nées des requêtes de « *protectionnisme positif* » qui restent encore lettre morte. Ces migrations sans fin ont plongé des pays de transit dans le plus grand désarroi. La course au moins-disant social ne souffre aucune limite géographique. Les régions qui, dans un premier temps, ont bénéficié d'une localisation vivent dans l'angoisse de la reperdre brusquement. Mais, inévitablement, les salariés des pays développés sont les vrais perdants. Comme le sociologue Louis Chauvel l'a fait remarquer, les nouvelles générations issues des classes moyennes occidentales ont mis en évidence le déclassement social dont ils sont les victimes, déclassement que n'avaient pas connu leurs parents. Il est évident que cette situation paradoxale aura inévitablement des conséquences graves sur la résilience des sociétés occidentales de demain. Ces perdants ne sont pas seulement les cadres dont certains peuvent espérer conserver leurs postes au sein de directions non délocalisées, mais surtout les salariés des premiers et deuxièmes collèges, au sens du droit du travail français. La justification avancée est des plus ambiguës, les tenants du libéralisme justifient ces migrations par la nécessité de pouvoir fabriquer des produits à prix « cassés » estimant que le consommateur occidental sera l'ultime bénéficiaire de ces diminutions de couts. Mais est-ce un avantage si une partie de la main d'œuvre du pays où sera revendu le produit final a déjà été mise au chômage ? La situation est d'autant plus préoccupante que, de plus, ces agents des premiers et deuxièmes collèges souffriront en plus des stratégies de robotisation et de l'IA, lesquelles supprimeront encore plus d'emplois.

Parfois, la délocalisation peut à moyen terme s'avérer une catastrophe même si à court terme un intérêt a pu apparaitre en matière de cout. Il en est ainsi, à titre d'exemple, de la délocalisation des industries pharmaceutiques, comme l'a démontré la pénurie de médicaments et d'équipements de la pandémie du coronavirus. Les raisons objectives qui justifient une délocalisation sont en général plurielles. Deux sont cependant le plus souvent invoquées. C'est d'abord l'intérêt que peut avoir une entreprise de s'implanter tout près, ou même au sein d'un nouveau marché prometteur à l'étranger et de mieux répondre à sa demande. Mais très souvent, l'entreprise délocalise pour optimiser ses couts profitant ainsi de prix de revient meilleur marché, ce qui lui permet d'être plus compétitive. Les différences de cout de fabrication sont parfois fulgurantes. Ainsi, dans le domaine de la fabrication de produits pharmaceutiques, l'Inde a réussi par exemple à copier le médicament *Glivec* à un cout quinze fois moins élevé qu'en Europe. Cette stratégie de délocalisation n'est donc pas neutre à court terme et elle fait à la fois des gagnants et des perdants. Fait paradoxal, les gagnants, bien provisoires, peuvent aussi se retrouver parfois dans les pays développés, source de cette migration. Dans le secteur pharmaceutique, ces gagnants sont ainsi les systèmes de sécurité sociale des pays occidentaux qui voient leur budget allégé ; ce sont aussi les organisations humanitaires, les associations de malades et les malades eux-mêmes, surtout dans le cas de pathologies lourdes. Ce sont aussi les États qui trouvent ainsi en cette période de budgets tendus un moyen désespéré d'alléger le budget dédié à l'assurance-maladie. Mais la médaille a aussi son revers : les approvisionnements des pharmacies européennes sont de plus en plus tendus et de moins en moins maitrisés, car les fournisseurs sont de plus en plus lointains. Ainsi, en juin 2019, les autorités sanitaires françaises faisaient état de 2 318 médicaments « *en tension* » dans toute la France, avec de nombreuses ruptures de stock, lesquelles, en dix ans ont été multipliées par vingt, affectant un Français sur quatre. Aucun moyen n'a été trouvé pour endiguer cette pénurie croissante qui entraine un gaspillage global de temps médical et paramédical, et l'exaspération de patients non soignés. La raison de la pénurie est simple : près de 40 % des médicaments commercialisés en Europe proviennent de pays tiers, le plus souvent de pays émergents (Inde et Chine). Pis, 80 % des fabrications de principes actifs se situent hors de l'UE contre 20 %, il y a trente ans. Or, l'Inde et la Chine ont d'abord le devoir de couvrir les besoins de leur gigantesque population nationale respective et de répondre aussi aux demandes croissantes d'un marché asiatique de plus en plus important. Pour l'Europe, et particulièrement la France, un bilan nouveau cout/ bénéfice de ce genre de délocalisation s'impose désormais. C'est toute la chaine logistique depuis le fabricant jusqu'à la distribution en Europe qui est devenue vulnérable, et, de plus, ce qui n'est pas rien, il existe une grave perte d'autonomie sanitaire nationale comme l'a souligné un rapport sénatorial et comme le démontre de façon éclatante la pandémie mondiale du coronavirus. La pénurie de masques de protection qui a été évidente en Europe vient du fait que la grande majorité de ces masques était fabriquée en Chine, pays qui s'est réservé pour ses besoins propres l'essentiel de sa production nationale. Dans un tel contexte particulier, on peut se poser la question de la pertinence de la délocalisation massive de la fabrication de médicaments en Asie et il est logique de se demander si l'Europe n'a pas fait depuis longtemps fausse route. Le cout des ruptures de stock, l'attente trop longue de traitements pour de nombreux patients désespérés et la perte d'autonomie de la politique sanitaire nationale représentent un cout énorme pour la société si ces externalités sont honnêtement évaluées. Le bilan national définitif d'une telle stratégie ne peut plus être positif pour un pays développé, d'autant que les écarts de cout actuels sont condamnés à se réduire au fur et à mesure que les niveaux de salaires nominaux de ces deux grands pays asiatiques s'accroitront. Toute délocalisation n'a souvent des effets positifs qu'à court terme et ces derniers sont donc essentiellement provisoires. Les détracteurs de ces stratégies de délocalisations qui se sont multipliées de par le monde n'ont pas fini de s'exprimer après la prise en compte du très lourd bilan mondial de la pandémie de coronavirus qui fera l'objet des trois derniers chapitres de cet ouvrage.

De plus, les conséquences multiples de ces stratégies de délocalisations sur les économies des pays occidentaux ont été souvent désastreuses. Elles ont sonné le glas de la mort lente des secteurs industriels des pays de l'OCDE, à l'exception de l'Allemagne. Tous ces pays, à des degrés divers, doivent acquitter d'une manière ou d'une autre le prix de ces abandons, et dans ce domaine, le président Donald Trump n'a pas tort de mettre en exergue les cicatrices béantes que cette politique de délocalisation a laissées sur le sol américain. La France en est un autre exemple aussi dramatique : plus de 1500 sites industriels ont fermé en France depuis 20 ans, la plupart pour cause de délocalisation. L'industrie française est à l'origine de moins d'un emploi sur quatre aujourd'hui contre un sur deux en 1980. On se souvient à cet égard du commentaire du professeur Paul Samuelson : « *Pouvoir acheter 20 % moins cher de l'épicerie fine chez Walmart ne compense pas nécessairement la perte d'un salaire.* » De la part d'un des plus grands économistes américains, le jugement est sévère. En effet, faute de salaires adéquats, c'est une partie de la demande domestique des pays abandonnés par ces entreprises mondialisées qui s'écroule, car même s'il existe dans certains pays - mais pas partout- pour ces victimes de délocalisations, des allocations compensatoires, elles ne sont jamais à la hauteur d'un salaire réel. On cherche en vain un bénéfice économico-social pour de telles stratégies. Certes, un jour, grâce au jeu des marchés interconnectés les salaires devraient avoir tendance à s'homogénéiser et à converger au niveau mondial pour donner naissance à ce *monde plat* évoqué dès 2005. Mais cet argument est peu crédible, car ce monde de plus en plus multipolaire et disruptif ne sera pas un monde de paix.

Certains ont critiqué aussi l'ingénuité du libéralisme et du laissez-faire des pays occidentaux qui ont non seulement considéré la Chine comme « *l'atelier du monde* », mais qui, de plus, ont institutionnalisé ce statut, notamment en la faisant entrer dès le 11 décembre 2001 à l'*OMC* (*Organisation mondiale du commerce*). Ce faisant, ces pays ont cru posséder un bon alibi pour se débarrasser de leurs industries considérées comme « non rentables ». Ce fut le premier pas vers le sabordage conscient des industries occidentales. Pourquoi conserver une industrie nationale si on retrouve les mêmes produits industriels meilleur marché en Chine ? Cette appétence de produits chinois bon marché dès les années 1980 a fonctionné comme une drogue dure au point qu'aucun pays de l'OCDE n'a voulu s'en passer, d'autant que cette stratégie d'importations massives a contribué aussi à éradiquer l'inflation. L'intérêt à court terme l'a emporté, une fois de plus, sur celui du long terme. La chute de la production chinoise en février 2020, suite à la pandémie de coronavirus, montre combien est nocive la dépendance du reste du monde à la Chine. Cette pandémie a affecté l'économie mondiale entrainant un choc d'offre, et ce en perturbant les chaines de production dont une grande partie se trouve en Asie. Si l'activité s'arrête en Chine, les entreprises du reste du monde ne peuvent plus produire, car elles ne peuvent remplacer spontanément la composante chinoise de leur chaine de production.

Mais aujourd'hui l'IA impose de raccourcir la chaine de valeur et de produire localement. C'est un nouveau paradigme de l'économie moderne qui devrait remettre en cause certaines idées relatives à l'intérêt des échanges internationaux depuis David Ricardo. En conséquence, le recours à la Chine ne s'imposera plus avec la même acuité à l'avenir, mais, entretemps, de nombreuses entreprises auront disparu au sein de l'OCDE, ayant été victimes de ce tropisme de pur court terme. Pour profiter pleinement de l'IA, il va falloir reconstruire un tissu industriel national, précisément celui qu'on a abandonné impunément.

L'idée du retour d'un certain protectionnisme est le dernier tabou des élites européennes. La suprématie du libre-échange sera -t-elle éternelle ou n'est-elle qu'une croyance évanescente qui a fait son temps ? Selon les auteurs de l'ouvrage déjà cité « *Inévitable protectionnisme* » (Ed Gallimard), rédigé par Benjamin Masse-Stamberger et Adrien de Tricornot, le temps est venu d'organiser un protectionnisme vertueux social et écologique, un protectionnisme qui serait un retour à un libéralisme équitable et tempéré. Ces nombreuses critiques, voire accusations, contre le libéralisme économique ont suscité une réplique des théoriciens libéraux, laquelle fait l'objet du chapitre XIII.

CHAPITRE XI

La réponse des théoriciens libéraux aux critiques formulées. Les prolégomènes d'une refondation du capitalisme

> « Friedman nous a longtemps convaincus que c'est parce qu'une entreprise est prospère qu'elle est utile. Je crois que c'est désormais l'inverse qui est vrai. C'est parce qu'une entreprise est utile qu'elle peut espérer prospérer. »
>
> (Antoine Frérot, PDG de Veolia, interview au journal Le Figaro du22 septembre 2019)

> « Il faut se méfier de la passion de l'égalité. »
>
> (Alexis de Tocqueville)

> « Il faut être optimiste pour changer le monde. »
>
> (Klaus Schwab, fondateur du forum de Davos)

> « Lorsqu'une entreprise ne pense plus qu'à conserver ce qu'elle a, elle meurt. »
>
> (Philippe Royer, directeur de Seenergi)

Si on en croit Klaus Schwab, fondateur du Forum de Davos (*WEF* ou Forum économique mondial), qui s'est exprimé dans un entretien avec le *Figaro* en décembre 2019, un premier manifeste a déjà été publié par cette organisation en 1973 portant sur la responsabilité sociale des entreprises et s'élevant contre la préconisation de Milton Friedman qui demandait aux entreprises de se concentrer sur leurs seuls profits, abandonnant les enjeux sociétaux aux gouvernements et à la société civile. Il est vrai que pendant des décennies l'appel du *WEF* a été peu entendu. Selon Klaus Schwab, Milton Friedman a été responsable de l'essor du néolibéralisme et de toutes ses exubérances jusqu'à aujourd'hui. Cependant, si pendant longtemps on a pu démontrer que la mondialisation a fait plus de gagnants que de perdants, ce n'est plus le cas aujourd'hui, selon lui. Klaus Schwab estime même qu'il y a eu un retour de balancier, la crise économique de 2008 ayant engendré une crise sociétale, laquelle à son tour a provoqué une crise entre générations. Selon lui, les entreprises devraient être responsables de leurs actions au sein de la cité, financer absolument leurs externalités et devenir ainsi comptables de leurs stratégies et de leur comportement écologique. Il estime aussi que les entreprises en matière sociale devraient former les citoyens les plus fragiles dans le cadre de la quatrième révolution industrielle qui se profile. Mais, pour lui, le monde n'a pas tiré toutes les leçons de 2008.Ce constat est lucide et résonne comme un acte de contrition.

On ne peut nier que les excès ont été nombreux dans le passé, à commencer par les excès idéologiques. Ainsi, certains propos de Friedrich Hayek ne passeraient plus aujourd'hui. Il en est ainsi de certaines analyses figurant dans son ouvrage culte : « *La route de la servitude* » écrit en 1944. Il y dénonçait déjà les interventionnismes de gauche et de droite. Pour lui, le dirigisme économique n'est qu'un empiétement idéologique sur la liberté individuelle, créant ainsi le lit de la servitude des peuples. Selon son analyse, quand l'État l'emporte sur les initiatives individuelles, le pays s'appauvrit, les antagonismes se multiplient, la liberté s'affaiblit, laissant libre cours à la dictature. À un État centralisé et planificateur, Hayek préfère un État de droit qui limite la puissance de l'État. Il exalte les choix individuels qui selon lui façonnent la coordination des actions humaines. Cette économie basée sur le respect des choix individuels aboutit à ce qu'il appelle *« un processus de découverte »* qui contribue à la meilleure allocation des revenus et incite à l'innovation, source de tout progrès de la société. Le rôle de l'État, selon lui, est de créer les conditions offrant les meilleurs choix aux individus. On voit mal aujourd'hui comment de tels propos extrêmes pourraient être défendus dans un monde où s'est établi un fragile consensus sur un certain rôle dévolu à l'État en matière économique et sociale, notamment en matière de stratégie économique, de la défense de la souveraineté économique et de la politique sociale incluant la lutte contre la pauvreté, mais aussi en tant qu'instigateur de grands projets.

De même, on voit mal comment de tels propos pourraient être mis en exergue dans le monde actuel alors que les pays qui se déclarent les plus libéraux, comme les États-Unis, n'ont pas hésité à transgresser le message de Friedrich Hayek en élaborant de gigantesques plans de relance d'inspiration keynésienne, comme l'ont fait les présidents Donald Reagan et Donald Trump, mais comme l'a fait aussi le Japon pour empêcher le retour de la déflation. Quant aux pays qui sont restés fidèles à la doxa de l'école de Chicago, il faut citer le Chili, devenu longtemps symbole du modèle du libéralisme pur et dur. Cependant, ce pays est en train de s'effondrer sous nos yeux après plusieurs décennies de calme relatif. Le modèle ultra libéral instauré en 1973 par Auguste Pinochet et qui, selon son instigateur, devait apporter *« bonheur et prospérité »*, est en train d'exploser suite à l'insurrection permanente d'une partie de la population depuis le 18 octobre 2019. C'est bien le modèle économique de l'école de Chicago qui a été la cible de ce soulèvement, notamment en raison de la privatisation de la quasi-totalité des services publics et du système de retraite par capitalisation dont le rendement s'est effondré, obligeant les retraités chiliens à travailler toujours plus pour maintenir leur niveau de vie. En conséquence, la plupart des retraités chiliens sont tombés dans le cercle vicieux de la pauvreté tandis que les étudiants s'endettent toujours de plus en plus pour financer leurs études puisqu'il n'existe pas de gratuité dans le domaine éducatif. Le système économico-social chilien inspiré de Milton Friedman est à revoir de fond en comble. C'est en fait le procès de l'ultralibéralisme qui se déroule au Chili comme il commence à l'être en Argentine et en Colombie. Cependant, comme on le verra, l'ultralibéralisme n'est pas le libéralisme, un fossé idéologique les sépare.

On voit mal également comment sans un minimum de politique de redistribution des revenus et sans l'émergence de salaires minima les sociétés occidentales auraient pu connaitre quelques décennies de paix relative. Cependant, les progrès sociétaux n'ont pas empêché la révolte des Gilets jaunes en France. L'État, dont l'action dans la vie économique est réclamée par beaucoup, doit être investi d'une certaine responsabilité économique et sociale dont la déclinaison dépend des pays et des époques, même « *s'il ne peut pas tout* » pour reprendre la célèbre expression de Lionel Jospin. Cette implication n'est rejetée par personne aujourd'hui, même pas par les tenants actuels du libéralisme. La société a moralement progressé depuis l'époque de Friedrich Hayek. On se souvient d'ailleurs qu'aux dernières élections au Parlement européen aucun candidat de droite n'a accepté d'endosser une candidature dite libérale. La pensée de Friedrich Hayek ne peut plus faire recette aujourd'hui. Elle est trop excessive, elle est définitivement dépassée.

Si on compare les systèmes économiques qui reposent sur des paradigmes libéraux à ceux qui au contraire font appel aux thérapies de type keynésien impliquant déficit et endettement, on peut remarquer que les résultats macroéconomiques de ces stratégies ne sont pas identiques sur le moyen terme. Malgré la dénonciation par Joseph Stiglitz de la « *ruineuse obsession de la dette* » on remarque que jusqu'ici, sur une période d'une vingtaine d'années, le modèle allemand qui a banni l'endettement da sa stratégie économique et qui a érigé en dogme l'équilibre budgétaire a dégagé des performances économiques nettement supérieures à celles de la France qui, au contraire, à longueur d'année, finance sa croissance par le déséquilibre structurel de ses comptes jumeaux, synonyme d'endettement. D'ailleurs, selon le FMI, suite à l'effondrement de l'économie mondiale en 2020, L'Allemagne connaitra une régression de son PIB de 7 % contre 7,2 % pour la France dont l'endettement sera presque le double de celui de son voisin. Sauf de postuler que le commerce international est définitivement condamné, ce qui est une hypothèse assez osée, l'Allemagne a toutes les chances de ressortir plus forte de l'épreuve actuelle. Son modèle de stabilité structurelle et de croissance économique démontre bien que les recettes libérales ont une efficacité bien plus grande sur le moyen terme que celles relevant du keynésianisme, lequel, il est vrai, ne reconnait que le court terme.

On pourrait aussi citer près de nous le cas de la Hongrie qui en 2008 avait connu une baisse de 6,8 % de son PIB, une explosion de chômage et de sa dette souveraine. En 2018, son taux de croissance était supérieur à 5 %, un des meilleurs de la zone euro, le taux de chômage y avait régressé de 11,7 % à 3,7 %. Après une cure d'austérité, une politique libérale y a été instaurée fondée sur un taux fixe ou *flat tax* de 15 %, une baisse de l'impôt des sociétés à 9 %, une réduction drastique des charges patronales passées de 27 à 17,5 %, une aide à l'investissement à condition que ce dernier puisse servir à la promotion de nouvelles technologies. Ainsi, le pays a connu une vraie métamorphose économique, avec des performances macroéconomiques enviables, même s'il faut regretter une éthique gouvernementale qualifiée « *d'illibérale* ». Le libéralisme économique a cependant réussi à redresser le pays.

Pourtant, l'entreprise même critiquée par ses détracteurs n'est pas désarmée pour autant et c'est le propre d'un capitaine d'industrie de savoir naviguer dans la tempête. Il faut rappeler tout d'abord que pour l'entreprise le temps de la maximisation du bénéfice semble bien terminé. On se souvient que Milton Friedman, père du néolibéralisme, avait écrit en 1970 -et ce n'est pas si loin dans le temps- que : *« La seule et unique responsabilité sociale de l'entreprise est d'augmenter ses profits.* » Ce temps est révolu. Une des plus importantes associations de chefs d'entreprises américains qui a pour nom *BRT* (« *Business Round table* ») a terminé ses travaux en août 2019 en déclarant que ses membres s'engageaient à « *diriger leurs sociétés au bénéfice de toutes leurs parties prenantes, clients, employés, fournisseurs, communautés et actionnaires.* » L'évolution est spectaculaire et confirme l'entrée en scène des entreprises dans le monde sociétal réservé jusqu'ici à la puissance publique et à la société civile. Cette évolution est mondiale. Ainsi, en Colombie, le gouvernement d'Ivan Duque Marquez a mis sur pied un projet appelé « *économie orange* » visant à promouvoir des entreprises ayant un objet « *culturel et créatif'* 'portant sur 7 % du PIB national. Cette évolution des responsabilités ne peut être que saluée au moment même où de nombreux problèmes se manifestent dans le monde comme la lutte contre le défi climatique, l'angoissante augmentation des inégalités dans certains pays, la lutte contre la pandémie du coronavirus, ou l'insuffisance de la croissance mondiale. Déjà, dès 2015, les Britanniques avaient modifié leur loi sur le rôle des entrepreneurs en leur conférant un rôle plus global et en particulier sociétal. Redéfinir les missions du capitalisme s'imposait et faire de l'entreprise le garant des grands enjeux de la cité de demain et le promoteur de nouvelles stratégies dans un monde miné par la seule vision du court terme constitue un tournant salutaire. D'autres chercheurs ont poussé le champ des modifications possibles encore plus loin en évoquant la création d'entreprises d'une espèce nouvelle. C'est le cas de deux auteurs, Isaac Getz et Laurent Marbacher, lesquels, dans leur récent ouvrage « *L'entreprise altruiste* » (Ed Albert Michel), évoquent des entreprises futures se mettant inconditionnellement au service de leurs concitoyens, entreprises pour lesquelles les profits ne devront pas être une finalité, mais plutôt devenir la conséquence de la gestion. Il s'agit donc d'inscrire la création d'une valeur sociale dans la stratégie même de l'entreprise avec la conviction que les profits suivront. C'est une sorte d'inversion de paradigmes. Les antilibéraux pensent qu'il s'agit seulement d'un changement superficiel, voire cosmétique. Il n'en est rien. C'est bien une onde de choc qui se propage. Déjà, selon un sondage *d'Opinion Way* de 2017, un dialogue entre les parties prenantes est sollicité dans tous les secteurs d'activités, l'entreprise en étant le vecteur essentiel. Par ailleurs, il est acquis que les entreprises vont commencer à revoir l'intégralité de leurs chaines d'approvisionnement, de fabrication, et de logistique en prenant en compte l'empreinte carbone et surtout la notion de proximité des lieux de production par rapport aux services à rendre et aux clients, les leçons de la pandémie du coronavirus n'étant pas oubliées. Nul doute que cette pandémie qui a paralysé la Chine pendant plusieurs mois va aussi contribuer à donner un nouvel éclairage à ce que les spécialistes appellent « *glocalisation* », contraction de « globalisation » et de « localisation ». Est-il toujours justifié de produire si loin des marchés nationaux ? La crise du coronavirus semble avoir donné une réponse à cette question.

Les théoriciens de la gestion d'entreprise tels que Mercier et Marchais Roubelat ont déjà repensé le concept d'entreprise proposant une vision alternative de la gouvernance ; face aux échecs des pouvoirs publics et aux insuffisances du marché, ils ont développé le concept d'entrepreneuriat social ouvrant la voie à la création d'une valeur sociale pour chaque entreprise. N'oublions pas que déjà, des entrepreneurs se réclamant de l'éthique chrétienne et regroupés dans un mouvement connu sous le nom d'*EDC* (« Entrepreneurs et dirigeants chrétiens ») ont développé une gestion d'entreprise dont l'objectif est d'œuvrer pour le bien commun. C'est la forme moderne du catholicisme social né déjà au XIXe siècle. Ce mouvement rassemble aujourd'hui 3 300 entrepreneurs. Ces *EDC* s'appliquent à faire vivre cette pensée sociale-chrétienne dans leurs sociétés et se préoccupent notamment de l'éthique dans les affaires et de l'intégration des jeunes dans l'entreprise. Un de ses leaders, Philippe Royer, a pu affirmer : *« Prendre en compte l'intérêt général ne suffit pas. Il doit aussi se soucier des plus fragiles et de la planète.* » Il s'agit maintenant de passer d'une éthique religieuse de l'entreprise à une éthique areligieuse au niveau mondial.

À cet égard, il est bon de rappeler aussi dans ce domaine que la loi *Pacte* a été votée en France en 2019 et un de ses objectifs a été d'inscrire dans le Code civil une nouvelle définition de l'objet de toute entreprise, objet incluant désormais l'intérêt social, suite au rapport présenté par Nicole Notat (qui a longtemps dirigé la CFDT) et par Dominique Senard (ex-président de Michelin). De telles orientations bouleversent certes les modèles quantitatifs des économistes, mais en insérant désormais l'intérêt général dans les objectifs et les ambitions de l'entreprise du XXIe siècle, elles inaugurent une époque nouvelle en se rapprochant des préoccupations de la cité. Certes, il conviendra de passer de l'intention à l'action, mais la direction donnée semble irréversible et c'est un autre capitalisme qui se dessine avec un système financier plus responsable. Désormais, l'entreprise devra définir les enjeux qu'elle souhaite défendre, comment elle compte y parvenir en mettant par exemple en place des critères sociaux dans la gestion de ses ressources humaines, comment elle pense collaborer avec les responsables environnementaux et sociétaux. Elle devra accepter d'être jugée sur tous ces critères et donc sur ses actes et non plus seulement sur des critères financiers. En ce qui concerne la transition écologique, pour laquelle les investissements à réaliser sont colossaux, le président du Medef, Geoffroy Roux de Bézieux n'a pas hésité à affirmer que les entreprises étaient prêtes à utiliser une part de leurs ressources au détriment des investissements initiaux programmés. C'est le sens de son assertion imagée : « *les entreprises sont prêtes à brûler du capital.* » La transition écologique ne se fera pas sans mal. Il s'agit plus qu'une inflexion majeure, mais presque une rupture dans la raison d'être de l'entreprise de demain. Cela veut dire aussi, comme le déclarait le président actuel du Medef, que l'entreprise se porte volontaire pour participer à certaines politiques sociétales qui étaient jusqu'ici l'apanage des pouvoirs publics.

Les entreprises ne sont pas aussi cupides que le disent ses détracteurs et même si la stratégie exclusive de maximisation du profit est critiquable, il ne faut pas oublier non plus que chaque entreprise « *brûle du capital* » pour accroitre sa productivité, source de bien-être sociétal à terme.

Mais l'entreprise est aussi capable d'altruisme. Dans la plupart des pays, des dispositifs importants ont été mis en œuvre pour les inciter à des actions caritatives de type « *non for profit* ». Depuis des années ces entreprises se sont lancées dans le mécénat, remplissant des fonctions que l'État, faute de ressources, ne sait plus financer. Le mécénat a pris beaucoup d'ampleur. Chaque pays a inventé une politique spécifique en la matière. Les entreprises sont incitées dans une grande majorité de pays à contribuer socialement à des programmes d'intérêt général. Le mécénat est un dispositif permettant à une entreprise de verser un don à un organisme, sous forme d'aide financière ou matérielle, en vue de soutenir une œuvre d'intérêt général ou de se porter acquéreur d'un bien culturel pour le bénéfice de la collectivité. Le mécénat n'est pas, comme on le croit souvent, un acte réservé aux très grandes entreprises : 96 % des entreprises mécènes sont des ETI (entreprises à taille intermédiaire) ou des TPE/PME. En France, cette action est encouragée et encadrée par de nombreux dispositifs légaux. D'un acte de générosité, le mécénat peut aussi devenir un véritable outil stratégique cherchant à optimiser son impact sur la cause soutenue et à créer de la valeur immatérielle pour l'entreprise. Pour beaucoup d'entreprises, être mécène implique de s'engager dans une démarche qui crée de la valeur sociale.

Les fondations complètent ce panorama pour concourir à l'intérêt général. En Amérique, les fondations d'entreprises sont devenues depuis longtemps des organismes qui font partie intégrante de la vie sociétale américaine. Malgré de réelles convergences avec les bailleurs de fonds de développement, les fondations américaines apparaissent sur la scène internationale de la coopération comme des acteurs indépendants, peu perméables aux facteurs politiques. De plus, dans ce pays, le mécénat d'entreprise est devenu partie intégrante de la politique culturelle nationale. Dans ce domaine, le modèle américain réunit indissociablement l'Amérique des arts et celle du capitalisme. Tyler Cowen, professeur d'économie à l'université de *George Mason* en Virginie, a pu écrire que « *ce modèle encourage la créativité artistique, maintient la politisation de l'art au minimum et rassemble l'économie et l'esthétique dans une relation fusionnelle.* » La philanthropie culturelle américaine est à cet égard un élément essentiel et incontournable du système culturel national. Les 50 principaux mécènes des États-Unis ont donné 7,4 milliards de dollars en 2012. Aujourd'hui, cette somme est de l'ordre de 10 milliards de dollars. La recherche médicale retient aussi leur attention. En France, près de la moitié (47 %) des fondations d'entreprise ont été créées entre 2000 et 2009, selon « *l'Enquête nationale sur les fonds et les fondations* » de la *Fondation de France*. Le secteur fait preuve d'un dynamisme qui se perpétue puisqu' une part équivalente (43 %) de fondations d'entreprise est née au cours de la présente décennie, dont 18 % entre 2015 et 2017.La culture arrive en tête de l'action des fondations d'entreprise (20 %), devant l'action sociale (14 %), la santé et la recherche médicale (12 %) et enfin l'éducation (11 %). Financièrement, les fonds mobilisés sont énormes : les deux tiers des fondations d'entreprise réalisent plus de 200 000 euros de dépenses par an, un quart d'entre elles dépassant le million d'euros. Le dispositif français des fondations d'entreprise a été précisé par la loi en 1990.

La formation des citoyens les plus défavorisés est aussi un des objectifs majeurs des entreprises. En France, pour le département le plus pauvre du pays, à savoir celui de la Seine Saint-Denis, deux établissements de formation ont été créés par deux grandes entreprises françaises : *LVMH* a ainsi créé en 2019 « *l'Institut des vocations pour l'emploi (Live)* » destiné « *aux grands décrocheurs* » et, juste après, l'entreprise *Total* a fondé « *Industrie* » qui est une école visant à dispenser une formation d'apprentissage. Son but est clair : former et épauler tous les jeunes marginalisés, ceux « *qui ne sont toujours rien dans la société* ». Les deux entreprises se sont engagées à répondre à ce décrochage massif de la jeunesse des zones défavorisées. Déjà, sur tout le territoire, *Total* a créé une trentaine d'écoles dites de « *production* ». De façon plus générale, ce sont les entreprises qui formeront les apprentis de demain en France, comme c'est le cas en Allemagne depuis longtemps. De son côté, *France Active*, réseau associatif d'accompagnement des entrepreneurs affiche un bilan 2019 positif. Elle indique que, grâce à ses 7 700 adhérents, 45 000 emplois ont été créés en France dans le secteur de l'économie solidaire. Deux objectifs prioritaires sont désormais privilégiés dans cette démarche : aide aux demandeurs d'emploi de longue durée et aide aux territoires défavorisés. C'est donc un changement radical d'objectifs qui est amorcé, un changement de boussole du monde entrepreneurial pourrait-on dire.

L'entreprise mondialisée participe aussi à la lutte pour le plein emploi à l'étranger et on ne saurait le lui reprocher. Si les contempteurs du libéralisme sont vent debout contre les emplois délocalisés engendrant un chômage subséquent au sein des pays développés, notamment en France, ils oublient cependant que les entreprises étrangères en investissant dans notre pays, donc en délocalisant leurs activités en France, contribuent à leur tour à la création d'emplois sur notre territoire. C'est donc le solde entre créations et pertes d'emplois sur notre territoire qu'il faut prendre en compte. En ce qui concerne la France ce solde est loin d'être défavorable sur une longue période. Tim Cook, PDG d'Apple, rappelait récemment que, grâce à son écosystème et à sa plateforme IOS, il avait créé 240 000 emplois en France. Ce n'est pas négligeable.

Une autre critique véhémente concerne les salaires élevés de certains dirigeants. Il est vrai que certains de ces salaires sont exorbitants, mais parfois ces situations peuvent se retourner contre leurs bénéficiaires comme ce fut le cas pour Carlos Ghosn, ex-PDG de Renault-Nissan. Les mêmes contempteurs s'en prennent aussi aux actionnaires dont les rémunérations s'envoleraient au détriment du salariat. Il est vrai que dans certains pays l'actionnariat a été favorisé, mais ce n'est pas vrai sur une longue période. De là, accuser les actionnaires de ponctionner constamment le cash-flow des entreprises, il y a un pas qu'on ne saurait franchir. Le PDG de Véolia, Antoine Frerot, a déclaré dans une interview au *Figaro* du 22 septembre 2019 que « *pour 100 € de recettes de son entreprise, 55 étaient destinés aux fournisseurs, 30 aux salariés,10 aux impôts, 2 aux prêteurs et entre 2 et 3 aux actionnaires* ». De tels exemples démontrent l'inanité des accusations dans ce domaine. Il s'agit là de vérités qui mériteraient d'être diffusées dans le grand public.

La dérèglementation est aussi source de critiques, surtout en ce qui concerne le marché de travail. Pour certains, la dérèglementation serait la cause de l'augmentation du chômage, mais cette assertion se heurte à l'observation des faits. En 1994, une étude a été entreprise à cet égard sous les auspices de l'OCDE. Cette étude a été reprise en 2004 et a été alors approfondie : elle a abouti à la conclusion qu'il n'y a pas de véritable corrélation entre le degré de protection du marché de travail et le taux de chômage. Cela a été aussi la conclusion du *Conseil d'analyse économique* (CAE). On ne peut donc imputer le chômage, et en particulier son augmentation éventuelle, à la flexibilisation du marché du travail comme certains économistes l'affirment gratuitement. Le cas actuel de la France démontre au contraire qu'une certaine flexibilité du marché de travail peut entrainer une décrue du chômage lequel, à la fin de 2019, était tombé à 8,1 %.

Cependant, la critique actuelle la plus véhémente contre le libéralisme porte sur les inégalités. Pour les antilibéraux, le libéralisme en serait responsable, notamment en ce qui concerne les écarts de revenus partout en hausse au sein des pays de l'OCDE. La critique la plus virulente porte sur les 1 % les plus aisés dont l'enrichissement croissant pose problème. Ainsi, actuellement, 1 % des Américains les plus fortunés détiendraient 40 % de la richesse nationale tandis que les 0,1 % des super riches posséderaient 20 % du patrimoine national. Ce sont surtout les États-Unis qui sont soumis à cette critique et, dans une moindre part, l'Europe, en raison de l'existence de politiques redistributives qui y sont organisées. Dans certains pays européens, si les revenus affectés à ce 1 % ont augmenté jusqu'en 2001, ils se sont ensuite stabilisés. Il faut tenir compte aussi en Europe du cout croissant du logement qui peut donner l'impression que les salariés s'appauvrissent et profitent moins de leurs revenus globaux. Le cout croissant du logement peut créer une telle illusion, mais hors logement la part de PIB allouée aux salariés n'a pas vraiment baissé en Europe.

Mais, en ce qui concerne les États-Unis de nombreux points ont été remis en question par deux économistes américains, Gérard Auten, économiste au *Trésor américain*, et David Splinter, économiste au *Comité conjoint du Congrès sur la taxation*. Ces deux économistes ne remettent pas en cause la hausse des revenus du 1 % de la population la plus riche du pays depuis 1960, mais ils l'estiment moins importante que celle évoquée par les deux chercheurs français de Berkeley, Emmanuel Saez et Gabriel Zucman. Le différentiel vient des effets bénéfiques du *Médicaid* improprement évalués par Emmanuel Saez et Gabriel Zucman, toujours selon les deux chercheurs américains. Quant aux inégalités de patrimoine, la contestation est également importante. Alors que selon l'étude de 2016 de l'équipe Piketty la richesse patrimoniale du 0,1 % de la population la plus riche est passée de 7 % en 1978 à 22 % en 2012, l'étude entreprise par trois économistes américains de Princeton, de l'Université de Chicago et du Trésor n'ont trouvé pour cette période et pour cette fraction de la population de 0,1 % qu'une hausse de 15 %. L'évaluation des fortunes est un point important de divergence des deux approches. En définitive, l'inégalité ainsi quantifiée au sein de la société américaine serait moins importante que celle calculée par les chercheurs français.

On a aussi souvent accusé que la baisse des salaires dans la valeur ajoutée, suite à la stabilité historique des salaires réels, était la source de la crise actuelle et donc de l'insuffisance de la demande effective. Selon certains économistes, les salaires réels ont stagné au sein de l'OCDE, voire diminué sur le long terme. Ce diagnostic n'est pas vrai partout. Ainsi, en France, si la consommation des ménages a été le pilier le plus solide de la croissance jusqu'à ces dernières années, devançant même la contribution de l'investissement, cela est dû au fait que les salaires réels ont constamment augmenté. Cela est encore plus vrai du SMIC devenu un outil institutionnel de promotion des bas salaires. L'hypothèse selon laquelle la politique salariale des entreprises aboutirait à une croissance des inégalités de revenus en France n'est pas du tout vérifiée. Certes, il existe en France une inégalité primaire des revenus. Mais Il ne faut pas oublier qu'après correction par l'impôt, et donc après redistribution, l'inégalité primaire se trouve sérieusement réduite comme le montre le coefficient de Gini, stable et relativement satisfaisant, dont le niveau s'établit à 0,29 et que beaucoup de pays développés nous envient. Certains prétendent que cette inégalité primaire dans la répartition des revenus est condamnable et qu'il convient donc de revoir le système de rémunération. Mais la politique salariale, en France comme partout dans le monde, est aussi basée sur la rémunération des compétences ; elle récompense d'abord les performances de chacun en établissant un lien entre la valeur de la prestation fournie et le niveau du salaire attribué, ce qui est conforme à l'équité économique et que seuls les ex-pays communistes ont refusé d'appliquer. La France s'est même écartée fortement de cette règle d'équité économique en étant l'un des premiers pays de l'OCDE à instaurer un salaire minimum, déconnecté de la valeur des prestations accomplies. Aujourd'hui, ce salaire minimum français est le plus élevé parmi les pays développés après celui du Luxembourg. Grâce au découplage très fort entre la valeur de la prestation fournie dans l'entreprise par ceux qui en bénéficient et le niveau de la rémunération attribuée, le SMIC remplit désormais une fonction sociale et non économique au sein de l'entreprise.

Est-il vrai maintenant que les rémunérations primaires émanant des entreprises soient foncièrement inégalitaires comme le prétendent les contempteurs du libéralisme ? Tout d'abord, il faut reconnaitre que depuis une vingtaine d'années la rémunération obéit à de nouveaux paradigmes qui n'ont rien de commun avec ceux du siècle passé. La politique de rémunération constitue un sujet déterminant dans la politique du personnel d'une entreprise. Elle est le plus souvent le reflet du système de valeurs en vigueur : ainsi tel système valorise les responsabilités assumées, un autre les performances accomplies. Actuellement, la rémunération redevient un sujet brûlant, soit parce qu'on valorise plus les motivations et les performances, soit parce qu'on escompte une meilleure maîtrise des couts. Les objectifs d'une politique de rémunération doivent donc poursuivre plusieurs objectifs et notamment :

- l'équité : il s'agit d'éviter les injustices liées à l'ancienneté, à la fonction, aux performances.
- la compétitivité : il s'agit d'attirer et de retenir les collaborateurs de valeur en offrant des rémunérations attractives par rapport au marché.
- la motivation et la reconnaissance des prestations fournies.
- une politique de rémunération doit être motivante, et permettre de reconnaitre les mérites des individus.
- la régulation des couts ne doit pas mettre en danger l'entreprise en matière de compétitivité.

Dans ce dernier domaine, il y a lieu de distinguer deux situations distinctes. Tout d'abord, il faut considérer un premier groupe, celui des grandes entreprises agissant au niveau international dans le cadre d'une compétition de plus en plus acharnée, groupe dans lequel on trouve aussi de moyennes entreprises. Elles constituent ce qu'on appelle les entreprises du « *secteur exposé* ». Les autres entreprises, le plus souvent des TPE/PME, appartiennent au secteur des entreprises dites « *protégées* ». En raison des contraintes de la compétition internationale, ces deux catégories d'entreprises ne peuvent pas avoir une politique de rémunération identique. Les entreprises du secteur « *exposé* » doivent combattre pour sauvegarder leur marge de compétitivité au risque de disparaitre : en conséquence elles ne peuvent avoir qu'une politique salariale restrictive, à savoir une politique salariale modérée pour ne pas compromettre leurs positions sur leurs marchés respectifs, et ce face à des concurrents qui pratiquent de la même façon. Mais les entreprises du secteur protégé n'ont pas cette contrainte et les TPE/PME, pour l'essentiel, peuvent participer à une politique salariale plus expansive, car les risques à affronter sont moins prégnants. Traiter d'un seul bloc et sans nuance les entreprises en matière de rémunération n'est pas satisfaisant.

Toutefois, quand le besoin d'une meilleure progression du pouvoir d'achat s'est manifesté, les entreprises françaises ont dans l'ensemble répondu positivement et de façon spontanée. Ainsi, dès la fin 2018, les employeurs ont fait un effort sur le pouvoir d'achat en augmentant en moyenne les salaires de 1,8 % et en distribuant près de 2 milliards d'euros de primes, entreprises du secteur exposé comme celles du secteur protégé.

Il est certain que des organismes antilibéraux comme *Oxfam* ont tout intérêt à vouloir que l'égalité soit l'objectif suprême de toute société. Il est inéluctable qu'il soit scandaleux qu'au niveau mondial les 1 % les plus riches détiennent deux fois plus de richesses que 90 % de la population mondiale. La méthodologie de l'étude de cette ONG est pourtant contestée puisqu'elle ne tient compte que du patrimoine net des individus, c'est-à-dire que le montant des biens est diminué du montant des dettes, ce qui fait, comme certains commentateurs l'ont fait remarquer, qu'un paysan indien se retrouve au même rang qu'un étudiant d'Harvard lourdement endetté pour financer ses études. Il est incontestable par ailleurs, que le développement économique mondial a généré des effets bénéfiques pour le plus grand nombre, au-delà même de la notion trop restrictive de revenus, impliquant la baisse de la mortalité infantile, la diminution de l'analphabétisme, et la hausse de l'espérance de vie, laquelle au niveau mondial est passée de 66 à 70 ans depuis l'année 2000.

De toute façon, l'inégalité est un phénomène sociologique complexe et il convient de différencier le ressenti et la réalité factuelle. En effet, la hausse de l'inégalité est ressentie par une partie de la population alors que le curseur représenté par le coefficient de Gini reste stable. Ce ressenti s'amplifie d'ailleurs dans un contexte de stagnation du pouvoir d'achat. Il n'en demeure pas moins comme l'affirme Philippe Aghion que l'innovation est le meilleur remède contre l'inégalité. Plus précisément, l'économiste, Raj Chetty, de l'université de *Harvard,* a démontré que les régions américaines où la mobilité sociale est la plus forte sont aussi celles où les inégalités sont les plus basses au sens du coefficient de Gini. Ce phénomène s'explique par le rôle crucial joué par l'innovation dans l'économie : plus il y a innovation dans une économie, plus la mobilité sociale est grande et plus les inégalités diminuent globalement. Ce constat est pour Raj Chetty une déclinaison supplémentaire de la fameuse théorie de la « *destruction créatrice* » de Schumpeter. Il faut donc, pour ces auteurs, ne pas surtaxer le capital. En l'absence de taxation, l'innovation s'accélèrera et à son tour cette dernière engendrera un accroissement de la mobilité sociale et diminuera les inégalités de revenus.

Par ailleurs, sur le plan de l'éthique, il convient de distinguer l'équité et l'égalité et se poser la question de savoir pourquoi l'équité devrait reposer sur l'égalité. Une véritable morale sociale doit pouvoir articuler ces différences en préservant la considération et la dignité de chacun.

Il ne faut pas accréditer non plus l'idée qu'une entreprise est propriétaire de son marché et en retirerait à vie une rente injustifiée. Certes, la concurrence parfaite n'existe pas, mais il est rare que persiste longtemps une situation de monopole ou d'oligopole. Dans ce domaine, le secteur des *Gafa* constitue un monde à part. La faillite inattendue de Thomas Cook nous rappelle que sur un marché où existent de nombreux concurrents, chaque entreprise reste fragile et que seules les plus capables économiquement subsistent. La roche Tarpéienne n'est jamais loin du Capitole. À titre d'exemple, dans le monde des « *tour operators* », comme dans celui des compagnies aériennes, *low-cost* ou non, les faillites sont de plus en plus nombreuses. La raison en est simple : l'inadaptation du modèle aux contraintes d'un marché en permanente évolution. On pourrait aussi citer l'exemple de l'automobile où l'entreprise Renault-Nissan est passée de la lumière à l'ombre tandis que son rival PSA a connu le chemin inverse La terrible loi de Darwin s'applique aussi au monde des entreprises.

Il faut aussi ramener à des proportions réalistes l'idée souvent répandue selon laquelle le libéralisme serait en faveur d'une nouvelle société avec de moins en moins de salariés, société qui reposerait de plus en plus sur les autoentrepreneurs dont la vocation serait de remplacer progressivement le salariat. Si le libéralisme est en faveur de citoyens responsables capables d'entreprendre on ne peut en déduire que le libéralisme encouragerait l'éradication du salariat comme certains le prétendent. Le pourcentage des indépendants dans le monde économique français est stable sur une longue période et représente près de 12 % de la population active. Les autoentrepreneurs ne remplaceront jamais l'ensemble des salariés. Le modèle dominant sur le plan économique est toujours celui du taylorisme reposant sur le salariat, socle inébranlable du collectif de travail. Si l'économie sans salariés n'est pas née, il n'en demeure pas moins que les salariés ont obtenu de plus en plus de droits sociaux depuis un siècle et sont appelés à en obtenir d'autres en toute vraisemblance, des droits qui dans chaque pays s'inscrivent dans le Code du travail sans cesse en évolution. Certains pays comme l'Allemagne ont même fondé un système de cogestion conférant aux salariés un droit dans le pilotage des entreprises, ce qui est vraisemblablement une des conquêtes sociales les plus avancées au sein du capitalisme contemporain. En aucune manière, un monde sans salariat ne saurait constituer l'objectif de théoriciens libéraux. Pourrait-il d'ailleurs fonctionner ?

Certaines entreprises se félicitent aussi de ne pas avoir d'actionnaires et de ne penser alors qu'à leurs clients, lesquels seraient les uniques gagnants de ce système. C'est le cas de la chaine des magasins U. Cependant, il s'agit de cas atypiques et minoritaires.

Une autre idée fort répandue consiste à dire que le libéralisme diminuerait les droits des salariés en les « ubérisant » et en les réduisant à la fonction d'automates au sein de la société de consommation. Il y a certes une part de vérité dans cette affirmation, le phénomène provenant des États-Unis qui ne sont certes pas réputés pour la protection des droits sociaux. Cette nouvelle population de travailleurs « ubérisés » concerne des coursiers, chauffeurs, VTC, livreurs de repas à domicile, etc. Fort heureusement, une vaste campagne s'est déjà mise en place dans le monde obligeant les États à réagir dans un sens plus protecteur. L'État de Californie vient de leur attribuer le statut de salarié avec tous les droits qui s'y rattachent. C'est un premier pas tandis que la loi *LOM* en France prévoit pour leurs donneurs d'ordre un socle d'obligations en encourageant chaque plateforme à engager sa responsabilité sociale. Il faut reconnaitre que c'est quand même un cas où le libéralisme a failli, même si on assiste à une lente révision des dysfonctionnements d'origine.

Les *Gafa,* suite à un manque de contrôle évident, ont réussi par leur puissance à contourner les législations nationales et à imposer une sorte de monopole autoritaire allant jusqu'à s'approprier par des moyens jugés inacceptables une multitude de données personnelles, constituant ce que Roger Cohen, éditorialiste au *New York Times*, a appelé des « *dictatechs* ». Cette situation n'est pas à porter au crédit du libéralisme respectueux des libertés individuelles et des législations des États. Il convient de nuancer cependant l'ampleur des accusations, car certains services offerts gratuitement par les *Gafa* à leur public mondialisé sont gratuits alors qu'il s'agit de services à haute valeur ajoutée. Il en va ainsi du moteur de recherche de *Googl*e qui représente un service octroyé gratuitement et dont l'utilité sociale ne fait aucun doute. Un tel service est donc gratuit alors que le cout de son exploitation et les investissements qui y sont associés sont énormes. Or, ces services profitent au plus grand nombre et ces couts invisibles sont en fait financés par les réserves financières imposantes de l'entreprise, laquelle est donc capable d'absorber cette dépense sans la répercuter. Il est rare dans l'histoire économique du monde qu'émergent de grandes entreprises capables à la fois d'innover tout en offrant, des services de haute utilité de façon gratuite. Le débat est complexe, à commencer pour les régulateurs américains.

Si les *Gafa* posent globalement problème aux principes de l'économie de concurrence qu'elles ont réussi à marginaliser ou à contourner, il n'en resta pas moins que ces entreprises mondialisées peuvent présenter d'autres points positifs. Selon une étude que *Facebook* a commandée au cabinet *Copenhagen Economics*, la grande entreprise californienne aurait aidé les entreprises européennes à réaliser 208 milliards d'euros de chiffre d'affaires en 2019, ce qui équivaut à la création de 3,1 millions de nouveaux emplois. *Facebook* aurait aussi aidé les pays européens à exporter pour une valeur de 98 milliards d'euros. Ces chiffres n'ont pas été démentis.

Dans un autre domaine, celui de la retransmission télévisuelle toujours plus onéreuse des compétitions sportives où la concurrence n'a pas fait baisser les prix pour les consommateurs, en raison surtout de l'envolée des droits exigés par les diffuseurs, il est fort possible que l'entrée en jeu des *Gafa,* comme *Amazon*, aboutisse à « casser » les prix et à offrir même gratuitement un certain nombre d'épreuves à leurs abonnés, en raison de leurs énormes moyens financiers qui leur permettent de ne plus répercuter sur le consommateur le prix d'achat des droits. Il est peu probable que les adeptes des compétitions sportives s'en plaignent.

En définitive, le libéralisme n'a pas failli et n'a pas perverti le monde comme l'affirment les antilibéraux, même s'il faut lui reprocher certaines erreurs ou insuffisances sur des points spécifiques. La croissance des cinquante dernières années est à mettre à son crédit. Quant aux injustices et inégalités que certains lui reprochent, il ne convient ni de les minimiser ni de les exagérer. On a vu que les données sur les inégalités américaines font l'objet d'approches méthodologiques différentes débouchant sur des résultats non convergents. Le coefficient de Gini après effet redistributif en France est qualifié de bon. Le SMIC s'est développé pratiquement partout dans le monde occidental établissant une protection efficace pour les salariés les plus vulnérables. Le chômage était presque partout sur le déclin, y compris en France, avant que n'éclate la pandémie du coronavirus. Les tendances inflationnistes ont disparu. Le libéralisme a-t-il démérité ?

Cependant de telles remarques ne peuvent justifier l'existence d'abus et de dérapages incontrôlés dont ont été capables des entreprises mondialisées, symboles de l'ultralibéralisme. Le corpus doctrinal de ce dernier a peu de points communs avec celui du libéralisme. Cet ultralibéralisme qui contourne les lois nationales et internationales et qui empiète sur les libertés fondamentales est à coup sûr condamnable. Il fera l'objet d'un chapitre séparé.

CHAPITRE XII

Le procès de l'ultralibéralisme est cependant légitime face au comportement des entreprises mondialisées

« Les pires formes de tyrannie et d'esclavage naissent de la liberté la plus extrême. »

(Platon)

« Si on ne démantèle pas les mastodontes du numérique, ils deviendront notre gouvernement et finiront par choisir ce que nous voyons et savons du monde. »

(Selon l'Open Market Institute)

« Ces prophètes borgnes ne voient que ce que les nouvelles techniques peuvent permettre, mais sont incapables d'imaginer ce qu'elles détruisent. »

(Nell Postman, extrait de son ouvrage : « Technopoly »)

« Comme le serf jadis, nous livrons l'ensemble de notre production de données personnelles en échange de services gratuits acceptant plus ou moins consciemment la mise sous surveillance de nos moindres faits et gestes et la manipulation continue de nos comportements. »

(Gaspard Koenig : « La fin de l'individu »)

Les excès de l'ultralibéralisme que certains assimilent au néolibéralisme sont patents et ils furent même dénoncés par le père du libéralisme français que fut Maurice Allais, prix Nobel de l'économie de 1988.Tournant le dos à ses convictions premières, Maurice Allais a vilipendé dès 1990 le recours à un crédit débridé générateur de crises financières. Il est allé jusqu'à critiquer la doxa dominante de l'Union européenne qui est soumise depuis la chute du mur de Berlin à l'idéologie libre-échangiste et qui est responsable de nombreux dégâts matériels et humains. Pour lui, la dérégulation financière provoque des crises mondiales à répétition. En conséquence, la régulation s'avère nécessaire pour le père spirituel de l'école libérale française. Il est allé même jusqu'à critiquer la mondialisation libérale responsable selon lui de l'affaiblissement de la croissance et du chômage. Mais Maurice Allais est décédé en 1994 bien avant la grave crise des *subprimes*. Que n'aurait-il pas dit, en tant que théoricien libéral, s'il avait connu cette crise, la plus grave depuis celle de 1929 ?

Il faut remonter aux élections de Margaret Thatcher (1979) et de Ronald Reagan (1980) pour qu'un nouveau corpus doctrinal fort émerge, corpus qui est qualifié d'ultralibéralisme dans cet ouvrage, pour mieux le différencier du simple libéralisme. Certains l'assimilent au néolibéralisme. Ce corpus doctrinal fait une place de choix aux préconisations de Friedrich Hayek pour qui « *l'ordre spontané du marché et ses forces impersonnelles* » doivent être érigées en dogme en évitant que ces forces ne soient perturbées par le « *mirage de la justice sociale.* » Friedrich Hayek a cru que sa théorie pouvait mener le monde vers le retour des grands équilibres, la fin des crises économiques et donc vers un avenir radieux. C'est ainsi qu'a disparu au niveau de la gouvernance de nombreux pays toute velléité de recherche de justice sociale pendant des décennies, cette justice rappelée par John Rawls dans son œuvre culte : « *Théorie de la justice* » *(1974, Harvard University Press)*, justice sociale analysée à son tour par le juriste et philosophe Alfred Fouillée dans son œuvre magistrale : « *L'idée de la justice sociale* » *(Presse universitaire de France)*. Pendant des décennies, on a assisté cependant à la domination des préceptes de Friedrich Hayek et c'est ainsi qu'est né le « *naturalisme économique* » qui n'a alors connu comme seul adversaire ce qu'il a appelé « *la pente dictatoriale du marxisme.* » Pour ces raisons, a disparu pendant un demi-siècle l'inéluctable « *question sociale* » comme on l'appelait au XIXe siècle. Il ne faut pas s'étonner que le boomerang soit de retour et que les excès de cette époque fassent l'objet d'acerbes accusations. Avoir fait l'impasse sur la question sociale pendant des décennies est certainement une erreur sociétale majeure.

Dans son livre : « *The Great Reversal* » *(Harvard University Press ou* « *Le grand renversement* »*)*, l'économiste français Thomas Philippon a souligné que la croissance du PIB, celle des salaires et de la productivité avaient ralenti aux États-Unis. Deux raisons sont, selon lui, à l'origine de ce phénomène. D'abord, la concurrence a été affaiblie par une application défaillante des dispositions antitrust et des pratiques commerciales anticoncurrentielles. Pourtant, beaucoup de firmes ont augmenté leur taille, mais ni l'investissement ni la productivité n'ont vraiment suivi, c'est la seconde raison. En augmentant leur taille, les entreprises auraient dû bénéficier d'économies d'échelle et augmenter donc leur productivité. Fait surprenant, alors que la concentration a connu une accélération au cours des deux dernières décennies, la productivité a stagné alors qu'elle aurait dû augmenter. La concurrence et les concentrations n'ont pas eu les effets escomptés selon Thomas Philippon. Des dysfonctionnements graves se sont produits au sein même du capitalisme.

D'un point de vue théorique, au sein du secteur des activités informatiques et de celui des *Gafa,* la situation oligopolistique, voire monopolistique, qui y règne désormais ne permet plus l'établissement d'un équilibre des marchés, faute de concurrence effective. La situation s'explique par le fait que la loi « ricardienne » des rendements décroissants, vérifiée dans toutes les autres entreprises, - qui fait que quand l'entreprise devient trop grande les économies d'échelle disparaissent et les rendements décroissent - ne s'applique pas aux entreprises de ce secteur, lesquelles bien au contraire, voient leurs rendements augmenter, ainsi que leurs cours de Bourse, au fur et à mesure qu'elles grandissent. Selon Ricardo, toute unité de travail ou de capital supplémentaire dans tout processus de production, entraine une décroissance de rendement à partir d'un certain niveau. Ce n'est pas le cas avec les *Gafa*. Il en ressort que les lois antitrust américaines ne sont plus adaptées à ce secteur. Comment accepter par exemple que *Google* puisse encore posséder 92 % des parts de marché des moteurs de recherche ? Dès lors, les petites sociétés ne peuvent s'installer sur ces marchés non concurrentiels, sauf en acceptant la tutelle de ces géants qui leur dictent alors leurs stratégies et leurs modes opératoires. Dans la mesure où aucun autre concurrent ne peut émerger, la théorie de l'équilibre des marchés est inopérante et le libéralisme économique est inévitablement court-circuité. La seule solution serait de fragmenter les activités entre plusieurs acteurs et de retrouver ainsi une saine émulation.

L'ultralibéralisme apparu à l'époque de Margaret Thatcher et de Donald Reagan n'est pas la continuation historique du libéralisme et l'idéologie qui l'anime n'est pas celle du libéralisme des premiers théoriciens libéraux. Il s'en sépare sur de nombreux points et d'abord sur la conception du rôle de l'État dans l'économie. La plupart des libéraux, dès le XXe siècle, n'ont plus écarté l'idée que l'État ait un rôle à jouer en tant qu'acteur de la vie économique et sociale, et aussi en tant que gardien des grands principes visant l'exercice d'une concurrence effective et non faussée. Des lois ont été édictées dans ce sens dans la plupart des pays du monde. Ce sont d'ailleurs les États qui ont été appelés au secours de l'économie lors des grandes crises, celle de 2008 et celle de 2020. Depuis la débâcle économique causée par la pandémie du coronavirus, l'attente des populations est encore plus grande : elles veulent qu'il puisse jouer son rôle de garant en dernier ressort du bon fonctionnement de la société. Mais les tenants de l'ultralibéralisme ne lui reconnaissent pas une telle responsabilité, ou à peine, car ils vouent une confiance absolue aux forces du marché capables, selon eux, de le suppléer. Le sociologue Loïc Wacquet est allé jusqu'à dire que ces adeptes ultralibéraux avaient chassé l'État des hautes fonctions exercées en amont de la société pour lui assigner tout simplement un rôle moins glorieux « au bas » de la société, celui du maintien de l'ordre public menacé précisément par ceux que les forces du marché avaient chassés de leur poste de travail. En fait, pour ces ultralibéraux, selon Loïc Wacquet, l'État désormais ne saurait être utile qu'à ce seul niveau de contingence : maintenir l'ordre public.

En conséquence, après les années de Donald Reagan et de Margaret Thatcher, le libéralisme s'est mué en un ultralibéralisme, exigeant partout une déréglementation permettant une liberté totale d'action sur les marchés. Cet ultralibéralisme a existé en tant que doxa dominante pendant des décennies et il ne faut pas le confondre avec le libéralisme respectueux de la liberté individuelle. Tout près de nous dans le temps et comme on l'a déjà vu, des rejets de cet ultralibéralisme se sont manifestés notamment au Chili où les principes ultralibéraux de l'époque d'Augusto Pinochet, inscrits pourtant dans la Constitution du pays, ont volé en éclats en octobre 2019 face à la magnitude du mouvement social. Il en fut de même en Argentine où les politiques ultralibérales du président Mauricio Macri ont aussi mené le pays dans l'impasse. Ces pays ont voulu aller trop loin et trop vite dans l'instauration d'une économie ultralibérale sans prendre en compte la question sociale et mesurer la souffrance humaine engendrée par leurs politiques. Dans ces deux pays avaient été notamment élaborés des projets de privatisation d'une grande partie de la sphère publique. Cet ultralibéralisme se retrouve aussi en Colombie où existe un projet de création d'un nouveau contrat de travail « à l'heure » qui a fait bondir une partie de la population. L'impression dominante est celui d' un retour aux premières heures du capitalisme américain pur et dur des siècles passés, d'autant que pour esquiver des charges fiscales de plus en plus lourdes, 50 % au moins de la population colombienne travaille dans l'illégalité. On est loin d'un monde social apaisé.

Cette aversion envers l'ultralibéralisme se retrouve aussi aux États-Unis. La fièvre s'est emparée des étudiants d'Harvard où, selon plusieurs sondages, plus de la moitié des étudiants ont une mauvaise opinion du néolibéralisme et, en conséquence, du capitalisme américain contemporain. La fièvre s'est même emparée du clan démocrate et cette mise en cause de l'ultralibéralisme constitue l'un des arguments de base de l'agenda démocrate des futures élections présidentielles. On a vu émerger le groupe de « *démocratie socialiste d'Amérique* » fondé par Alexandra Ocasio Cortez qui entend implanter un ordre social fondé sur le contrôle populaire des ressources et de la production, la planification économique, et la distribution équitable.

D'autres pays sont aussi montrés du doigt. Au Royaume-Uni, il n'y a pratiquement pas de Code de Travail national, au sens où nous l'entendons en France. Certaines innovations législatives en matière de contrat de travail, comme le contrat à « *zéro heure* » imaginé par David Cameron, constituent de bons exemples de ce que l'on peut appeler l'ultralibéralisme. Ainsi, au Royaume-Uni, le nombre de salariés ayant signé de tels contrats s'élève à 1,5 million. Selon la doxa britannique, cette mesure confère plus de flexibilité à l'entreprise. Cette flexibilité consiste à appeler les employés pour travailler seulement quand l'entreprise en a besoin et à les payer seulement pour le nombre d'heures effectuées. En vertu de ces contrats, les employeurs n'ont pas d'obligation de leur attribuer des heures de travail chaque semaine. Cette disposition ultra laxiste suppose néanmoins que plusieurs principes du droit du travail britannique, définis dans le « *Employment Rights Act* » de 1996, soient respectés, notamment la garantie pour le salarié contractant de toucher le salaire horaire minimum (environ 7.70 euros/heure, niveau qui, si l'on en croit les promesses du nouveau

Premier ministre, Boris Jonson, devrait augmenter jusqu'à 10,24 euros/heure dès avril 2020). Il n'en reste pas moins que de telles mesures ont suscité beaucoup d'indignation au Royaume-Uni. Il ne faut pas s'étonner qu'en 2012 un livre célèbre ait fait fureur dans ce pays. Écrit par plusieurs députés conservateurs, il s'intitulait : *« Britannia unchained : global lesson for growth and prosperity » (2012 Ed Palgrave Macmillan ou « Croissance et prospérité de la Grande-Bretagne libérée de ses chaines »).* Cet ouvrage plaidait pour un État dérégulé, doté d'un taux d'imposition faible, dépourvu de lois du travail et de prestations sociales, autant de principes qui ont souvent sous-tendu la doctrine du parti conservateur et qui se confondent avec ce que l'on appelle ultralibéralisme. Cependant, quatre millions de personnes vivent aujourd'hui sous le seuil de pauvreté au Royaume-Uni et il n'est pas sûr que des mesures ultralibérales puissent éradiquer cette situation. Bien au contraire, selon de nombreux observateurs, elle ne pourrait que s'aggraver. Boris Johnson a bien compris la situation puisqu'il veut faire désormais du conservatisme britannique un conservatisme social, lequel reste à définir.

Les scandales provoqués dans le monde par des revenus jugés « indécents » de certains responsables de grands groupes ont souvent défrayé la chronique. Il en est ainsi de certains patrons américains. Ainsi, Lee Raymond, ancien DG D'Exxon Mobil, s'était fait attribuer sans difficulté un salaire de 686 millions de dollars en treize ans, cette somme était devenue alors un scandale planétaire. Comment tolérer, dans un autre domaine, que Dick Fuld, désigné pour être le meilleur banquier de l'année en 2003 - dont la banque, *Lehman Brothers*, avait été célébrée par le magazine *Fortune* en 2007 comme la banque d'investissement la plus admirée des États-Unis - ait pu librement prendre tant de risques financiers en abusant, dès 2005, de l'effet de levier et en acceptant de prêter 32 dollars pour un dollar de capital quand les autres grandes banques se limitaient à seulement 25 dollars ? Comment tolérer, après la chute de cette banque, la quatrième banque d'affaires américaine, que Dick Fuld ait pu affirmer devant le Congrès « *ne pas avoir de regret* » et ait osé rejeter cette chute sur « *un complot ourdi par de gros investisseurs* » ainsi que sur le gouvernement américain coupable à ses yeux de ne pas l'avoir aidé : « *Jusqu'a*u *jour où on me mettra en terre, je demanderai pourquoi. »* Les résultats de tels comportements sont désastreux. Comment démontrer au personnel d'une grande entreprise qu'il est absolument nécessaire de geler le niveau des salaires au nom de la compétitivité quand cette règle n'est pas observée au plus haut niveau de l'entreprise *?* Ceci est d'autant plus inadmissible qu'au même moment de nombreuses firmes américaines avaient cru bon devoir comprimer leur masse salariale, en s'opposant à toute augmentation au nom de la compétitivité, tout en encourageant leurs salariés à maintenir leur pouvoir d'achat en s'endettant. C'est comme cela que la crise des *subprime*s a commencé.

*S*elon des enquêtes menées aux États-Unis, la rémunération moyenne des dirigeants qui était en 1990 équivalente à 237 fois le revenu moyen des salariés serait passée en 2015 à 433 fois ce niveau moyen. La culture organisationnelle des compétences et leurs rétributions ne sont plus en adéquation et ne sont donc plus moralement acceptées par la société civile. Une révision de ces rémunérations est souhaitable si on veut réconcilier l'entreprise, maillon essentiel de l'économie, avec la société. Cela concerne non seulement le niveau des rémunérations des dirigeants, mais aussi les primes, les options d'achat d'actions et les prestations de retraite. Il est nécessaire cependant de bien considérer que cette critique concerne uniquement les très grandes entreprises et absolument pas les petites et moyennes entreprises qui constituent le socle de toute économie moderne.

En France aussi, la situation est critiquable. La rémunération des dirigeants y progresse plus vite que le salaire moyen. Ainsi, la rémunération des dirigeants du CAC 40 a progressé de 12 % en 2018, selon l'étude *Proxinvest* qui a calculé que leur rémunération moyenne s'élève à 5,77 millions d'euros. Cependant, la loi *Pacte* oblige désormais les sociétés cotées à publier « *le ratio d'équité* » (écart entre la rémunération du gérant mandataire et la moyenne de celle des salariés). Selon P*roxinvest* qui a calculé ce ratio, les dirigeants du CAC 40 seraient payés 90 fois plus que le salaire moyen de leurs salariés. Une telle situation ne peut que poser des questions d'équité légitimes dans la société.

Alors que la pratique du « *Say on pay* » se généralise dans les assemblées générales en matière d'acceptation ou de rejet de la rémunération des dirigeants, la situation s'avère plus tumultueuse en matière de rémunération des dividendes. On peut ainsi considérer comme excessives les exigences parfois démesurées des actionnaires en la matière. On se rappelle que, dans certaines sociétés, l'obtention d'une rémunération de 15 % a été formulée, ce qui correspond à une sorte de prise d'otage de l'entreprise tout entière à une époque où les taux d'intérêt sont devenus nuls, voire négatifs. Cela a alors obligé de nombreuses entreprises, et notamment en France, à puiser dans les réserves accumulées pour satisfaire les actionnaires toujours plus exigeants, souvent au détriment du financement des investissements. Le dilemme des dirigeants est de plus en plus cornélien : arbitrer au mieux le besoin inévitable d'investissement et l'exigence des actionnaires. Les entreprises françaises ont souvent succombé aux exigences des actionnaires dans la mesure où elles ont distribué au second trimestre 2019 près de 51 milliards de dollars de dividendes alors que les entreprises des pays comparables en ont distribué beaucoup moins : à peine 30 pour le Royaume-Uni et à peine 35 pour l'Allemagne. Certes, ces hausses sont la conséquence d'une économie mondiale qui, en 2018, était encore florissante. On sait aussi qu'en France des restrictions importantes ont été édictées par le ministère des Finances suite à la débâcle économique consécutive à la pandémie du coronavirus. Seules les entreprises non aidées financièrement par les pouvoirs publics ont conservé une liberté d'action dans leur politique de distribution de dividendes. Cependant, sur une longue période, certains économistes font remarquer que les dividendes versés au sein des pays de l'OCDE évoluent trois fois plus vite que les salaires. C'est donc une équation délicate qui doit être gérée désormais au sein des grandes entreprises entre évolution des dividendes, évolution des salaires et évolution des investissements, lesquels sont pourtant à terme les meilleurs garants d'une bonne politique des dividendes.

Les injustices en matière de revenus ont été partout dénoncées, même si des pays comme la France ont réussi à maintenir un coefficient de Gini assez stable en raison d'une politique de redistribution généreuse. Il est vrai qu'à l'intérieur du monde occidental les inégalités ont eu tendance à augmenter même si de façon paradoxale la pauvreté diminuait au même moment au sein des pays en voie de développement aujourd'hui appelés émergents. Il y a eu cependant un creusement des inégalités dans la plupart des pays riches, comme l'ont démontré un grand nombre d'ouvrages récents, et parmi eux : « *The Triumph of injustice* » publié par les Éditions du Seuil sous le nom de : « *Triomphe de l'injustice* » rédigé par les économistes français, Emmanuel Saez et Gabriel Zucman, enseignants à Berkeley. Ce livre traite surtout de la situation américaine. Il n'échappera à personne que pendant longtemps les États-Unis ont été un pays plus égalitaire où, comme le rappelle Thomas Piketty, les 10 % les plus riches possédaient 60 % de la richesse nationale en 1810 contre 80 % aujourd'hui. La protection des droits des travailleurs et le *New Deal* promulgués par Franklin Roosevelt avaient pourtant contribué à imposer une certaine égalité. Mais depuis cette époque, un fossé sépare de plus en plus pauvres et riches citoyens américains puisqu'entre 1979 et 2016 les revenus des riches ont crû bien plus vite que ceux des pauvres, et notamment ceux des 1 % les plus riches, lesquels ont augmenté de 225 % pendant cette période. D'après les deux économistes de Berkeley, cette montée des inégalités est imputable aux politiques fiscales, le système d'imposition devenant de moins en moins progressif au cours des années. De plus, les riches réussissent toujours à esquiver l'impôt, ce qui n'existait pas avec tant d'ampleur dans le passé. Toute tentative de taxer les plus aisés a été mise en échec. Ce fossé grandissant entre riches et pauvres en Amérique défigure en quelque sorte le visage de la démocratie que les États-Unis ont incarné pendant de longues périodes. Il est à mettre au passif de l'ultralibéralisme triomphant qui facilite ce qu'on appelle dans le jargon « *l'évitement* » de l'impôt des plus aisés.

Les riches sont également dénoncés en Europe. Cependant cette notion de « riche » est ambigüe. En effet, il faut absolument différencier les fortunes qui sont le fruit de l'innovation, et donc de projets complexes et de longue haleine, de celles provenant d'une simple succession ou du profit retiré de l'exploitation d'un monopole. Steve Job, fondateur d'Apple est un innovateur alors que d'autres milliardaires, comme certains patrons des télécommunications mexicaines, n'ont fait que profiter d'un monopole concédé. Leurs richesses respectives n'ont donc pas une signification identique sur le plan économique. L'innovation joue un rôle capital dans la réduction des inégalités. C'est pour cela que le capitalisme doit être régulé en introduisant toujours plus de liberté, laquelle est le meilleur facteur de l'innovation. Les richesses retirées d'un monopole sont bien au contraire un obstacle économique, car elles peuvent être utilisées pour sauvegarder ce monopole et empêcher de nouveaux entrants et donc de nouveaux innovateurs. Mais il faut aussi dissuader l'innovateur de devenir à son tour rentier, car pour sauvegarder ses propres intérêts, il pourrait ériger des barrières empêchant toute concurrence novatrice. Il est donc indispensable de laisser se manifester la concurrence, et dans ce sens, il est anormal que les immenses sociétés mondialisées puissent racheter sans limites juridiques les entreprises qui pourraient menacer leur monopole. Or, aux États-Unis, malgré les règles concernant la concurrence, rien n'est venu freiner jusqu'à présent l'appétence de ces mastodontes qui, en l'absence de garde-fous juridiques, sont ainsi autorisés implicitement à augmenter encore plus leur puissance économique.

Les abus sont nombreux, et dans un domaine particulier, il est opportun de citer ceux apparus dans le cadre des opérations des opérations dites de LBO (*Leverage buy out) ou* rachat avec effet de levier, ce qui est un montage financier permettant le rachat d'un*e* entreprise par le biais d'une société holding. Le but de l'opération est de permettre aux repreneurs de racheter une société en dépensant un minimum d'argent.

Au bout de quelques années, la société cible est souvent revendue ou introduite en bourse, ce qui génère souvent de confortables plus-values pour ses actionnaires. Mais l'emprunt de la holding (capital et intérêts) est en général intégralement payé par la cible, ce qui ne peut que la rendre exsangue, sauf si elle s'est rentabilisée entre temps. Or, le repreneur n'a en tout et pour tout utilisé qu'un minimum de fonds propres (ceux qui sont nécessaires à la constitution de la holding). Beaucoup ont critiqué une telle stratégie permettant de s'emparer d'entreprises sans aucun état d'âme, entreprises qui sont alors « saignées à blanc » par l'acquéreur. Cependant, il convient de ne pas généraliser et de ne pas critiquer l'ensemble du capital-investissement et le capital-transmission en particulier. En effet, ces pratiques répondent à une nécessité économique d'autant plus importante qu'avec le retrait de la génération du baby- boom, de nombreux chefs d'entreprise vont devoir passer la main et céder leur entreprise. C'est pourquoi même si des fonds insuffisants vont désormais limiter l'effet de levier la crise ne fera pas disparaitre le LBO.

Comme si cela n'était pas assez en ce qui concerne le champ des exubérances, le monde des entreprises a vu arriver les fonds activistes. Une fois introduits au sein des entreprises ces fonds peuvent agir comme le ferait un « gang » pour assouvir ses propres intérêts. L'Europe bien fragilisée est devenue le nouveau terrain de jeu de ces fonds qui ont visé en particulier les entreprises italiennes et françaises, devenues des cibles privilégiées. Ces fonds, d'origine américaine pour l'essentiel, commencent à entrer de façon minoritaire au capital d'entreprises fragiles pour exiger des changements de stratégies et de gouvernance. Ils cherchent ensuite à doper les cours de Bourse pour mieux pouvoir vendre ultérieurement leurs actions et empocher de ce fait une plus-value. Mais d'autres activistes ont parfois une stratégie inverse consistant à faire chuter le cours de l'action, et à vendre des titres à découvert dans l'espoir de les racheter plus tard à un prix inférieur. Ces activistes n'hésitent pas à entreprendre des campagnes publiques de dénigrement à l'encontre des dirigeants comme ce fut le cas de la société *Casino* lors de l'été 2018. L'offensive contre *Casino* a repris à quatre reprises en 2019 impliquant 18 fonds spéculatifs anglo-saxons dont certains sont activés par un milliardaire brésilien. La virulence de ces charges ne peut pas être sous-estimée. Rien qu'en France, des multinationales comme *Casino, Pernod-Ricard, Scor, Safran, Lagardère ou Essilor-Luxottic*a ont été ainsi envahies par ce que certains appellent un « *virus mutant s'attaquant au cœur du métier.* » Si parfois cet activisme a pu s'avérer utile, c'est de moins en moins le cas. On sait, par exemple, que Joseph Oughourlian veut renverser le groupe Lagardère afin de le découper à sa guise pour mieux valoriser les activités. Mais la peur d'une réaction disproportionnée explique que les mesures prises ou à prendre soient souvent de faible ampleur. En France, on plaide ainsi pour plus de transparence et on est prêt à abaisser à 3 %, contre 5 %, le seuil à partir duquel tout actionnaire doit rendre publique sa mise de fonds. Les députés veulent aussi encadrer la pratique des ventes à découvert et fixer les limites à cette pratique, notamment si l'ampleur de la vente dépasse une certaine limite. Mais il s'agit de mesures peu importantes par rapport aux périls encourus par les entreprises. C'est certainement pourquoi l'action Casino avait chuté de 20 % à la fin de l'été 2018, suite à des ventes à découvert intempestives. Des mesures plus radicales devraient pouvoir être envisagées, mais il est probable qu'il n'en sera rien face à un capitalisme américain qui ne connait aucune retenue et qui se sent soutenu. Les marges d'action des pays européens sont ainsi devenues étroites. L'économie européenne est bien la victime de cet activisme d'origine américaine, symbole d'un ultralibéralisme décomplexé.

L'ultralibéralisme, c'est aussi l'opportunité qui a été offerte par les gouvernements successifs des États-Unis à d'immenses sociétés multinationales d'exercer leurs activités en tant que monopoles. C'est le cas des *Gafa*, entreprises devenues tentaculaires qui se comportent comme de véritables États aux énormes capacités financières, gage de leur invincibilité présente et future. Les dirigeants de la *Silicon Valley* ont désormais l'habitude d'être reçus comme des chefs d'État de par le monde, attestant non seulement d'un poids économique vertigineux, mais aussi de leur capacité à faire et à défaire les chefs de gouvernement grâce à la maitrise des données captées. Les démocraties vont-elles s'effacer devant les « *datacraties* » ? Ces « souverains numériques » sont-ils déjà plus puissants que les dirigeants élus ? Le Président Jair Bolsonaro a récemment fait les frais de ce basculement le 29 mars 2020. Ce jour-là, deux tweets (des messages courts limités à 280 caractères) émanant du compte officiel du chef de l'État brésilien ont purement et simplement été supprimés, non de sa propre main, mais de celle des dirigeants de Twitter.

Ces monopoles contrôlent de fait la vie des citoyens, ce qu'on appelle « *l'État profond* » et étouffent par leur puissance toute velléité de résistance. Ils constituent ce que Shoshana Zuboff, professeure à la *Harvard Business School*, appelle « *le capitalisme de surveillance.* » Il ne faut donc pas s'étonner de l'affaire *Cambridge Analytica*, qui avait obtenu frauduleusement les données personnelles de 80 millions de comptes *Facebook*, permettant de cibler les campagnes politiques comme jamais auparavant. Ces empires technologiques économiques et financiers se permettent pratiquement tout, s'infiltrant subrepticement dans tous les domaines grâce aux « *métadonnée*s » qu'ils analysent, y compris dans la vie politique pour faciliter la victoire du candidat de leur choix. Dans ce dernier cas, ils n'hésitent pas à suspendre s'il le faut le compte publicitaire d'un candidat. Le risque est grand, car avec leurs « *métadonnée*s » ces entreprises peuvent contrôler la démocratie et influencer les opinions. Elles sont donc en capacité de « *faire et défaire les r*ois ». Même le Secrétaire général actuel des Nations unies, Mr Guterres, en janvier 2020, a considéré le numérique - tel qu'il est traité aujourd'hui - comme l'un « *des quatre piliers de l'Apocalypse.* »

Ce n'est pas honorer le libéralisme - respectueux des libertés individuelles et de la concurrence sur les marchés- que de défendre de tels monopoles dangereux, en invoquant comme seul argument possible que « *si l'Amérique ne le fait pas, la Chine le fera.* » Il ne faut jamais oublier que la domination des géants du numérique ne constitue pas seulement un danger économique et sociétal, mais aussi un danger politique, car ils s'avèrent désormais plus puissants que de nombreux États. Ce sera encore plus vrai si ces géants arrivent à imposer au monde, comme c'est le cas de *Faceboo*k avec son projet « *Libra* », une monnaie universelle concurrençant alors l'une des dernières prérogatives des États, à savoir le droit de battre monnaie. Beaucoup d'États deviendront alors dominés. Dans les faits, les *Gafa* ont déjà fait irruption dans l'activité bancaire et ils n'ont aucun scrupule à avancer leurs pions dans le cadre de la stratégie « *du toujours plus* », multipliant leurs tentacules au sein d'une grande partie du monde occidental. Ainsi, les *Gafa*, à la fin de l'année 2019, ont lancé une grande offensive sur les finances personnelles. *Google* vient de s'associer à *Citigrou*p pour proposer des comptes courants bancaires à ses utilisateurs dès l'année 2020 en décidant d'utiliser les données exploitées par les banques. Ces comptes seront des comptes *Citigroup*, une des plus grandes institutions financières dans le monde. C'est, dans un sens, une stratégie semblable à celle d'*Appl*e avec la création *d'Apple, card,* carte conçue en partenariat avec *Goldman Sachs. Amazon* dispose aussi de nombreuses informations sur ses fournisseurs. *Faceboo*k n'est pas en reste. Car peu découragé par l'accueil glacial réservé à son projet de monnaie virtuelle - *Libra* - il vient de lancer un service de paiement par smartphone, pour transférer de l'argent depuis un compte courant vers toutes les plateformes du réseau social. Dans un autre domaine, Google est en train de s'immiscer dans les données médicales des citoyens, grâce à son partenariat avec *Ascension*, seconde organisation de soins du pays. De ce fait, il aura accès à des millions de dossiers de patients américains. *Ascensio*n, grâce à ce partenariat, souhaite de son côté développer un moteur de recherche de patients tandis que *Google*, créera un nouveau logiciel aidé par l'intelligence artificielle. On est face à des stratégies sans limites qu'aucun État ne semble en mesure d'arrêter, malgré de beaux discours. Les *Gaf*a seront bientôt plus puissants que certains États. Est-ce la fin de la démocratie ? Beaucoup s'accordent à penser que ces nouveaux acteurs font peser un risque non seulement sur la stabilité du système financier mondial, mais aussi sur la pérennité de la démocratie.

Heureusement que les critiques à l'égard des grandes entreprises mondialisées ont fini par être relayées par des responsables politiques des deux côtés de l'Atlantique, suite aux nombreux scandales dont l'affaire *Cambridge Analytica* a constitué le point d'orgue. Elizabeth Warren, ex-candidate à l'investiture démocrate pour les élections présidentielles américaines de 2020, a fait entrer le sujet dans le débat public. Il était temps, alors que les *Gafa* ont pratiquement éradiqué la concurrence du fait leur puissance économique et financière, et échappent de plus à tout contrôle effectif. Il ne faut pas s'étonner alors que, dans ce contexte, Chris Hugues, pourtant cofondateur de *Facebook*, ait appelé à démanteler l'empire qu'il avait contribué à créer, car ce dernier avait pratiquement empêché l'entrée de nouveaux concurrents sur le marché de la publicité digitale.

Il n'y a que quelques mois seulement, alors que le phénomène existe depuis plus d'une décennie, que les États soumis à de rudes pressions ont enfin fini par s'alarmer, mais il était bien tard. Certes, *Microsoft* dans les années 2000, avait été accusé d'abus de position dominante avec son système *Windows*, et le groupe avait dû affronter de nombreuses poursuites en Europe et aux États-Unis. Il avait dû finalement modifier radicalement ses pratiques suite à un accord avec le département de la Justice. Plus près de nous, *Google* a été condamné à trois reprises par la Commission européenne, pour non-respect du droit de la concurrence dans la publicité, les moteurs de recherche et les systèmes d'exploitation. Déjà, le *business plan* de *Google* qui repose sur un moteur de recherche gratuit financé par la publicité est décrié. Certains membres du Congrès ont appelé à un démantèlement rapide de *Google* avant qu'il ne soit trop tard. Pour *l'Open Market Institute*, ce démantèlement est nécessaire sinon *Google* « *deviendra notre gouvernement à qui nous devrons obéir.* » Au niveau européen, Margareth Vestager, vice-présidente exécutive de la Commission européenne chargée de la concurrence, a enfin imposé des sanctions sans précédent aux grandes entreprises internationales, notamment 110 millions d'euros à *Facebook*, 250 millions à *Amazone*, 8,20 milliards à *Googl*e, et 13 milliards à *Appl*e, faisant enfin de la politique antitrust une question de principe plus forte qu'en

Amérique. Les États-Unis ont fini quand même, eux aussi, à infliger des amendes, mais en évitant de démanteler ces empires, ce qui n'a jamais constitué leur but. Ainsi, une amende de 5 milliards de dollars a bien été infligée par la FTC (*Federal Trade Commission)* à *Facebook* pour solder l'affaire *Cambridge Analytica.* Mais le montant de cette amende ne représente pratiquement rien par rapport au bénéfice net de *Facebook,* lequel ne l'a pas contesté ; il en a même profité pour accélérer sa stratégie d'e-commerce -via sa plateforme Instagram -, et, de plus, il a accéléré la création de sa monnaie digitale privée *Libra.* Mais *Facebook* ne s'est pas pour autant déclaré vaincu et son président, Mark Zuckerberg, a mis en garde le Congrès sur les risques pour les États-Unis de « *casser une telle innovation* ». Ce même président a affiché par ailleurs son mépris pour les régulateurs non américains qui souhaitaient interférer dans son projet. Ainsi, le projet *Libra* semble pouvoir continuer à se développer et les risques sous-jacents ont été pour le moment ignorés, tels que la lutte contre le blanchiment d'argent, le financement du terrorisme, la fraude fiscale, etc. Qui sera responsable en cas de défaillance du système ? Pas de réponse. On comprend pourquoi *Facebook* veut ignorer les critiques et les obstacles apparus sur sa route. Il veut pouvoir vite faire fructifier la manne de 2,4 milliards de *followers* transformés en 2,4 milliards de clients bancaires soumis et dépendants. N'est-ce pas une autre forme des routes de la servitude dénoncées dans son temps par Friedrich Hayek ?

Les *Gafa* ont récemment plaidé pour que les plateformes internet puissent bénéficier d'un statut spécial, à mi-chemin entre celui des médias et des opérateurs de téléphonie. Ces demandes dont *Facebook* s'est fait l'interprète zélé n'ont pas lieu d'être et le nouveau Commissaire européen au marché intérieur et à l'industrie, Thierry Breton, (selon un article du *Figaro* du 18 février 2020) a eu pleinement raison de rejeter la requête, faisant remarquer que « *quand on envoie un message à des millions de personnes, cela n'a rien à voir avec un échange téléphonique.* » Quant au contenu véhiculé par ces plateformes, souvent aux limites du droit, contenu pour lequel *Facebook* demande une certaine indulgence, la Commission a aussi joué son rôle en affirmant clairement « *qu'il n'appartient pas seulement aux États de mettre en place la gouvernance des plateformes, mais que ce devoir incombe surtout aux Gafa qui doivent anticiper et qu'il ne faut pas croire que ce qui n'est pas interdit est automatiquement autorisé.* » La Commission se donne le droit d'intervenir de façon plus contraignante. Face à des *Gafa* qui revendiquent « toujours plus », il est indispensable, pour le bien de la démocratie, que des lignes rouges soient désormais tracées.

Dans les faits leur puissance est d'abord financière et ceci est vrai pratiquement pour chacune de ces entreprises mondialisées. Malgré de nombreuses condamnations au niveau mondial, malgré une image ternie, ces *Gafa* n'ont jamais été aussi valorisés qu'aujourd'hui. Début mai 2020, leur poids, si on ajoute Microsoft (Google, Amazon, Facebook, Apple et Microsoft) au sein du SP500 et du NASDAQ 100 est tout simplement impressionnant. La capitalisation boursière des monstres de la Tech est la suivante : Microsoft pèse 1360 milliards de dollars, suivi de Apple avec 1240 milliards. Viennent ensuite Amazon avec 1180 milliards puis Alphabet, la maison mère de Google, avec 880 milliards et enfin Facebook, qui ferme la marche avec 510 milliards. Soit un total de 5.170 milliards pour le "Club des 5". Sachant que l'indice SP500 a une capitalisation boursière totale de 25150 milliards, elles représentent à elles seules plus de 20 % de l'indice. Mais leur poids au sein de l'indice NASDAQ 100 est encore plus impressionnant. L'indice phare de la Tech US pèse 10300 milliards $ au total ce qui signifie que les 5 plus grosses valeurs de l'indice citées précédemment représentent 50 % de la capitalisation totale. Même *Facebook* vaut plus aujourd'hui qu'avant le scandale de *Cambridge Analytica.* Rien ne semble arrêter leur ascension boursière, ce qui signifie que, malgré toutes les vicissitudes, nombreux sont les investisseurs qui leur font toujours confiance, car ces empires se trouvent sur des marchés extrêmement porteurs et rémunérateurs avec des croissances à deux chiffres. C'est pour cela que ces empires pensent que rien ne pourra leur arriver et qu'aucune autorité n'osera les démanteler.

Mais désormais, depuis l'année 2019, il faut aussi parler de « *Gafa bancaires* », car les grands établissements financiers américains ont capitalisé à la fin de 2019 près de 120 milliards de dollars de bénéfices. Rien que *JP Morgan* a engrangé 36 milliards, performances proches de celle *d'Apple* ou de *Google.* La capitalisation d'un nouveau *Gafa* bancaire est d'ores et déjà supérieure à 430 milliards de dollars. On assiste donc à un accroissement de la puissance financière de l'ensemble des *Gafa,* puisque ces nouveaux *Gafa* bancaires se rajoutent aux *Gafa* technologiques. L'Amérique a su restructurer son système bancaire plus vite qu'en Europe en imposant des contraintes moins fortes. Les banques américaines en ont profité pour se développer. L'Amérique est donc capable d'afficher en 2020, grâce à l'ensemble de ses *Gafa,* une force de frappe financière inégalée face à tous ses concurrents et au reste du monde.

Jean-Hervé Lorenzi, président du *Cercle des économistes*, affirme même dans son récent ouvrage, « *La Nouvelle Résistance face à la violence technologue* » *co*-écrit avec Mickaël Berrebi (Édition : Eyrolles*), « que les Gafa représentent une menace comparable au nazisme »,* et que ces entreprises mondialisées *« vont permette un abandon brutal de nos libertés à des technologies intrusives. »* D'où l'idée de mettre un terme à leur expansion qui risque de détruire la liberté des citoyens et de rendre inopérant tout contrôle ultérieur si rien n'est fait. *Google* prétend cependant que la concurrence existe, elle est selon ce géant « *à un clic* », mais ce géant a pourtant développé toutes les ruses possibles pour garder ses visiteurs captifs sur le mobile *Android* et son navigateur *Chrome*. Désormais, le moteur de recherche se substitue aux médias en délivrant lui-même l'information, et si rien n'est fait, les médias périront un à un. Le moteur de *Googl*e est la source de 90 % du trafic de certains sites. Pis, *Google* est un monopole qui affirme être le seul à pouvoir organiser l'information dans le monde. Cependant, l'Europe qui a peur de perdre sa souveraineté multiplie ses lois anti-*Gafa.* Faute d'innovation et de créativité, son combat risque de devenir dérisoire.

Par ailleurs, une autre stratégie de ces géants mérite d'être aussi dénoncée. Il s'agit de la stratégie dite du « *nudge* » (ou stratégie du « *coup de pouce* »), presque invisible et indétectable dont savent user et abuser les géants du Net. Cette théorie a fait l'objet du livre de Cass Sunstein, de Richard Thaler et de Fabrice Mirtal, intitulé : « *Nudge : la méthode douce pour inspirer la bonne décision* » *(Series Edition).* Richard Thaler, prix Nobel 2017, a contribué à propager cette théorie. Selon eux, ce n'est pas par la seule méthode autoritaire que les *Gafa* peuvent modifier nos comportements dans un sens propice à leurs intérêts, mais par des méthodes douces, souples, modérées et quasi indétectables, relevant de ce qu'ils appellent un « *libertarian paternalism* », paternalisme à la fois libérai et libertaire. Il s'agit donc d'une stratégie sournoise de gouvernement des esprits susceptible de brider nos libertés. Ces méthodes douces, alliées aux méthodes brutales susmentionnées et conjuguées de plus à l'utilisation abusive de l'intelligence artificielle, risquent de déboucher sur des manipulations de l'individu. Comme le préconise Margrethe Vestager : *« Nous devons garder le contrôle de nous-mêmes. »* La manipulation des masses est pourtant en marche. Le temps des entrepreneurs sympathiques de l'Internet rêvant de changer le monde pour le bien commun est derrière nous. Les *Gafa* sont engagés dans une conquête mondiale sans scrupules et leurs promesses d'un meilleur bien-être social et de nouveaux liens sociaux sonnent bien creux aujourd'hui.

Cette farouche volonté d'une concentration effrénée et sans limites est loin d'être éradiquée. *Facebook* est ainsi une plateforme d'édition, un réseau publicitaire, un réseau social, un distributeur de contenus et il se pose désormais en créateur de monnaie universelle, tout ceci étant regroupé dans une seule entité juridique. On mesure la dangerosité de ces entreprises qui perdent d'ailleurs de plus en plus leur caractère d'entreprise pour épouser celui d'un pseudo État surpuissant capable de parler d'égal à égal avec les autorités étatiques qui n'ont pas été capables d'appliquer des mesures de régulation alors qu'il était encore temps. Les hiérarchies de pouvoir se sont inversées et ce sont les États qui se retrouvent progressivement sous la tutelle de ces empires économiques. Ces empires s'arrogent le droit de ne pas payer les impôts là où il le faudrait et de réfuter les injonctions des gouvernements qui ne leur plaisent pas. Ce type de pouvoir planétaire a de quoi inquiéter non seulement les États, mais aussi les simples citoyens livrés impuissants aux ambitions de ces puissances tentaculaires.

En conséquence, cela explique le peu d'opposition que les *Gafa* peuvent rencontrer dans le monde et le peu d'actions coercitives à l'encontre de ces géants. Pis, la grave pandémie du coronavirus n'a fait que rehausser leur pourvoir : alors que les cours de leurs actions augmentaient pendant la période, ceux des actions des autres entreprises s'effondraient. Ce faisant, la concentration économique ne fera que s'accentuer. La FED ne leur est pas franchement hostile et il existe encore quelques célèbres théoriciens pour les défendre, comme Cal Shapiro - professeur d'économie à Berkeley - qui prétend que toute action contre ces géants pourrait porter atteinte à l'efficacité économique et à l'innovation. Il y a aussi parmi les défenseurs du statuquo, l'économiste Tylor Cowen qui, dans son célèbre ouvrage : « *Big business : a love letter to an American anti-hero* » (Ed St Martin's Press ou : « Grandes entreprises : lettre d'amour à un antihéros américain ») s'insurge contre ceux qui pourfendent les grandes entreprises américaines, car selon lui, ce sont seuls ces géants qui sont créateurs de croissance et d'emplois. Pour ces quelques théoriciens, la seule règle à respecter est la libre entrée sur le marché. Tylor Cowen prétend même qu'il ne faut pas s'en prendre aux géants mondialisés, tout d'abord en raison non seulement de leur aptitude à créer de l'innovation et de la croissance, mais aussi parce qu'ils permettent à d'autres « *de créer et de développer des entreprises qui bénéficient de la force de frappe de ces géant*s », ce qui n'est vraiment pas démontré. Cependant cette arrière-garde est numériquement de plus en plus faible et la tendance générale de l'ensemble des pays et des opinions publiques est de passer à l'offensive.

Il ne faut pas oublier que dans une véritable société régie par les principes d'économie libérale, c'est le consommateur qui est roi et ce sont ses décisions qui orientent les marchés. Or, ceci n'est plus entièrement vérifié. Dans l'industrie pharmaceutique, on a vu de nombreuses entreprises s'arrêter de produire de vieux médicaments dont l'utilité thérapeutique est pourtant essentielle, mais vendus à prix réduit compte tenu de la concurrence des génériques, pour se spécialiser dans la production de nouvelles molécules plus rémunératrices, mais pas plus efficaces. Cette situation a été la cause des graves pénuries qui ont éclaté en Europe en mars 2020 à l'occasion de la crise du coronavirus. Dans le cas des *Gafa,* ce sont ces empires mondialisés qui sont devenus les maitres du marché dont ils définissent seuls les paradigmes et ce sont les consommateurs qui sont censés leur obéir. Face à ces géants mondialisés, les États ont de moins en moins de ressources disponibles, sauf à s'endetter, ce que beaucoup font sans trop réfléchir aux lendemains, comme le démontre la spirale de l'endettement public, à commencer par celle des États-Unis. La dette des seuls pays industrialisés représente désormais 122 % du PIB de ces pays et la dette publique américaine pourrait, s'élever, selon le FMI, à 131 % de son PIB. La tentation de ces géants surpuissants pourrait consister à infiltrer les États, de les manœuvrer à leur guise, de décider des grandes orientations de certains pays, à commencer par les plus faibles, annihilant tout principe de vraie démocratie. La tentation est là et on observe que les États sont déjà dans l'incapacité d'apporter des réponses à hauteur de ces défis. Aujourd'hui, en cas de gros problèmes économiques et financiers, les pays en déroute font appel au FMI, à la Banque mondiale, mais, peut-être demain, ils solliciteront les *Gafa* qui seront ravis de leur apporter leur propre aide financière. Ce monde ultra libéral est un monde dangereux pour l'avenir de la démocratie.

CHAPITRE XIII

La dure épreuve de la pandémie du coronavirus. Les nouveaux arguments des adversaires du libéralisme au nom de la vie qui n'a pas de prix

« Ce sont les gilets jaunes qui tiennent aujourd'hui le pays à bout de bras. Ce sont ces Français, ceux qui nous ont alertés il y a quelques mois sur les ronds-points...ils tiennent aujourd'hui le pays à bout de bras ! Il faudra en tirer les conséquences et agir, à la sortie de la crise, pour mieux valoriser leur utilité sociale et revaloriser leurs salaires. »

(Rachida Dati, maire du 7e arrondissement de Paris)

« Nous vivons partout des crises de confiance profondes à l'égard des institutions. Si les peuples ont le sentiment qu'ils ont été abandonnés face à la crise économique sans précédent que nous connaitrons, je vous le dis avec beaucoup de gravité, tout peut s'effondrer. Et tout s'effondrera. »

(Manuel Valls, ancien Premier ministre de la France)

« L'enjeu pour les écologistes est immense. Il s'agit de démontrer que le coronavirus n'est pas qu'une crise sanitaire, mais qu'il est le nom du dérèglement du monde. Jamais le modèle actuel n'aura autant vacillé sur ses bases. »

(Julien Bayou, Secrétaire national de EELV))

La vie n'a pas de prix proclament avec véhémence les opposants au libéralisme et pour eux le respect de la vie ne peut plus être conditionné par l'économie, elle doit bien au contraire transcender désormais le fait économique. C'est une révolution sociétale qui s'impose. Dominique Strauss-Kahn a pu dire à cet égard : « *La valeur de la vie humaine a considérablement augmenté dans l'inconscient collectif des pays riches.* » Cet argumentaire a été repris par tous les antilibéraux.

Certains ont évoqué l'idée selon laquelle le virus serait le produit d'un système écologiquement déréglé par le culte démesuré des forces du marché que le néolibéralisme a imposé au monde depuis 1990, les crises sanitaires mondiales ne pouvant que se multiplier à l'avenir en raison de la recherche permanente de la rentabilité qui va conduire notamment à amplifier la déforestation, laquelle ne pourra que multiplier les contacts humains avec des animaux sauvages et de nouveaux types de virus. Cette recherche de rentabilité provoquera aussi un jour le dégel du permafrost, lequel fera resurgir des microbes disparus tout comme le fera inévitablement la réduction de la biodiversité. Pour de nombreux antilibéraux, le néolibéralisme est responsable de la catastrophe sanitaire actuelle et de celles qui suivront. Le respect de la vie doit primer selon eux sur toutes les autres considérations et avant tout sur celles de l'économie.

« *Nous sommes en guerre* », tel est le slogan auquel nous nous sommes habitués, mais il faut bien remarquera qu'il s'agit d'une guerre plutôt désorganisée, sans coordination, sans allié, sans chef de file, et où tous les coups ont été permis : mensonges d'État, confiscations, voire vol d'équipements entre pays. Ni les USA, ni l'Europe, ni l'ONU n'ont exercé le moindre leadership dans cette épreuve. L'OMS (Organisation mondiale de la santé) a même été fustigée par Donald Trump qui refuse de la financer en raison de son incompétence et de sa vassalité à l'égard de la Chine. Sans vrais moyens, sans leader et sans état-major, cette guerre inédite va couter très cher en vies humaines - plus de 240 000 personnes au moins au début du mois de mai 2020- ainsi qu'en termes de cout, car aucune rationalisation de stratégies et de mutualisation de ressources n'a été possible. Pis, les nations se sont livrées à une guerre d'équipements, allant jusqu' à se dérober des stocks de masques et à dérouter des vols d'avion-cargo pour s'approprier certaines cargaisons. C'est donc une guerre incontrôlée aux couts gigantesques qui a commencé pour chaque pays. Ce phénomène est aggravé par le fait qu'en Occident les budgets de la santé ont représenté jusqu'ici une variable d'ajustement. Les choix économiques passaient toujours avant les dépenses de la défense de la vie. C'est encore plus vrai en Amérique où pendant la pandémie on a mobilisé d'abord les ressources financières pour sauver les entreprises avant de sauver les hôpitaux à la dérive. Certains membres du parti républicain ont même en avril 2020 rejeté une mesure pour sauver les hôpitaux publics.

Que pensent les antilibéraux de tout cela ? Le confinement généralisé dont l'aspect moyenâgeux n'échappe à personne ne s'explique dans nombre de pays occidentaux que par la carence des moyens détenus par les pouvoirs publics imputable à plusieurs gouvernements successifs. Il en a résulté, à la tête des États, l'émergence d'un nouveau pouvoir que Michel Foucault avait déjà bien identifié et dont le nouveau but est alors de contrôler les vies humaines, les corps et les esprits, un pouvoir qu'il avait appelé « *biopouvoir* ». La France avec l'Italie la Belgique et l'Espagne, lesquels décomptent le plus de morts par 1 000 habitants parmi les pays européens, ont révélé l'extrême fragilité de leur système de santé face à la pandémie et ont été alors dans l'obligation d'activer ce biopouvoir dont les conséquences sur les libertés publiques ne sont pas anodines.

Jamais le modèle sociétal actuel n'a autant vacillé sur ses bases. Un peu partout, l'incurie des gouvernants a suscité une immense vague de protestation populaire. Peu de temps après, ce sont les fondements de l'économie libérale, et donc les principes majeurs du capitalisme actuel, qui ont été ébranlés face aux véhémentes critiques. On a rapidement rendu le libéralisme comptable de ces 350 000 morts au niveau mondial. Aux critiques déjà virulentes formulées par les tenants du marxisme, du keynésianisme et de l'écologie est venue s'ajouter une nouvelle vague d'accusations contre la gestion uniquement comptable de la politique de santé publique à l'origine de l'impréparation des gouvernements occidentaux. Cette vision comptable a été imputée aux principes du libéralisme.

Les soignants de tous les pays ont payé un lourd tribut à la pandémie : une centaine de médecins sont décédés en Italie, d'autres ont perdu aussi leur vie dans les pays voisins. Ils ont poursuivi pourtant leur lourde tâche avec un incroyable dévouement. En France, depuis le début de la pandémie, le corps médical a vite remplacé dans l'opinion publique les dirigeants politiques et économiques passés tout d'un coup de la lumière à l'ombre. La protection minimale que tout citoyen pouvait espérer des pouvoirs publics n'a pas fonctionné : pas de masques, pas de tests de dépistage, manque de respirateurs et de « *doliprane* », insuffisance criante de lits de réanimation ; au même moment, les pouvoirs publics se sont montrés dans l'incapacité de trancher sur l'efficacité de certains médicaments. Le prestige de la caste politique s'est évanoui d'un coup en France, tandis que les marqueurs et les principes fondateurs du quinquennat actuel étaient reniés, à savoir : la prévalence du marché, la mobilité, l'inutilité des frontières, ce « Nouveau Monde » présenté comme une terre promise. Ce sont autant de mythes qui se sont écroulés subitement. La grande majorité de la société civile a eu alors le regard tourné exclusivement vers les nouveaux « premiers de cordée », les courageux soldats de cette nouvelle guerre, qui ont été les médecins, les infirmières et de façon large l'ensemble des membres du corps médical. Ce sont eux qui ont occupé la première ligne du front. Ce sont eux qui ont éclipsé les « faux premiers de cordée » de la pensée unique, à savoir investisseurs et banquiers. Ces derniers ont été vite remplacés dans l'échelle des valeurs du public par ces nouveaux combattants. À ces derniers, il faut aussi associer ces travailleurs modestes et oubliés, envoyés sur un autre front, celui du « back office », souvent sans armes ou avec des armes dérisoires, travailleurs de l'ombre qui n'ont pas usé de leur droit de retrait pour assurer la survie de la nation en état de siège. Parmi eux on retrouve des agriculteurs, des ouvriers, des employés de supermarchés, des conducteurs de camions ou de trains, des livreurs et distributeurs de courrier et bien d'autres, ceux que les Anglo-saxons appellent « *key workers* ». Une révolution sociétale a commencé à se manifester exigeant désormais un rééquilibrage de nos sociétés, un « *rebooting* » impliquant plus d'empathie pour les humbles et beaucoup moins pour les cerveaux qui ont monopolisé jusqu'ici la démocratie.

Ce sont finalement ces nouveaux héros qui ont réussi à nous écarter pendant plusieurs mois de la tyrannie de l'instance économique qui avait réussi à s'emparer des esprits et des consciences des vivants que nous sommes, à l'instar d'un virus immatériel qui aurait colonisé nos pensées. C'est ce que le coronavirus est venu nous rappeler : il y avait pire que lui. De toute façon, la guerre contre le coronavirus a changé la hiérarchie des valeurs sociétales, et pour les antilibéraux certainement pour longtemps. Pour la première fois depuis des décennies, la population a refusé de voir dans l'action humaine le primat de l'économique et la poursuite de l'intérêt, ce qu'enseignent toujours les théories économiques. Le coronavirus, ennemi de l'homme, nous a permis de réinventer l'Homme, et de redonner un second souffle à l'humanisme longtemps marginalisé. Dans pareil état d'urgence, l'humanité est capable de donner le meilleur d'elle-même, de faire « chaine commune » pour se défendre collectivement et de redonner un sens à la vie.

Pour les tenants antilibéraux, cette effroyable pandémie ne sera pas une crise profonde sans réponse. Elle va obliger de repenser toute l'organisation mondiale en matière économique, sanitaire et sociale. Elle va impulser une réorientation de nos vies, les engageant vers une société de sobriété équilibrée où l'Homme et non les choses constitue l'objectif majeur des actions, ce monde décrit avec tant d'enthousiasme par le pape François, dans son encyclique chaleureuse intitulée *« Laudato si. »*. Pour tous ceux qui n'ont plus confiance dans le libéralisme, cette gigantesque pandémie a mis fin à « l'idolâtrie de l'économie » et au principe d'accumulation sans limites qui était devenu l'horizon suprême de la vie pour beaucoup. De nombreux citoyens se sont montrés prêts à faire une telle conversion et ils constitueront un poids certain dans les réorientations nécessaires de notre société, notamment en ce qui concerne le rejet de l'obsession prioritaire de l'économie qui a caractérisé ces cinquante dernières années. Pour ces adeptes du primat de la vie, c'est un monde nouveau qui va naitre. C'est le message de tous ceux qui ont vu dans la pandémie le besoin absolu de modifier le système actuel.

Cette pandémie va tout d'abord renforcer la vigueur de la contestation écologique déjà très acerbe envers le libéralisme économique. Pour les écologistes, le coronavirus n'est pas une crise sanitaire éphémère, mais il est le nom du dérèglement du monde. Elle démontre qu'une « bascule » est possible, sans pour autant se soucier du fait qu'à cause de la pandémie près de 34 millions de Français n'ont dû leur survie que grâce aux subventions généreuses de l'État. Nicolas Hulot n'a-t-il pas dit à ce sujet que *« le coronavirus est un ultimatum de la nature. »* Déjà, les « *décroissants et les collapsologues* » se préparent à triompher. Yves Cochet n'est pas en reste et il n'a pas hésité à annoncer que l'effondrement systématique et global du système occidental était en route. Il s'en réjouit même. Ainsi, il a pu même affirmer que la *« crise du coronavirus devait être une opportunité pour changer le système et tout reconstruire en se recentrant sur la satisfaction de nos besoins fondamentaux, et ce de manière équitable.* » Selon lui, ces besoins fondamentaux excluent des pans entiers de « l'économie d'avant la crise » et il met en garde les gouvernements contre « le *sauvetage du secteur aérien sans imposer de réduction du trafic, ou bien le renflouement des banques au niveau européen sans exiger qu'elles mettent fin aux 2 700 milliards d'euros qu'elles ont investis dans toutes les énergies fossiles.* » Il est vrai que la globalisation marchande s'est surtout construite sur l'abondance des énergies fossiles, ce qui a permis d'étende les chaines de production et aussi de rendre négligeable le prix du transport, facilitant ainsi la délocalisation dans les pays à bas cout, notamment en Chine. La chute de la demande chinoise résultant de la pandémie a été la cause majeure de l'effondrement des cours du pétrole qui, en pénalisant certaines compagnies pétrolières, a eu aussi un effet délétère sur la finance mondiale, car désormais tout est lié. Le combat des écologistes ne sera pas aussi simple. Le secteur privé au niveau mondial est tellement endetté qu'il ne peut se sauver que grâce à une virulente croissance planétaire ; or, ce n'est pas ce que souhaitent les écologistes qui veulent freiner au contraire la croissance sans se soucier du risque de rendre de nombreux investisseurs insolvables. Cet effondrement n'affole en rien les écologistes qui voient dans cette débâcle financière possible la justesse de leurs pronostics ainsi qu'un moyen insoupçonné d'imposer plus facilement leur stratégie et leur idéologie dans un monde affaibli. Par ailleurs, des choix douloureux devront être opérés en matière de financements, car les vertigineuses dépenses de remise en route de l'économie consécutives à la pandémie viendront obérer les plans programmés pour la transition climatique. On ne pourra tout faire même si sur le papier on essayera de flécher au mieux certains financements de réhabilitation de l'économie vers des projets écologiquement responsables. Les écologistes ont bien tort de se réjouir trop vite au moment même où l'opinion publique est en train de réhabiliter la voiture individuelle jugée plus sûre sur le plan sanitaire que les transports en commun. Un vrai cauchemar pour les écologistes !

Malgré ces difficultés de crédibilité, Il est indubitable que les nouveaux arguments des écologistes contre le libéralisme vont se trouver renforcés par les conséquences désastreuses de la pandémie du coronavirus et il faut s'attendre désormais à un amalgame de ces deux sortes d'oppositions, celles des écologistes et celles des victimes de la crise sanitaire, même si tous leurs arguments ne se recoupent pas entièrement. À ces voix, et en ce qui concerne la France se mêleront celles évoquées par Richa Dati qui visaient tous ces travailleurs qui ont porté à bout de bras le fonctionnement du pays, anciens et nouveaux Gilets jaunes confinés aux sales besognes d'une société désertée par ses élites. La guerre semble déclarée. Ce qui vaut pour la santé dont les fondements matériels ont été négligés pendant des décennies vaut aussi pour l'environnement dévasté sans grand remords au nom de la rentabilité. Par bien des aspects, nous vivons une anticipation des problèmes à venir, aussi bien sanitaires qu'écologiques. En effet, on est en train de vivre à travers le confinement ce que nous devrions accepter en termes de renoncement pour traverser la période de la transition écologique aujourd'hui inévitable. Il va falloir notamment redéfinir nos besoins essentiels et s'entendre sur ce signifient les besoins de « première nécessité » ; grâce à la pandémie, nous avons pris conscience de l'existence du « rationnement » notamment au moment où les supermarchés se sont tout à coup vidés, anticipation de ce que nous promettent les déclinistes au cours de la période de transition. Pour les écologistes, les avions se sont arrêtés de voler, mais est-on plus malheureux pour autant ? Selon eux, le virus nous a contraints à vivre comme il faudra le faire pour sauver la planète, ce que nous pensions impossible à réaliser. C'est un grand pas en avant.

Une autre conclusion de la pandémie est que l'Occident a failli mis à part l'Allemagne et Israël, mais qui plus est, l'Europe a aussi failli. En pleine tourmente elle discutait encore de l'opportunité d'élargir l'UE à deux nouveaux pays balkaniques comme si la pandémie était encore loin et que la nécessité d'élargir le marché unique était devenue prioritaire. Les contempteurs du libéralisme qui n'ont jamais eu confiance aux instances communautaires ont été renforcés par l'affrontement auquel se sont livrés les pays de l'Union, affrontement qui a porté un coup fatal à toute la construction communautaire, car il a concerné surtout les pays fondateurs de l'Union : l'Italie, la France, l'Allemagne, les Pays-Bas et la Belgique. En effet, l'Union européenne a été longtemps incapable d'imaginer une solution commune, rejetant même dès le début les appels à l'aide pathétiques lancés par l'Italie. Dès le début de la pandémie, les Italiens ont été abandonnés à leur sort, chaque pays de l'UE refusant d'exporter du matériel de santé, et la Tchéquie allant même jusqu'à dérober des masques chinois destinés à l'Italie. Et c'est finalement la Chine et non l'UE qui est venue au secours de l'Italie, suprême ironie, mais suprême honte pour l'Europe ! Face à tant d'égoïsme, Il n'est pas exclu que l'on assiste désormais à une lente décomposition d'une Europe sans boussole et sans idéal. L'échec de tout projet de mutualisation des dettes sous forme de création de « *corona bonds* », engagements qui auraient été souscrits par l'UE et non par les États, sonne le glas de la solidarité entre États dans l'Union. Cette dette aurait dû être une dette partagée, car devant être traitée comme une dette de guerre, aucun pays européen n'étant responsable de la pandémie. Ce n'est que le 9 avril 2020 que les 27 pays ont pu trouver un difficile compromis portant sur un fonds de 1 000 milliards d'euros- dont seulement la moitié devait être immédiatement disponible-, compromis bien timide qui n'a pu dissiper le peu d'empathie des membres de l'UE pour la solidarité. L'Europe est ainsi devenue peu crédible pour tous les peuples qui la composent et les contempteurs du libéralisme en tirent la conclusion qu'il est grand temps d'en finir et de se recentrer sur la nation. Ils en tirent aussi la conclusion que, par ses impréparations et son absence de cohésion, l'Europe tend à devenir un vassal des États-Unis et de la Chine.

Face au désenchantement de l'Europe, et à la prochaine domination de l'Asie, notamment de ses trois composantes que sont la Chine, l'Inde et l'Indonésie aux progrès fulgurants qui rappellent les conclusions funestes du livre d'Oswald Spengler- « *Le déclin de l'Occident* », c'est la nation qui est sollicitée. Une des conséquences majeures de cette crise aura été en effet le retour de la nation, laquelle se trouve replacée au centre du jeu politique dans chaque pays, chaque citoyen se rappelant soudain qu'il vivait dans un espace borné par des frontières qu'il fallait fermer quand la mort s'approchait. Toutes les sociétés humaines ont besoin d'une distinction claire anthropologique entre ce qui est interne et ce qui est externe à une communauté donnée. Un monde sans limites est un monde dangereux, car incontrôlé. Pour les antilibéraux, seul le capitalisme a pu inventer un monde sans frontières, car c'était son intérêt évident en termes de rentabilité et de profits.

Pour les opposants au libéralisme, face au virus, il n'y a plus de règlement communautaire qui tienne. Ils tiennent à souligner que le virus ne peut se propager que par la rencontre des êtres humains, et donc par des déplacements de personnes, et pour eux il est incompréhensible que le chef de l'État français ait pu affirmer au début de la pandémie que « *la régulation plus stricte des frontières nationales n'avait aucune utilité* », surtout au moment où chaque pays fermait ses propres frontières. Avec les frontières, la notion de nation est redevenue plus prégnante, plus évidente. C'est à ce seul niveau que s'exprime l'attachement des individus à une société où existe la vraie solidarité. « *À celui qui n'a plus rien, la patrie est son seul bien* », disait déjà Jean Jaurès et Ernest Renan affirmait aussi « *qu'une nation est une âme.* » En période de crise, et encore plus en période de guerre, les peuples, en quête d'unité, s'identifient toujours à la nation. Toutes ces idées enfouies dans la mémoire collective ont resurgi, et face à ce sentiment d'appartenance retrouvé, l'Europe est apparue alors dépassée, anachronique, immobile, car impuissante face aux intérêts contradictoires de chaque composante. La nation a alors repris un sens pour beaucoup de citoyens et ce n'est pas pour rien qu'on a entendu alors le ministre de l'Agriculture français exhorter à « acheter français », tout comme aussi Philippe Varin, président de *France Industrie*, déclarer qu'il fallait relocaliser l'industrie en France. Mais le retour au concept de nation dans une perspective antilibérale n'est nullement, comme on pourrait le croire, une contradiction ou un oxymore, c'est au contraire pour cette nouvelle frange d'opposants le moyen rêvé d'imposer des nationalisations, temporaires ou définitives, à des entreprises stratégiques en grande difficulté comme l'entreprise Renault ou Air France et de mettre un point final aux velléités de privatisations en cours comme celle d'ADP. Ces nouveaux antilibéraux en rêvaient depuis longtemps, mais les années écoulées dominées par l'éthique néolibérale ne s'y prêtaient pas. Ils sont d'autant plus encouragés à persévérer dans cette voie que la nouvelle parole présidentielle, pro libérale à ses débuts et très « *business friendly', '*est devenue fort interventionniste et sociale avec la pandémie. Les discours des temps de guerre ne sont pas les discours en temps de paix. Ce n'est d'ailleurs pas seulement l'intervention multiforme de l'État et une nouvelle vague de nationalisations que ces adeptes exigent désormais, mais aussi un contrôle des prix pour éviter une inflation des produits de première nécessité. Le laxisme ne peut exister en temps de guerre, on ne le tolère qu'en temps de paix, d'autant qu'en temps de guerre les prédateurs sont partout. Cependant, cette nouvelle stratégie pro nationale n'est nullement une vraie révolution sociétale, mais plutôt l'accentuation d'un mouvement déjà amorcé depuis des années avec la politique dénommée « *America first* » et avec le Brexit. La reconquête de la souveraineté économique, condition de l'indépendance sanitaire et alimentaire, redevient à la mode tandis que la théorie ricardienne des avantages comparatifs qui constituait le fondement théorique et la justification de la croissance vertigineuse du commerce international - croissance même supérieure à celle du PIB mondial- semble dépassée à jamais. Le monde ricardien n'existe plus.

Au-delà de la nation protectrice, c'est l'État qui est revenu au centre du jeu sociétal grâce à la pandémie alors que son rôle avait été fortement critiqué par les libéraux pendant plus d'un siècle. C'était déjà le cas en 2008 lorsque l'économie mondiale s'est écroulée. C'est à nouveau vrai aujourd'hui, car la pandémie a généré un cataclysme économique et social que seul l'État peut affronter. On est même arrivé avec l'instauration du chômage partiel à créer une forme de nationalisation des rémunérations, lesquelles, pendant quelques mois, seront payées à 84 % par l'État. Keynes n'aurait jamais osé aller jusque-là. En effet, c'est l'État seul qui peut organiser les principes de solidarité nationale de temps de guerre. C'est lui seul qui peut décider des priorités de production, lesquelles doivent s'imposer alors aux industriels et aux distributeurs. Cet effort de guerre ne peut être entrepris que par l'État, car lui seul en a les moyens. Ainsi, au cours de la pandémie, tout a dû être organisé dans l'urgence, car de nombreux salariés se sont retirés des secteurs essentiels, des agriculteurs ont manqué de bras, des maraichers privés de leurs débouchés essentiels que sont les restaurants ont jeté leur production tandis que les camions remplis à l'aller repartaient vides au retour contrairement aux règles élémentaires de rentabilité. C'est l'État qui s'est chargé de réorganiser le fonctionnement de la société, qui va en payer la note laquelle vraisemblablement s'élèvera à plus de 110 milliards d'euros. Le point important, selon les antilibéraux qui en rêvaient, est que partout l'État est revenu à la manœuvre et son rôle incontesté deviendra primordial à l'issue de la crise. Pour les antilibéraux, c'est le point fondamental : seul l'État peut sauvegarder les intérêts d'un pays en crise. C'est ce qu'avait dit Keynes.

Cette crise aura été aussi dystopique. Les inégalités entre nations sont redevenues ostensibles face à la propagation de la mort. Les nations de l'Europe en raison de leurs niveaux de revenu différenciés n'ont pas su se mettre d'accord sur l'unicité d'une stratégie de défense contre cette pandémie. Chaque pays a alors agi de façon autonome et dispersée. Mais les inégalités sont devenues ostensibles aussi à l'intérieur de chaque nation. On peut parler à cet égard d'inégalité de destin. Selon l'INSEE, en France, cette inégalité de destin est de plus en plus palpable puisqu'entre l'espérance de vie des 5 % les plus riches et des 5 % les plus pauvres, il existe une différence de 13 ans. Déjà, comme on l'a vu en France dès l'annonce du confinement, près de 1,2 million d'habitants d'IDF, souvent parmi les plus aisés, se sont évadés vers des cieux plus cléments, se souciant peu du destin de ceux moins fortunés qui restaient au cœur de la ville assiégée par le virus. Cette inégalité de destin a fortement mis en relief une classe sacrifiée de la population, celle des ouvriers et des agents d'exécution obligés de travailler sur les chantiers ou dans des usines malgré les dangers encourus ; ce groupe sacrifié s'est opposé à celui des cadres confinés, mais autorisés à travailler chez eux, et ce parfois dans des conditions matérielles enviables, notamment quand ils avaient réussi à s'installer dans leur résidence secondaire loin des foyers de l'épidémie. Cette réalité n'a fait que raviver l'imaginaire de la lutte des classes, une situation qui pourrait être le prélude à de nouvelles explosions sociales. Il est vrai qu'au niveau occidental, aucun pays n'était préparé à un tel choc sanitaire, chaque pays ayant accepté depuis longtemps - comme si c'était une loi de l'Histoire- de se dessaisir de certaines productions pourtant stratégiques au profit de l'Asie, et ce, sans aucun état d'âme et sans aucune visibilité de long terme. Les entreprises pharmaceutiques et médicales ont pendant plusieurs décennies délocalisé la production de nombreuses molécules de base dans les pays asiatiques sans se poser le problème d'un ravitaillement urgent de tous ces produits et équipements en cas de pandémie. La théorie libérale de réduction permanente des couts de production a servi de justification à cette migration consentie par les gouvernements occidentaux. Aucune vision de long terme n'est venue tempérer cette migration hautement dangereuse. Des prévisions de pandémie mondiale n'ont pas réussi à modifier la trajectoire de ces abandons successifs depuis une trentaine d'années. Des rapports sur l'éclatement probable d'une pandémie mondiale avaient été pourtant publiés. Déjà, dès 2003, le professeur Didier Raoult, dans un rapport remis au ministre de la Santé d'alors, avait prédit le chaos planétaire au cas où une pandémie généralisée se produirait et il préconisait déjà avec insistance l'obligation de s'y préparer. Ce rapport n'a pas été suivi d'effet. Le monde, les gouvernements et l'ensemble des entreprises mondiales ont préféré continuer de jouer au jeu fatidique du « *business as usual* ». Le pire est arrivé. Un peu partout, dans chaque pays, un système de santé plus ambitieux est à reconstruire sous l'égide d'un État stratège. Ceci impliquera aussi la résurrection de la notion de service public.

En effet, cette crise nous aura appris aussi qu'il ne saurait exister d'État résilient sans un service public fort, à commencer par un système de santé efficace et accessible à tous. C'est aussi une exigence forte des antilibéraux. Cela impliquera de repenser totalement l'organisation de notre société, de notre modèle de production et de consommation. D'autres ennemis invisibles et inconnus surgiront demain à coup sûr, suite à la déforestation intensive, au dégel inéluctable du lointain pergélisol, aux élevages intensifs facilitant la propagation des épidémies. Des systèmes de santé et d'éducation efficaces et inclusifs sont les clés indispensables de notre destin. C'est donc une phase nouvelle de reconstruction qui va s'ouvrir, une phase qui redéfinira aussi le contrat social qui a été galvaudé aujourd'hui. Au nom de la sécurité alimentaire, les peuples exigeront des États des investissements massifs dans la santé et l'industrie pharmaceutique, investissements à réaliser exclusivement sur leur propre territoire.

Comme au niveau de tout pays il est coutume de parler de sécurité militaire, de sécurité intérieure, on va être obligé désormais de parler de sécurité sanitaire nationale avec son corollaire, celui de l'établissement d'un protectionnisme sanitaire, ce qui implique à son tour un protectionnisme écologique. La relocalisation de certains centres de production stratégiques va s'imposer. Pour ce faire, des ressources financières énormes seront sollicitées, sommes que la plupart des pays seront obligés d'emprunter. Ce n'est déjà plus la phase 2 du « monde d'après », mais plutôt la phase 3 ou 4 de ce monde ultérieur qui se profile. Or, cet argent que l'on n'a pas devra faire l'objet d'emprunt. La BCE risque d'être sollicitée maintes fois sans qu'il soit précisé jusqu'à quelle extrémité elle est capable d'aller. Les antilibéraux pensent souvent que ses possibilités sont infinies et qu'en fin de compte les endettements des États seront engloutis par une création monétaire démesurée de la banque centrale. Le pacte de santé nationale prévaudra sur tout, même sur les équilibres budgétaires orthodoxes selon les tenants de la doxa antilibérale. Déjà, en France, le pacte de sécurité antiterroriste l'avait emporté sous la présidence de François Hollande sur le pacte de stabilité européen avec l'accord de tout le peuple. Une déstabilisation financière est devant nous, mais ce n'est pas le souci des antilibéraux.

Selon les adeptes antilibéraux, il faudra aussi tirer une autre leçon de cette crise : il va falloir réinterroger les fondements de la politique communautaire, notamment en ce qui concerne l'objectif de politique de concurrence pure et parfaite. Les antilibéraux n'en veulent plus. Cet objectif est rendu responsable, en France tout du moins, de l'affaiblissement de tout l'appareil industriel et de la désertification du territoire. Un tel désastre serait encore plus facilité par la disparition des frontières nationales. C'est ce dogme qui a interdit à chaque gouvernant de soutenir ses secteurs industriels avec de l'argent public, mais qui a permis d'accepter tout investissement tiers sans véritable recherche de réciprocité, un dogme qui autorisait de plus jusqu'ici l'importation de produits sans taxe compensatoire écologique ou sociétale. Les antilibéraux, face aux dégâts innombrables de la pandémie, et en conformité avec leurs idéaux keynésiens, sont des adeptes de plans de soutien massifs à l'économie. Ils ne sont pas hostiles au principe d'un nouveau QE (*Quantitative easing*), mais ils demandent que ces flux de monnaie artificiellement créés soient fléchés prioritairement vers les agents économiques les plus vulnérables, d'abord les ménages défavorisés et aussi les TPE/ PME modestes, afin de créer un « *quantitative easing for people* » et empêcher que ces ressources ne soient accaparées directement par les banques comme cela a été le cas en 2008. C'est là un point de rupture important avec les économistes libéraux : *« oui au QE, mais pas pour les banques.* ». L'abandon récent des dogmes maastrichtiens donne toute latitude aux antilibéraux pour encourager les gouvernements à créer d'énormes déficits budgétaires justifiés par les ravages de la pandémie. Ils rappellent que pendant la Seconde Guerre mondiale, les États-Unis ont consenti un déficit budgétaire de 12 % en 1942, de 26 % en 1943, de 21 % en 1944 et de 20 % en 1945. En conséquence, ils estiment que pareils exemples devraient être imités. Selon eux, le nombre vertigineux de morts liés à la pandémie est la conséquence indirecte de la politique de lutte contre les déficits orchestrée par la Commission. Repenser les normes comptables et budgétaires européennes s'impose désormais, selon eux.

De façon générale, la globalisation encouragée par l'idéologie néolibérale pose problème pour ces nouveaux critiques du libéralisme. On est allé bien trop loin et cela a fragilisé l'Occident et donc aussi la France. Pour eux, Il est grand temps de réaffirmer une souveraineté nationale sur des secteurs stratégiques, de relocaliser nombre de chaines de production et de privilégier absolument la régionalisation des échanges entre pays européens. C'est un défi que la France ne peut plus éluder pour demeurer une entité importante dans le concert des nations de demain. Être maitre de son destin doit l'emporter, pour certaines filières tout du moins, sur la stratégie unilatérale des couts minima. Des questions fondamentales vont se poser à l'Europe et donc à la France. Le modèle d'accélération croissante du commerce international, dont la progression est supérieure à celle du PIB mondial, va inévitablement être remis en cause, de même que les théories économiques qui lui ont servi de justification. La majorité des peuples n'en veulent plus et les entreprises devront désormais tenir compte de ces choix sociétaux qui s'imposeront à elles. L'après-crise ne pourra plus être la prolongation de la période d'avant. Ce sont les peuples qui décideront de l'orientation des économies et non plus certains responsables d'entreprise. La liberté d'entreprendre deviendra une liberté conditionnelle, car les peuples voudront maitriser leurs destins. Ils n'admettront plus que certaines décisions d'entreprises puissent contribuer à rendre plus vulnérable leur propre vie, ce qui peut se résumer ainsi : ce que l'homme a besoin de façon urgente pour sa survie ne peut se trouver dans des mains étrangères et lointaines. Déjà, les écologistes avaient tiré la sonnette d'alarme, au nom de la sauvegarde de la planète, en prônant une réduction drastique du commerce international. Après la pandémie, c'est en plus au nom de la souveraineté sanitaire de la nation que le commerce international devra être réorienté, et pour certains produits stratégiques, considérablement réduit. L'intérêt national va désormais prévaloir sur les échanges internationaux -jusqu'ici librement décidés par les entreprises- et sur les politiques de délocalisation. Cela impactera beaucoup de secteurs, comme la santé, le secteur militaire, l'énergie, l'eau, l'alimentation, ainsi que les technologies sensibles comme l'espace, l'informatique quantique et les données numériques. Une telle ambition doit être d'abord nationale, et sinon, européenne dans le cas de partage nécessaire de couts. Dans un monde dominé par la rivalité des deux hyperpuissances que sont la Chine et les États-Unis, rivalité qui pourrait aller un jour jusqu'au conflit militaire, il est indispensable que les pays européens, et donc la France, conservent la maitrise de leur destin. Ce projet n'est pas utopique.

La mondialisation heureuse est désormais derrière nous, comme l'est aussi l'image du « village mondial » prophétisé par Marshall Mc Luhan dans les années 1970. Il en va de même de l'utopie de Francis Fukuyama, exposée dans son livre « *La fin de l'Histoire et le Dernier Homme* », prophétie qu'il justifiait par l'uniformisation des marchés et les vertus du libre-échange. Cette thèse avait été déjà démentie par la violente crise de 2008, puis par l'effondrement tragique du Rama Plaza au Bangladesh en 2013 avec ses 1 200 morts. Pour les antilibéraux, il faut que la mondialisation cesse de progresser, la considérant comme un ogre qui dévore ses propres enfants. Elle était déjà affaiblie par la courant écologique, mais aussi par la montée irrésistible des salaires asiatiques, mais cette fois, selon eux, c'est au nom de la sécurité sanitaire nationale que cette nouvelle orientation doit se faire. La relocalisation des processus de production, la réindustrialisation de nombreux pays européens et l'avènement d'un protectionnisme sanitaire, social et écologique plaident dans ce sens. La parole présidentielle a d'ailleurs aussi profondément changé : « *Nous devons rebâtir notre souveraineté nationale et européenne* », tel est le nouveau slogan. Le choc risque d'être violent, car les gouvernements ont oublié que le destin pouvait être tragique et que leur premier devoir était de le maitriser pour préserver ses citoyens. Pourtant, bien avant la pandémie actuelle, de nombreux médicaments et équipements médicaux étaient déjà introuvables en France, mais personne ne s'en émouvait. Depuis dix ans les pharmaciens déploraient en France des ruptures continuelles de médicaments et selon l'Agence nationale de Sécurité du Médicament et des Produits de santé (ANSM) les tensions avaient été multipliées par 20 en dix ans pour atteindre 868 produits en tension en 2018. Pis, ce sont des molécules de base qui ont commencé à manquer, celles-ci étant fabriquées en Asie, cette situation devenant de plus en plus structurelle et intenable au fil des ans. Si à cette situation française dramatique on ajoute la politique inquiétante et à court terme de réduction de crédits budgétaires en matière sanitaire au niveau étatique, il n'est pas anormal que le pire soit arrivé. Ainsi, en six ans, près de 175 000 lits d'hôpitaux ont été supprimés. Les réductions drastiques de crédits budgétaires, la suppression de milliers de postes, la réduction de dépenses courantes et la diminution des investissements ont déstabilisé les hôpitaux publics, et ce particulièrement en France. Face à cette incurie, Michel Onfray a pu parler à cet égard de pays européens devenus des pays du tiers monde, des pays qualifiés de *NTM (Nouveau Tiers monde*) incapables de maitriser leur destin, car incapables de fabriquer un minimum de produits de protection indispensables à la vie de leurs citoyens. Il est clair que, pour justifier une si préoccupante situation, l'État français en a été réduit à des mensonges pendant plus d'un mois, comme l'inutilité pour les citoyens de porter un masque protecteur, contrairement à ce qui était proclamé au même moment dans les autres pays, la raison longtemps inavouée étant qu'elle n'en possédait pas.

Un risque démocratique est aussi à craindre. En effet, si les gouvernants refusent de dire toute la vérité sur l'impréparation des pays occidentaux, il est à craindre une défiance croissante envers les fondements de la démocratie. Nous allons assister à l'émergence d'un Nouveau Monde avec vraisemblablement un autre type de démocratie dont la pression sur les orientations du capitalisme contemporain sera énorme. C'est l'État et non plus les forces du marché qui va être plébiscité, un État qui prendra une place énorme dans certains secteurs stratégiques où l'intérêt, la souveraineté et l'indépendance de la nation jouent un rôle primordial.

Pour beaucoup d'antilibéraux, le moment est venu de repenser un Nouveau Monde. Nombreux sont ceux parmi eux qui pensent qu'il convient de faire une pause dans cette course effrénée pour la richesse. L'essayiste britannique David Goodheart a pu affirmer : « *Le coronavirus nous force à appuyer sur le bouton « pause » et à nous concentrer sur l'essentiel.* » Par ailleurs, les antilibéraux s'insurgent, suite à cette pandémie mortelle, contre ceux qui aujourd'hui parlent de réindustrialiser la France alors que ce sont les mêmes qui ont encouragé la désindustrialisation pendant des décennies, ceux qui ont manœuvré pour autoriser les politiques de vente d'*Alstom*, de *Technips*, d'*ADP* et bien d'autres. Ils vilipendent ceux qui pendant une trentaine d'années ont cautionné les stratégies de délocalisations des activités pharmaceutiques et paramédicales dont ils démontraient la rentabilité en termes de couts immédiats sans avoir à y intégrer le cout de risques futurs inéluctables. De nombreux intellectuels, militants associatifs et politiques de gauche sont persuadés que le modèle actuel, fondé sur la croissance économique et le libre-échange globalisé, s'effondrera. La crise du Covid-19 est pour eux l'occasion d'appeler à la refondation de notre modèle et d'opter pour des mesures jusqu'alors inenvisageables. Ainsi le député Adrien Quatennon a pu dire : « *Cette crise, c'est l'échec de ceux qui ont préféré le libre marché à l'État, la concurrence libre et non faussée à la coopération et l'entraide (...) Si on considère que ce que nous sommes en train de vivre n'est qu'une parenthèse, et qu'il faudrait s'évertuer à faire en sorte qu'après tout redevienne comme avant c'est vraiment qu'on n'aura rien compris.* »

Pour cela, les antilibéraux attendent beaucoup des interventions des Banques centrales censées inonder les marchés d'une vertigineuse quantité de monnaie rendue possible par les politiques accommodantes de « *quantitative easing* » *(QE)*, même s'ils sont conscients du fait que les gouvernants auront tout intérêt à camoufler leurs erreurs de pilotage de la pandémie dans une débauche d'argent salutaire pour eux. Ils y voient cependant un moyen de profiter de cette « débauche » de masse monétaire providentielle pour s'attaquer aux grands enjeux écologiques, à ceux de la santé et à celui des inégalités sociales. Ils rêvent d'un grand « *Plan Marshall* » appliqué à l'Europe sans pour autant en déterminer les moyens financiers colossaux à mettre en œuvre. Pour eux, la monnaie n'est qu'un instrument dont on peut abuser, les risques d'inflation et d'endettement de cette politique demeurant des risques secondaires et ils souhaiteraient que cette politique accommodante subsiste pendant plusieurs années.

Que restera-t-il demain des lois du marché dans un monde où les partisans de l'éthique sociale, de l'éthique écologique et de l'éthique sanitaire uniront leurs forces pour imposer un monde nouveau ? Déjà, se font entendre des voix qui placent le respect de la vie au-delà des forces du marché et qui proclament que la valeur suprême d'une société humaine n'est plus l'économie, mais le respect de la vie. Une nouvelle bataille idéologique est en marche.

CHAPITRE XIV

Si la vie n'a pas de prix elle a pourtant un coût selon les théoriciens libéraux, coût d'une pandémie sanitaire transformée en grave crise économique, comment alors sortir du chaos ?

« Il y a dans ce pays un universel laissez-faire, un universel laisser-aller. »
(Clemenceau)

« Si la société veut relocaliser plus, c'est possible, mais ce ne peut être une décision des seules entreprises, ce doit être un choix de société. »
(Carlos Tavares, président de PSA)

« Cette pandémie aura les pires conséquences économiques depuis la Grande Dépression de 1929. »
(Kristalina Georgieva, Directrice générale du FMI)

La vie n'a pas de prix, mais elle a un cout et la préserver aura couté beaucoup à l'humanité. La pandémie aura un cout effroyable et va précipiter le monde dans un chaos économique et social sans précédent. Privilégier la santé sur les profits est un impératif moral, mais détruire l'économie se retourne aussi contre l'homme. Il est paradoxal que la Chine qui a exporté le coronavirus dans le monde puisse être le pays qui risque de s'en libérer le premier dans des conditions acceptables eu égard aux autres nations. Certes, le choc de la pandémie planétaire a été d'abord un choc humain pour tous, y compris bien sûr pour les tenants du libéralisme, doctrine que beaucoup accusent d'être déshumanisée. Alors que l'on affirme partout que les sociétés occidentales étaient obsédées par le profit et le rendement, qu'elles étaient caractérisées par le primat de l'individualisme et du consumérisme, il est bon de rappeler que de nombreuses entreprises ont sacrifié leurs intérêts immédiats, dès mars 2020, pour protéger les populations en participant à l'effort collectif visant à endiguer la pandémie, modifiant même leurs chaines de production pour fabriquer les équipements sanitaires dont le pays manquait. Elles ont ainsi démontré que le libéralisme était attaché à la défense de la vie humaine et au patriotisme, quel que soit son cout.

Cependant, les libéraux se sont aussi préoccupés du cataclysme planétaire qu'il a provoqué et de ses conséquences économiques immédiates et lointaines. Si des correctifs d'envergure ne sont pas mis en place au plus vite au niveau international, une nouvelle grande crise pourrait éclater. Certes, la plupart des pronostics suggèrent une prolongation de la pandémie en dents de scie, de type « stop and go » ; dans ce cas, l'activité économique mondiale serait perturbée en permanence et on pourrait même assister alors à une crise de longue durée. Une telle crise peut inquiéter. En effet, la mortalité s'accroit et l'espérance de vie décroit terriblement dans les pays où une crise économique profonde et continue se manifeste. L'exemple de la Russie dans les vingt années qui ont suivi la chute du communisme en est le meilleur exemple. Le monde fait face à l'inconnu et les plus sombres précisions d'aujourd'hui pourraient être dépassées. En conséquence, tout en préconisant des mesures drastiques en matière économique, les libéraux n'en expriment pas moins une profonde compassion envers les dizaines de milliers de vies foudroyées au niveau mondial par le coronavirus. Cependant, l'émotion passée, l'économie :a fini par reprendre ses droits, mais l'économie doit changer.

Faut-il pour autant retourner aux préconisations du *Club de Rome,* lequel, en 1972, dans son célèbre rapport, intitulé « *La limite de la croissance* » recommandait déjà de freiner la consommation au nom de la préservation de la vie sur notre planète ? Certains y ont vu les prémisses de la pensée écologique contemporaine, reprise même par les membres actuels de la *Convention citoyenne du climat* dont une des conclusions est la condamnation de tout encouragement à la surconsommation sur tous les panneaux publicitaires de France, toujours au nom de la conservation de la planète, comme l'avait fait le Club de Rome. Cette manière malthusienne d'appréhender l'évolution du monde mérite débat, mais son application sans discernement entrainerait automatiquement un recul de la croissance mondiale que certains pays développés pourraient certes surmonter, mais absolument pas les pays émergents dont le revenu chuterait entrainant pour leurs peuples un retour de la misère séculaire. Pour éviter cela, il faudrait prévoir alors un transfert colossal de ressources du nord vers le sud, ce qui apparait peu plausible dans les circonstances actuelles d'économies déstabilisées et de guerre commerciale.

Parmi les réflexions et les propositions de changement de paradigmes, il faut citer :

- l'économie mondiale fait face à la fois à une crise de l'offre et de la demande et c'est pour cela que la crise va être difficile à traiter. En effet, il va falloir à la fois renforcer l'offre, et donc la production complètement dévastée, mais aussi la demande, ce qui passe par le rétablissement de revenus décents pour l'ensemble des ménages.

- une remise en question de l'approche à très court terme du fait économique sans aucune vision à long terme susceptible d'éclairer l'instant présent ; la quête de la rentabilité à court terme et la recherche permanente du profit ne peuvent plus être considérées comme des stratégies gagnantes dans tous les secteurs de l'économie.
- une révision de la pertinence du commerce international dans certains secteurs et une condamnation de certains de ses excès dont la Chine a d'ailleurs su profiter est à entreprendre. Pendant plus de vingt ans, la Chine a profité du tropisme aveugle des pays occidentaux qui, par leurs investissements et leurs transferts naïfs de technologie, mais aussi par manque évident de vision à long terme, ont contribué à accélérer le leadership mondial de ce pays.
- la prise en compte des préoccupations écologiques mises en lumière par la pandémie mondiale, préoccupations qui s'ajoutent à celles du dérèglement climatique, ne peut plus être éludée. Même s'il est difficile d'adhérer à la formule opportuniste mise en avant par certains écologistes selon laquelle « *le nom de coronavirus est le nom de dérèglement du monde* », il n'en reste pas moins vrai que ce facteur a joué dans la propagation de l'épidémie.
- une révision des dogmes budgétaires qui excluent aujourd'hui toute considération de long terme et aussi toute prise en compte de facteurs socio-économiques structurels est aussi à entreprendre. Une flexibilité doit être instaurée en fonction de la conjoncture.
- une refondation obligatoire de la fonction hospitalière : s'il est évident que le système américain de santé publique s'est avéré incapable de faire face à la pandémie, on peut le dire aussi du système NHS britannique, faute de moyens et d'effectifs suffisants. Les gouvernements britanniques conservateurs au pouvoir depuis plus de dix as n'ont jamais voulu fournir les fonds nécessaires pour le maintenir en état. Pour des raisons idéologiques, les gouvernements successifs envisageaient de privatiser le système progressivement ; une vente de secteurs entiers du système à des compagnies d'assurances américaines avait été secrètement envisagée. La pandémie a obligé le gouvernement actuel à abandonner ces perspectives et à soutenir les besoins défaillants du NHS. En France, depuis Nicolas Sarkozy, l'objectif majeur de la stratégie des dépenses publiques a été de réduire les dépenses de l'État en prétendant pouvoir les rendre plus efficaces ; on a inventé alors la « *révision générale des politiques publiques* » (RGPP) incluant des indicateurs de performance. À partir de ce moment-là, l'hôpital a été géré un peu comme une entreprise et les patients sont devenus des clients, avec une stratégie de nombre de parts de marché et de minimisation des couts justifiant à la fois une réduction des lits mis à disposition dans les hôpitaux et des économies d'effectifs. Tout ceci s'est apparenté à un pilotage essentiellement financier avec tarification à l'activité

(T2A), certaines activités moins nobles étant sous-tarifées. Il est clair qu'un système hospitalier qui avantage les pathologies donnant droit à des actes bien rémunérés en ignorant les autres ne peut plus être toléré. C'est donc toute la mission des services hospitaliers qui est à revoir. Cela implique d'abord un investissement massif de l'État, l'abandon d'une stratégie d'actes inutiles et surtout une refondation de la gestion hospitalière dont l'objectif devrait être : «*juste soin au moindre cout, mais pour toutes les pathologies* ».

– un retour indispensable de certaines activités industrielles sur le sol national au nom de la souveraineté nationale impliquant le rejet des dogmes de Francis Fukuyama sur le caractère homogène et paisible de l'économie mondiale. L'Allemagne, qui pour l'heure fait figure de leader économique européen, peut notamment compter sur la plus grosse usine, en dehors des États-Unis, du leader mondial de la fabrication de masques de protection et sur plusieurs leaders européens en matière de respirateurs, auxquels les autorités fédérales ont commandé à la mi-mars plus de 16.500 appareils. L'avance de l'Allemagne a été fulgurante dans cette pandémie. Ainsi, les hôpitaux germaniques comptent déjà 6 lits pour 1.000 habitants, ratio deux fois supérieur à celui qu'aligne la France avec 3,1 lits pour 1.000 habitants. De plus, l'asymétrie des performances industrielles entre les deux pays est devenue très forte. Sur les dix plus grandes régions industrielles en Europe, sept sont en Allemagne, deux en Bulgarie et une en Grèce. La France a complètement disparu de la cartographie industrielle du continent. Sans industrie notoire il n'y a pas de vraie souveraineté nationale.

Il n'est pas inutile de rappeler à cet égard la dialectique développée par le philosophe Hegel selon laquelle l'esclave à qui le maitre a ordonné la production de nombreuses tâches matérielles au point de devenir indispensable crée un lien de dépendance en sa faveur : le maitre devient en quelque sorte son esclave. Cette allégorie peut être extrapolée à l'ensemble de l'Occident. En effet, suite à une naïveté stupéfiante, l'Occident a cru se libérer de la couverture de besoins essentiels en matière sanitaire et alimentaire en confiant cette responsabilité à d'autres pays ; ce faisant, il a fini par perdre son indépendance et sa souveraineté. Il en paye aujourd'hui le prix fort redonnant à la thèse d'Hegel toute sa vigueur. La souveraineté des nations ne saurait se vendre ou s'acheter. Cela n'est pas seulement vrai pour la sphère sanitaire, mais aussi pour la sphère alimentaire. Certains pays asiatiques, dont le Vietnam, ont arrêté unilatéralement l'exportation de leur riz pour réserver la totalité de leur production à la couverture des besoins nationaux. La Russie a fait de même pour l'exportation de son blé au premier trimestre 2020.C'est toute la théorie ricardienne du commerce international qui est réduite à mal.

Tout d'abord, les théoriciens libéraux ne peuvent ignorer l'ampleur des désastres économiques et financiers qui sont désormais devant nous, d'autant qu'il va falloir à la fois rétablir à la fois et à des niveaux élevés, l'offre (production) et la demande (consommation), toutes deux dévastées, si on veut diminuer le chômage. La crise du coronavirus va laisser une empreinte profonde sur les économies et va susciter de nombreuses questions dont certaines, comme celle de la pertinence de la forte croissance permanente du commerce international, ont déjà été posées par les écologistes. Il faudra des années pour mesurer toutes les conséquences de la crise. La chute immédiate du PIB mondial est d'une ampleur sans précédent depuis 1945, vraisemblablement de l'ordre de 3,5 à 4 %, peut-être de 6 % selon *Unicredit* . La France connaitra en 2020 sa plus forte récession, soit, au plus bas mot, une diminution minimale du PIB de 8 %, un déficit budgétaire de 9 % et un endettement de 114 % (uniquement pour le budget de l'État) selon les derniers calculs du ministre des Finances. Des rebonds sont certes possibles comme l'ont monté Singapour et la Corée du Sud, mais ces rebonds sont conditionnels et non automatiques. Ainsi, l'Allemagne après une chute de 66 % de sa production à la fin de la Seconde Guerre mondiale a connu juste après ce qu'on a appelé « son grand miracle » avec une croissance de 12 % pendant dix ans. Tout dépendra aussi du rebond ou du recul du commerce international, la croissance de certains pays étant fortement corrélée à ce dernier. On sait que les opposants au libéralisme feront tout pour le réduire. Certains de leurs arguments sont cependant recevables. Tout dépendra aussi de l'ampleur des relances nationales, car pendant un certain temps c'est Keynes qui va régner en maitre sur les économies mondiales. Il faudra donc de nombreuses conditions et un certain temps pour renouer avec la croissance qui ne pourra être que lente compte tenu du chaos mondial engendré par cette grave pandémie.

Dans les faits, la grave crise sanitaire va être suivie par des conséquences économiques incalculables. Jusqu'ici le cout d'une pandémie était proportionné au nombre de morts. Cette fois, le cout s'en éloignera de beaucoup, car c'est l'économie mondiale qui a été frappée en plein cœur, et de plus, jamais une épidémie n'avait provoqué de krach boursier majeur.

En effet, les conséquences économiques de la pandémie de coronavirus devraient être cataclysmiques pour de nombreuses économies. C'est à la fois une crise majeure de l'offre en raison de la destruction de nombre d'entreprises de par le monde, mais aussi une crise de la demande compte tenu de l'ampleur du nombre de salariés au chômage dans tous les pays. L'offre et la demande devront redémarrer en parfaite syntonie pour éviter tout dérapage dangereux. D'après l'Organisation internationale du travail *(OIT),* le monde fait face à la plus grave crise du marché de l'emploi depuis la Seconde Guerre mondiale, car 1,25 milliard de travailleurs pourraient être touchés. Sur cinq actifs dans le monde, quatre sont déjà au chômage. L'Organisation mondiale du commerce (*OMC)* a rappelé aussi que des « secteurs entiers des économies nationales ont été fermés » ou

« directement touchés » par l'arrêt de l'activité. Elle a calculé que dans le meilleur scénario le recul des échanges internationaux en volume serait de 13 %, mais que dans une version pessimiste cette activité s'effondrerait d'un tiers. La machine à produire s'est donc vite grippée dans le monde entier. Le blocage de la consommation qui représente 29 % de la demande de la planète a réduit les échanges, notamment en Chine ou en Allemagne où les exportations représentent respectivement 20 % et 48 % du PIB, augmentant ainsi la récession mondiale. La rétraction du PIB mondial sera certainement plus forte qu'en 2008. La COFACE (*Compagnie française d'assurance pour le commerce extérieur*) s'attend de son côté à une augmentation de 25 % des défaillances d'entreprises dans le monde.

Mais il existe, de plus, un risque d'une deuxième vague de contaminations comme celle constatée à Singapour et à Hong- Kong après la levée des restrictions. Un second confinement mondial alors obligatoire entrainerait une seconde récession au second semestre, avec un double creux de l'activité. Ce même scénario est à craindre aussi en cas d'absence de ralentissement saisonnier des taux d'infection. Une reprise de type L est peu probable, et il convient de privilégier une lente reprise sous forme de U au fond très aplati ou même de W en cas de fluctuations permanentes de la pandémie qui montrerait une évolution répétée de « *stop and go* ». L'incertitude sur l'évolution future de l'économie est donc très grande et dépendra du nombre de nouvelles vagues de pandémie, vraisemblablement probables dans l'état des connaissances scientifiques actuelles.

Contrairement aux autres grandes crises planétaires et notamment à celle de 2008 qui avait vu les gouvernements intervenir pour soutenir à la fois l'offre et la demande au niveau mondial afin de relancer l'activité économique de chaque pays, nous nous trouvons aujourd'hui dans un scénario inverse. En effet, pour lutter contre la pandémie, il a fallu d'abord confiner les populations au maximum, arrêter nombre d'activités non essentielles et accepter de faire baisser au maximum le PIB. Jamais un tel processus dans une économie moderne n'avait été initié. Plus le PIB sera bas, plus cela constituera une preuve que le confinement a réussi, plus ce sera un signe que la pandémie est sous contrôle et que l'économie peut redémarrer. Ce n'est que dans une seconde phase que se posera la problématique de la relance de la production de chaque pays. Comme l'affirmait le prix Nobel d'économie 2008, Paul Krugman, *« la mesure du succès actuel de la politique sanitaire c'est de faire baisser aujourd'hui le PIB.* ». Cependant, dans un premier temps, les drames économiques vont se multiplier avec des faillites et un accroissement du chômage. À tout cela s'ajoute l'instabilité du cours du pétrole, le manque d'approvisionnements, la réduction des échanges, phénomènes constituant un cocktail explosif au niveau mondial.

Il faudra aussi juger de la violence de la pandémie par les conséquences qu'il peut avoir sur la fragilité du secteur bancaire. En 2008, c'est la crise du secteur bancaire qui s'est transmise à l'économie réelle et a provoqué son effondrement. Cette fois, c'est le processus inverse qui pourrait se produire, à savoir que le secteur bancaire risque d'être la victime de l'effondrement du système économique. En effet, les banques seront pénalisées en cas de nombreuses faillites ; or, en cas de faillite, les créanciers perdent de l'argent et les créanciers, dans ce cas précis, seront les banques. Ce scénario inverse à celui de la crise de 2008 risque pourtant d'aboutir aux mêmes conséquences, à savoir : explosion de la dette pour les économies française, européenne et mondiale. Pour empêcher ce scénario apocalyptique, il s'est avéré impératif de soutenir dès le départ de la crise les acteurs économiques afin d'éviter que s'amorce une réaction en chaine, car au bout de la chaine se trouve l'épargne des ménages qui pourrait être alors menacée. Sauver les banques c'est aussi sauver l'épargne des ménages pour éviter d'avoir à répéter la calamiteuse ponction que la République de Chypre avait opérée en 2013 sur les comptes des particuliers présentant des avoirs de plus de 100 000 euros. Déjà, les bilans des instituts de crédit font apparaitre des provisions importantes pour faire face à cette éventualité. C'est pourquoi les quatre plus grandes banques américaines ont provisionné, dès le mois d'avril 2020, 24 milliards de dollars.

Les Bourses du monde se sont également affaissées et depuis le 1er janvier jusqu'au 31 mars 2020 elles avaient perdu en tout 18 000 milliards de dollars de capitalisation. La Bourse de Paris, de son côté, avait perdu un quart de sa valeur. L'indice VIK de volatilité des cours, surnommé aussi « indice de la peur » y a atteint des sommets inégalés. Aux USA, le marché du *T Bond*, le plus sûr du monde, s'est lui-même fortement grippé.

Déjà, en Afrique, peu préparée à ce tsunami, la pandémie pourrait créer une hécatombe ; elle s'y prépare, d'autant que dans de nombreux pays le confinement n'est pas possible, car l'eau n'y est pas toujours facilement accessible. De plus, beaucoup de pays dépendent des matières premières dont les prix s'effondrent, ce qui diminue les ressources pour lutter contre la pandémie. Par ailleurs, on y assiste à une forte fuite de capitaux et à une dépréciation des monnaies génératrices d'inflation. La maitrise de la pandémie sur ce continent ne peut dépendre que de financements externes. L'ONU réclame 2 500 milliards de dollars pour les pays pauvres via une réallocation et un élargissement des droits de tirage spéciaux du FMI ainsi qu'un allégement de leurs dettes sur le modèle de ce qui avait été organisé après la Seconde Guerre mondiale pour l'Allemagne. Mais, si l'Afrique n'est pas aidée, il est inévitable que puissent se créer alors des « réservoirs de maladie » qui ne manqueront pas à leur tour de se retourner vers les pays riches. C'est une sorte de cercle vicieux potentiel qui risque de se produire.

La Chine qui se glorifiait en avril 2020 d'avoir vaincu le virus va aussi connaitre une réduction drastique de sa croissance fixée désormais à 2,3 %, mais que certains instituts estiment à 0,1 % dans le cadre d'un scénario noir, chiffres à comparer au taux de 6,1 % pour l'année 2019. Un ralentissement brutal est bel et bien annoncé, même si des mesures de relance ont été prises comme la réduction du taux de refinancement à sept jours ou l'émission d'obligations spéciales pour soutenir l'économie, le déficit budgétaire devant atteindre quand même 6,3 % en 2020. Les entreprises majeures avaient en avril 2020 largement repris leur activité, mais ce n'était pas le cas des petites et moyennes entreprises qui souffraient encore des conséquences de la pandémie. Mais, pour le gouvernement, l'enjeu suprême reste l'emploi. Il faut garder en tête que le pouvoir chinois tient sa légitimité de sa capacité à protéger sa population et à améliorer son niveau de vie. La lutte contre le chômage est donc au centre des politiques chinoises de 2020. Rien ne sera facile pour le pouvoir chinois, même s'il pense avoir gagné la bataille de l'opinion publique mondiale.

Les États-Unis ont aussi été violemment frappés par le coronavirus, entrainant la fermeture de très nombreuses entreprises, et faisant exploser le chômage outre-Atlantique. Après plus de 9 ans de solides créations d'emplois, l'économie américaine a été stoppée nette par le coronavirus. Le taux de chômage devrait dépasser les 14 % (alors qu'il n'était que de 3,5 % en février 2020) et la récession, transformée en dépression, pourrait entrainer une chute du PIB de 4 à 5 % en 2020 (voire de 10,80 % selon *Unicréd*it) et un déficit budgétaire de 15 à 20 %. Pour retrouver les niveaux de performances du début 2020, il faudrait attendre l'année 2022. Les marchés financiers se sont effondrés et la liquidité y avait disparu au début de la crise, créant le risque d'un emballement des faillites et des licenciements. Par ailleurs, il est paradoxal pour ce pays où la part des dépenses de santé dans le PIB s'élève à 18 % et représente le pourcentage le plus élevé des pays développés que la pandémie ait pu occasionner tant de ravages. L'analyse montre cependant que la plus grande partie de cette ressource sert avant tout à financer des laboratoires et les compagnies d'assurances et non le système de santé.

En Grande-Bretagne, un million de personnes ont demandé l'allocation chômage nationale tandis que l'Espagne a enregistré une hausse de 300 000 demandeurs d'emploi. La croissance devait y chuter de 12 à 30 % au deuxième trimestre 2020. Ce choc est assimilé à une dépression comme dans les années 1930 et non plus à une récession comme en 2008, année où le PIB avait pourtant reculé de plus de 8 % au dernier trimestre.

La France, où le PIB a chuté de 6 % au premier trimestre 2020, comptait début mai 2020 près de 700 000 entreprises fermées et 13 millions de salariés en chômage partiel sur 29 millions d'actifs, leur prise en charge devant dépasser 25 milliards d'euros pour les finances publiques. Le recul de croissance annuelle annoncé par le Ministère des Finances était estimé à 8 % en 2020, mais certains instituts plus pessimistes l'ont établi à 10 % (et même à 13,8 % selon *Unicrédit)* ; le déficit budgétaire de l'année 2020 devait être au moins de 9 % et l'endettement du seul État de 115 % *(*hors endettement des collectivités régionales, départementales et communale*s).* Tous ces chiffres sont susceptibles d'évoluer dans le mauvais sens. Le déficit de la Sécurité sociale devrait s'élever de son côté à 41milliatds d'euros. Selon plusieurs sources, il est prévu une augmentation de faillites de l'ordre de

15 % pour 2020. Face à ce cataclysme, le gouvernement a mis sur pied un plan de relance de 110 milliards d'euros, le plus élevé de ces cinquante dernières années. La situation française est paradoxale. On se félicitait en effet il y a peu de la décrue du chômage attribuée à l'assouplissement du droit de travail et voilà que 84 % des salaires de 13 millions de salariés du secteur privé vont être réglés par l'État, de sorte que l'on peut parler d'une nationalisation des rémunérations de ces salariés. Dans la « start-up nation », les entreprises, quelle que soit la taille, ne doivent aujourd'hui leur survie que grâce à l'aide de l'État. Tous les paradigmes fondateurs du quinquennat actuel ont été inversés. Une totale refondation s'impose. Alors qu'il s'agissait d'assainir les finances publiques, l'État devra désormais sa survie au gigantesque flux de liquidités provenant d'instances communautaires diverses, liquidités que peut-être la France ne remboursera jamais entièrement. L'économie française ne connaitra pas de reprise en V. Son redressement sera en effet lent et chaotique. En effet, le déconfinement sera progressif et malheureusement, de nombreux secteurs d'activité demeureront durablement en récession. À commencer par le tourisme, l'hôtellerie, la restauration, l'événementiel, sans oublier le transport aérien, mais aussi le luxe ou encore l'automobile.

« *Nous sommes en guerre* » est un slogan présidentiel qui implique une conséquence : tous les conflits armés ont entrainé une explosion de dépenses publiques, le plus souvent financées par endettement. Certes, l'orthodoxie financière voudrait que ce soient les recettes budgétaires qui augmentent, comme ce fut le cas aux États-Unis avec Woodrow Wilson en 1916 ou en France avec Joseph Caillaux en 1914, deux exceptions dans l'histoire de l'humanité. Augmenter les impôts dans un tel contexte ne peut que diminuer la demande effective et retarder le rebond. Ce n'est pas la solution. La dette est malheureusement la solution, une dette dont le remboursement pose problème, car tout remboursement, même partiel, implique auparavant un redémarrage de la croissance. Or, comment relancer la croissance si une partie des entreprises se retrouve dans une situation de faillite ? De nombreux problèmes restent à résoudre.

Pour les économistes, le premier problème à régler est celui de la liquidité. Sans liquidité, il n'y a plus de vie économique, plus de paie possible dans les entreprises, plus de traite à rembourser, plus de crédit à octroyer, plus d'avoir à recevoir. Par ailleurs, les échanges internationaux ont aussi besoin de liquidités pour financer les chaines de valeur mondiales. Sans liquidités il n'y aurait alors plus de marché. Le premier rôle des Banques centrales a été donc d'éviter cette paralysie mortifère. Les Banques centrales ont vite endossé dans le monde cette responsabilité permettant à l'économie de fonctionner et d'éviter une dépression. Elles ont aussi partagé cet objectif avec un autre devoir aussi impérieux : éviter toute crise de dettes souveraines susceptibles de mettre des États en faillite. Et pourtant, depuis treize ans, elles n'ont fait que cela puisqu'elles ont déjà fait passer leurs actifs d'un triton d'euros chacune à plus de 5 trillons et même à 7 trillons pour la FED. Alors elles ont continué ! C'est pour cela que bilan de la FED s'est accru de 1 000 milliards de dollars en seulement quinze jours alors que celui de la BCE a atteint le chiffre absolu de 5 250 milliards d'euros, soit 45 % de l'ensemble du PIB de la zone euro. Les Banques centrales ont essayé d'aller le plus loin possible dans leurs prérogatives comme on va le voir. Les sommes ainsi consenties ou à consentir sont énormes. Cependant, il ne fait aucun doute que pour préserver la vie au cours de la pandémie c'est la monnaie que l'on a dû encore sacrifier : le risque est que l'abondance monétaire soit telle tout d'un coup que ni le capital ni l'épargne n'y résisteront.

Pour souscrire à leurs objectifs, financer les nouvelles stratégies de QE, les planches à billets vont fonctionner à plein régime sous forme de jeux d'écriture par lequel l'institut d'émission achète des titres financiers, des dettes d'État et des titres d'entreprise qu'il gardera dans son bilan. Les États libérés d'une partie de leurs fardeaux peuvent ainsi financer sans grande difficulté leurs déficits. Le problème est que de telles pratiques ont eu dans le passé des succès mitigés et le Japon s'y adonne d'ailleurs chaque année, sans effet notoire sur sa croissance, mais sans provoquer non plus jusqu'ici la moindre protestation intérieure ou extérieure. Par ailleurs, il n'y a pas de limite théorique directe à l'endettement d'un pays si ce n'est en comparant son niveau à celui du PIB. C'est avant tout la confiance que le reste du monde porte sur la qualité des paramètres économiques d'une zone ou d'un pays qui est le censeur suprême. Tant que la confiance existe, une zone, un pays peuvent continuer à s'endetter. Cependant, on peut se poser la question de savoir que peuvent devenir ces milliards de dollars ou d'euros dans des économies qui ne décollent pas ou peu.

Il est intéressant de voir comment la FED d'un côté, et la BCE de l'autre ont rempli cette mission.

La FED a vite ramené ses taux directeurs à zéro, dans les faits entre 0 et 0,25 %, niveaux les plus bas depuis 2008, mais elle n'a pas voulu imiter la politique des taux négatifs de la BCE ce qui limite l'efficacité de sa stratégie. Elle a annoncé le 23 mars 2020 vouloir racheter sans limites toutes sortes de créances publiques ainsi que des créances d'États américains, de collectivités locales et d'entreprises privées, ce qui correspond en pratique à un QE illimité. Le rachat de créances privées par la FED a été une innovation importante, elle ne l'avait pas pratiqué auparavant. Au départ, son intervention était limitée à 1500 milliards, mais avec des rachats d'actifs illimités, elle pourrait atteindre 4 000 milliards de dollars, ce qui permettra de soutenir au moins à hauteur de 300 milliards de dollars « *le flux de crédit aux employeurs, aux, consommateurs, et aux entreprises.* » De toute façon, avec lucidité et humilité, Jérôme Powell, président de la FED, a averti qu'une Banque centrale ne pouvait pas tout faire : « *Les Banques centrales ne peuvent pas tout faire, elles peuvent traiter les problèmes de liquidité à court terme, et calmer le stress sur les marchés. Mais elles ne peuvent éviter les défaillances d'entreprises ou de pays émergents.* ».

En raison de ses statuts, la BCE, contrairement à la FED, a comme seule mission la lutte contre l'inflation dans la zone euro. Elle a accepté néanmoins de sortir du champ légal de sa mission pour soutenir l'économie de la zone. Ce faisant, elle a cependant abandonné le levier de la politique des taux, lesquels avaient été ramenés de -0,4 % à -0,5 %, en octobre 2019. Elle ne pouvait aller plus loin de peur de fragiliser les banques. Privée de cette arme que Mario Draghi avait utilisée jusqu' aux ultimes retranchements, la BCE n'a pu alors agir que sur le volume de la masse monétaire à injecter dans les circuits économiques. Elle a d'abord déçu, en injectant seulement 120 milliards supplémentaires dans son programme d'aide initial, mais elle a rectifié le tir le 19 mars 2020 en annonçant l'achat d'actifs à hauteur de 750 milliards d'euros (rachat de dettes publiques et privées), ce QE pouvant être étendu « autant qu'il le faudra ». En ajoutant d'autres mesures, sa capacité d'intervention a été ainsi portée à 1 000 milliards d'euros sur l'année, soit près de 10 % du PIB de l'Europe. La BCE a déclaré ne pas hésiter, si nécessaire, à activer d'autres leviers (notamment, rachat de titres plus risqués) pour faciliter l'accès au crédit ainsi que la solvabilité des États et des entreprises européennes. Cette intervention a été jugée exemplaire malgré sa première décision très timorée. En 2008, en pleine crise des *subprimes*, il avait fallu attendre quatre ans jusqu'en 2012 pour que Mario Draghi déclare son « *whatever it takes* .» Peut-être la BCE a été cette fois plus réactive en raison de la forte pression des États - dont elle est pourtant indépendante- et du pathos engendré par la situation sanitaire gravissime en Europe. Elle a aussi prévu un troisième TLTRO (ou « *Opérations de refinancement de long terme* » appelées aussi « *Targeted Longer-Term Refinancing Operations* ») de 2 000 milliards d'euros, les banques pouvant lui emprunter à -0,75 % si elles redistribuent cet argent aux entreprises et aux ménages.

Pourtant cette force de frappe de 1000 milliards d'euros mise en place par la BCE n'est pas à la hauteur des enjeux nationaux. Si on s'en tient à la somme de 750 milliards d'euros mise à disposition de la zone euro par la BCE, zone dont le PIB agrégé est de l'ordre de 12 000 à 13 000 milliards d'euros, on s'aperçoit que ces 750 milliards représentent une somme relativement faible ne permettant même pas de financer l'ensemble des dépenses qu'un État comme la France doit engager pour prendre à sa charge les dépenses de ses ménages et de ses entreprises pour plus de quatre semaines alors que la paralysie du système de production, même si elle n'est pas complète, est au moins de l'ordre de deux mois. Avec quelle ressource pourra alors être engagée la reprise qui s'en suivra ?

Les Banques centrales ne peuvent donc pas tout. Il en résulte que leurs mesures d'urgence ne peuvent amortir la dépression actuelle que si les gouvernements prennent à leur tour des mesures budgétaires exceptionnelles. Ce fut une obligation pour le gouvernement américain, mais aussi pour les gouvernements de la zone euro.

C'est ainsi que le Congrès a décidé d'un plan de soutien à hauteur de 2 200 milliards de dollars, soit entre 9 % et 10 % du PIB américain, plan gigantesque supérieur à celui de 2008, le plus important de l'histoire américaine, prévoyant, entre autres, l'envoi de chèques de 1 200 dollars aux ménages, un guichet de 350 milliards de dollars aux petites et moyennes entreprises, un pool d'aides aux grandes entreprises de 500 milliards de dollars, une aide aux États et municipalités de 500 milliards, et 150 milliards d'aides aux hôpitaux. Les interventions de la FED et du Congrès auxquelles s'ajoutent de nombreuses contributions moins importantes s'élevaient à la mi-avril 2020 à 6 200 milliards de dollars, ce qui constitue une force de frappe gigantesque jamais égalée dans le monde.

La somme des budgets nationaux européens appelés en appui de l'intervention de la BCE n'a jamais atteint le montant dont bénéficiera l'économie américaine. Pis, ces ressources budgétaires se sont avérées structurellement insuffisantes pour de nombreux pays, même si la Commission avait autorisé les dérapages budgétaires. L'Italie avait prévu au début de la crise un plan de soutien de 3,6 milliards d'euros qui a été vite dépassé pour devenir 25 milliards d'euros, soit 1,8 % du PIB. La France avait prévu au départ 45 milliards d'euros, soit 2 % de son PIB qui ont été finalement plus que doublés pour atteindre 100 milliards d'euros, voire 110, engendrant un déficit budgétaire de 9 % minimum et une dette de 115 %. L'Allemagne, malgré sa règle d'or budgétaire, a prévu un plan de 156 milliards d'euros financés par emprunt, soit 5 % de son PIB, et autant en aide à la trésorerie, ce qui correspond à un effort sans précédent depuis la guerre. L'Espagne, de son côté, a prévu un plan de 200 milliards d'euros. Malgré l'effort budgétaire consenti, ces augmentations de dépenses budgétaires n'ont pas été suffisantes ; c'est pourquoi les mécanismes d'aides de la zone euro ont été aussi sollicités. Rien ne s'est pourtant passé comme espéré. C'est même une guerre fratricide qui a été déclenchée entre les pays membres de la zone euro. La zone euro a alors été loin de donner la preuve de son unité alors que « la maison brûlait ». En effet, les pays de la zone euro les plus lourdement touchés par la pandémie sont ceux dont l'endettement est déjà le plus lourd et ce sont eux qui ont appelé à l'aide : tout d'abord, l'Italie, l'Espagne et la France, auxquelles se sont joints l'Irlande, la Belgique, et le Luxembourg. Ces pays ont appelé à une mutualisation des emprunts ou à défaut à une augmentation des budgets communautaires. Ils se sont heurtés au refus des pays vertueux, ceux du Nord, y compris de l'Allemagne. Pourtant, le temps pressait. Comme le disait Jean Monnet, « *l'Europe n'avance que dans les crises.* ». Une enveloppe de 1000 milliards d'euros avait même été évoquée par Guntram Wolff, directeur de *l'Institut Bruegel*. Mais, dès le départ, les pays du Nord se sont heurtés aux pays du Sud. La bataille désormais classique entre les pays « frugaux » et les pays « dépensiers » n'a cessé de s'amplifier.

Deux types de mécanismes financiers ont été évoqués, mais n'ont jamais obtenu de consensus, car correspondant à des conceptions difficilement partageables :

- La stratégie d'émission d'*eurobond*s, appelés cette fois « *coronabonds* » mise en avant d'abord par l'Italie, pays le plus affecté par la pandémie a été reprise par l'ensemble des pays du Sud. Il s'agit d'émissions d'obligations communes à long terme, à bas taux d'intérêt, permettant d'obtenir d'importantes ressources utilisables par tous les États, Il est clair que les pays du Nord, à commencer par l'Allemagne et les Pays-Bas, ont refusé catégoriquement une telle stratégie, car leurs garanties seraient engagées alors qu'ils n'auraient pas de contrôle sur les dépenses de chaque pays. De plus, pour être opérationnelle, cette stratégie devrait être véhiculée par une organisation ad hoc, ce qui est une autre pierre d'achoppement. Cette mutualisation aveugle des dettes n'a jamais été acceptée par l'Allemagne ; on se souvient de la phrase d'Angela Merkel : « *Tant que je serai en vie, il n'y aura pas de mutualisation de dettes* », ce mécanisme n'étant possible, d'après elle, que si une plus grande intégration communautaire devait exister. En effet, la garantie allemande serait appelée pour chaque obligation garantie alors que l'Allemagne ne pourrait pas dire un mot sur la politique économique des pays concernés. Les raisons de ce refus ont été résumées de façon humoristique par la boutade suivante : « *On ne confie pas sa carte de crédit à quelqu'un qui ne sait pas contrôler ses dépenses.* »
- À l'opposé, les pays « frugaux » auraient voulu recommander l'usage plus contraignant du « *Mécanisme européen de stabilité* » *(MES)* ° qui est un véritable fonds de sauvetage de la zone euro créé en 2012 lors de la crise des dettes souveraines, pour ne plus avoir recours au FMI en cas de naufrage financier d'un pays de la zone euro. La Bundesbank est en faveur de ce mécanisme plus respectueux des finances allemandes. La force de frappe de ce fonds est de 410 milliards d'euros mobilisables à tout moment pour venir au secours d'un pays de la zone. Mais l'octroi de cette aide implique une contrepartie, celle de la mise en œuvre par le pays bénéficiaire d'une politique d'austérité drastique. Les pays frugaux sont prêts à utiliser cette arme à double tranchant, mais il est évident que les pays du Sud y sont opposés, au premier chef, l'Italie, car ce serait accepter la mainmise de pays tiers sur l'économie du pays bénéficiaire ; par ailleurs, seule une part de ce trésor de guerre pourrait être débloquée soit 200 milliards d'euros environ.

Ces deux stratégies extrêmes repoussées chaque fois par un des deux camps ont permis cependant d'explorer une troisième voie, celle d'un plan de soutien économique qui a fini par l'emporter suite à des négociations d'une grande violence. C'est le 09 avril 2020 qu'un compromis pour sauver la face a été trouvé au niveau des 19 pays de la zone euro, loin cependant de la stratégie des « *coronabonds* » que les pays du Sud voulaient imposer. L'*Eurogroupe* a finalement accepté des mesures équivalant à la mise à disposition immédiate de 500 milliards d'euros, s'ajoutant aux efforts des budgets nationaux, ce qui représente un montant global de 2000 milliards d'euros. On est loin cependant des sommes que les États-Unis engageront contre la pandémie et l'inévitable récession. Mais un tel compromis cache mal les divergences de richesse économique respective entre les pays du Nord et du Sud. Il a même fallu recourir au chantage et l'Italie n'a pas hésité à brandir le spectre d'un « *Italexit* ». La perspective de voir la troisième puissance économique européenne, derrière l'Allemagne et la France, membre du G7, quitter la zone euro a engendré une forte dose d'incertitude sur le destin de l'Europe.

La question brûlante de l'émission de « *coronabond*s », n'a pas été tranchée. Le texte final de l'accord évoque un futur « *fonds de relanc*e » dont les aspects juridiques et pratiques, notamment son financement, doivent encore être définis. Autant dire que le sujet est renvoyé aux calendes grecques. De façon plus détaillée, l'*Eurogroupe* a tout de même arrêté trois décisions. En premier lieu, il a été créé un « *coronaguichet* » spécial et rapide. Une ligne de crédit jusqu'à 240 milliards d'euros a été ouverte, mais elle a été limitée à 2 % du PIB pour chaque pays. Son but a été d'octroyer des ressources suffisantes pour faire face aux dépenses liées à la pandémie. Les prêts, qui sont certes accordés à un faible taux d'intérêt, ne sont pourtant pas sans condition. Les pays débiteurs devront se soumettre à une supervision européenne. En deuxième lieu, un fonds de garantie de 200 milliards d'euros destinés aux PME a été conçu et devait être géré par la Banque européenne d'investissement (BEI). Enfin, un fonds de 100 milliards a été institué pour soutenir le chômage partiel au sein de la zone euro. À cette occasion, la solidarité européenne a été à nouveau ébranlée. On a bien évoqué une cible lointaine de 1 000 milliards d'euros au titre d'un éventuel plan de soutien final dont seulement 500 étaient effectivement disponibles immédiatement. En réalité seuls ces 500 milliards immédiatement disponibles ont fait l'objet d'un accord non équivoque. S'y ajouteront, peut-être, les 500 milliards du plan de relance prévu mi-mai par l'accord franco-allemand si les pays frugaux (hors Allemagne) l'acceptent, ce qui n'est pas gagné. Ils accepteraient des prêts remboursables, mais pas des subventions.

Certes, les pays du Sud ont réussi à activer tous les mécanismes européens qui pouvaient l'être, mais leurs besoins financiers étant énormes, ils se sont sentis frustrés. Pourtant, aucun des mécanismes financiers communautaires ne peut avoir un effet illimité. La BCE ne peut pas tout et les mécanismes d'entraide de la zone euro ne sont pas infinis. Cela pourrait se terminer mal. En effet, la Cour constitutionnelle allemande, mécontente des largesses de la BCE, laquelle en soutenant à bout de bras l'économie de la zone a transgressé ses obligations légales, vient d'exiger que la Banque centrale prouve le bien-fondé de sa politique de soutien budgétaire aux États de l'Europe du Sud. C'est une très mauvaise nouvelle pour l'Italie, dont les titres de dette viennent d'être classés un cran seulement au-dessus de la catégorie spéculative « *junk bonds* ». Le tribunal de Karlsruhe a exigé, si des justifications n'étaient pas apportées, que la Banque centrale allemande cesse d'ici à trois mois d'acheter des emprunts d'État de la zone euro pour le compte de la BCE. Sauf, ont précisé les juges, si cette dernière était bel et bien en mesure de prouver que ces rachats de titres de dette souverains étaient justifiés. Dans le cas contraire, la Bundesbank serait obligée de cesser son programme d'achats de titres. La guerre est déclarée au niveau de la zone euro.

Les antilibéraux, au contraire, veulent que la BCE puisse aller encore plus loin. Certains souhaiteraient que la BCE annule les dernières dettes liées au covid-19 ou bien que ces dernières ne soient plus prises en compte dans les calculs des niveaux de la dette publique demandant que cette exclusion soit perpétuelle. D'autres enfin imaginent de transférer directement de la monnaie de la BCE aux États sans créer de dette, ce qui rendrait la dette insoutenable, créant une explosion du système monétaire européen. D'autres prônent tout simplement une annulation de toutes les dettes détenues par la Banque centrale. C'est en particulier la revendication de Gaël Giraud, directeur de recherche au CNRS. Simple à mettre en œuvre, une telle mesure créerait absolument un véritable tsunami au niveau mondial et une perte de crédibilité de la zone euro. Il est peu probable que les pays vertueux du nord l'acceptent et cela pourrait entrainer une scission définitive de la zone euro et une résurgence inflationniste. Il est vrai que le QE de la dernière décennie n'a pas eu jusqu'ici d'effet inflationniste, car la monnaie alors créée a été aspirée principalement par les marchés financiers et les marchés immobiliers. Mais quid de l'avenir ? L'inflation pourrait bien aussi provenir cette fois de problèmes de taux de change et de relations tendues entre Banques centrales des deux côtés de l'Atlantique. Cela peut se produire si, par exemple, la FED devait réduire son bilan alors que la BCE, au contraire, continuerait une politique accommodante en créant encore des euros qui alourdiraient son bilan : alors la monnaie commune serait dépréciée et on pourrait assister à une inflation importée. Rien n'est impossible.

Comme de telles mesures paraissent impensables, il faudra donc recourir à des méthodes plus classiques de la part des États, notamment celle du rééchelonnement des échéances sur une longue période, ce qui impliquera des lancements d'emprunts permanents. Jean Tirole, prix Nobel d'économie, a émis de son côté l'idée d'une souscription obligatoire des banques à de nouvelles émissions de bons du Trésor à des taux plus bas que l'inflation, mais cela suppose l'existence d'une aisance financière du système bancaire, ce qui n'est pas prouvé. D'autres ont émis l'idée que les grandes fortunes du pays puissent prêter de 4 à 5 % de leur patrimoine à l'État sous forme d'un grand emprunt obligataire de 7 à 10 ans sans intérêt.

Il n'empêche que ces débats remettent au premier plan le dilemme qui pèse sur la zone euro depuis la crise de la monnaie unique, il y a dix ans, entre pays riches et pauvres de la zone euro, notamment en ce qui concerne la mutualisation des dettes. Aujourd'hui, la dette italienne, proche de 2 400 milliards d'euros, est insoutenable. Elle atteindra 180 % du PIB fin 2020.Et comme elle est insoutenable, l'Italie a comme unique stratégie de demander une mutualisation des dettes, ce que les pays riches de la zone euro ne peuvent accepter, surtout sans aucune condition. La restructuration de la dette va pourtant finir par s'imposer, d'abord pour l'Italie, peut-être pour d'autres pays de la zone dits dépensiers. Mais alors la gouvernance économique de ces pays échappera à ces derniers, ce qui créera d'autres turbulences, politiques cette fois.

Une chose est certaine : le monde sera plus endetté que jamais. Selon *l'Institute of International Finance*, la dette mondiale globale, privée et publique, a déjà bondi entre 2017 et 2019 de 150 000 milliards de dollars à 252 000 milliards, auxquels vont s'ajouter tous les emprunts levés de par le monde pour lutter contre la pandémie. La dette des États est passée pendant cette période de 32 200 à 69 200 milliards, soit de 58,2 à 88,3 % du PIB mondial, et ne peut qu'augmenter avec la pandémie.

Certains ont imaginé qu'un recours à une stratégie d'inflation volontaire pourrait être une voie possible. En effet, pour lutter contre l'endettement, l'Histoire nous a enseigné qu'il fallait parfois avoir recours à l'inflation, une inflation consentie par l'État. Rembourser une dette avec de la monnaie dévaluée est un procédé qui a souvent été utilisé dans le passé au niveau des États. Le désendettement par l'inflation souvent dénommé « *répression financière* » consiste à attribuer impérativement à la rémunération de l'épargne un taux inférieur à celui de l'inflation. Les États-Unis ont pratiqué ainsi entre 1950 et 1953, l'endettement du pays étant passé de 130 % à 80 % du PIB. Mais comment la BCE dont la mission essentielle est de protéger la zone euro de l'inflation et d'assurer son équilibre financier pourrait-elle admettre une telle stratégie ?

La seule solution lucide est de ne plus attendre de secours nouveaux de la part de la BCE, laquelle a atteint ses possibilités maximales d'intervention pas plus que des mécanismes communautaires. Le moyen le plus noble et durable pour faire baisser le ratio endettement/ PIB est toutefois de faire augmenter le PIB, ce qui implique le retour à une politique de forte croissance. L'Allemagne devrait servir d'exemple. Entre 2006 et 2019, son PIB a progressé de 40,7 % contre 24,7¨ % pour la France. Le décrochage de la France est énorme, mais de plus, comme l'Allemagne a relativement mieux traversé la pandémie que la France, cet écart ne pourra que s'accroitre, faisant de la France, si rien n'est fait, une sorte de satellite de facto de la puissante économie allemande. Pourtant, entre 1950 et 1970, pendant les *Trente glorieuses* correspondant à la période de reconstruction, le pays a connu une croissance de 5 % l'an avec un chômage, appelé à l'époque chômage résiduel, de l'ordre de 100 000 personnes. C'est donc la voie royale qu'il faut emprunter. C'est dans cette perspective qu'il faut replacer les dernières propositions du patronat français du 13 avril 2020.

Pour le « patron des patrons » Geoffroy Roux de Bézieux, « *il faudra bien se poser tôt ou tard la question du temps de travail, des jours fériés et des congés payés pour accompagner la reprise économique et faciliter, en travaillant un peu plus, la création de croissance supplémentaire.* » Il est évident qu'il va falloir remettre le facteur travail au centre du débat politique. Il n'y aura pas de relance possible sans que le travail ait été réhabilité en France.

Sur le plan économique, Il faut revenir aux fondamentaux. L'État doit certes être réhabilité pour assumer certaines fonctions économiques et sociales indispensables à la vie de la nation. En temps de guerre économique, le rôle de leader lui appartient. Cependant, en temps de paix, le problème est de savoir s'il faut « *plus d'État* » ou au contraire « *mieux d'État* ». Les libéraux pensent qu'il faut avant tout « *mieux d'État* ». Il ne faut pas oublier que les adversaires du libéralisme voudraient faire de la planche à billets de la BCE un atout permanent permettant à tout État de la zone euro de dépenser un argent qui se démonétiserait au fur et à mesure de sa création. Ainsi seraient alors financés sans peine les budgets colossaux de la transition écologique, ceux de la santé publique, ceux de l'éradication des inégalités sociales et ceux de tous les dysfonctionnements sociétaux. Mais alors que resterait-il de nos économies ? De plus, la BCE n'a pas été créée pour cela. Pour la France, l'avenir reste cependant très sombre. Elle ne retrouvera son niveau de PIB de la fin 2019 qu'en 2026. D'ici là, compte tenu de faillites inéluctables, le taux de chômage devrait augmenter vers des niveaux inconnus pouvant aller jusqu'à 14 %, ou pire. Le cygne noir est devant nous.

CHAPITRE XV

La nécessaire reconquête des souverainetés nationales et le devenir du commerce international

« L'Occident est épuisé et l'heure est venue de la globalisation aux caractéristiques chinoises. »

(Journal « *Global Times* » de Pékin, avril 2020)

L'Occident a failli. En abandonnant une grande partie de ses activités les plus vitales pour son indépendance et sa souveraineté à la Chine, et accessoirement à l'Inde, l'Occident a été dans l'incapacité de porter secours à ses citoyens en détresse. Le bilan mondial de plus de 250 000 morts début mai 2020 est la conséquence directe de cette lourde faute stratégique de l'Occident. Les nations ne sont pas mortes comme auraient pu le laisser entendre encore il y a quelques années les fidèles de Francis Fukuyama. Ce dernier a essayé de nous faire croire que la fin de l'Histoire était arrivée, que les nations avaient perdu leur raison d'être et que la finalité de l'existence humaine était devenue le marché mondialisé dont les forces incontournables devaient être nos futurs repères. Certains néolibéraux l'ont encensé. Ils ont eu tort. Cette argumentation a en grande partie failli, force est d'observer les faits. Il ne s'agit pas pour autant de se replier sur soi, car la mondialisation a été un vecteur de prospérité.et un mode de partage de richesses, mais l'appartenance à une communauté reste toujours le seul moyen de protection en cas de crise et la notion de souveraineté nationale ne s'effacera pas pendant longtemps, car un monde sans frontière est un monde dangereux pour les peuples, à commencer pour les plus faibles .Certains évoquaient déjà une gouvernance mondiale comme si le monde entier était déjà soumis aux forces d'un marché mondialisé. Des marchés comme seul idéal des peuples ?

La Chine grâce à l'immensité de son marché potentiel et à la modicité temporaire de ses couts a constitué un appât sans précédent pour un capitalisme occidental mu uniquement par des perspectives de profits à court terme. Ce n'est pas pour rien que l'Occident insouciant y a sanctuarisé depuis plus de trente ans certaines de ses activités vitales pour sa souveraineté et sa survie, profitant de l'effet d'aubaine immédiate et sans se soucier de ce qui pourrait bien survenir à long terme « dans le monde d'après ». L'Occident a laissé par ailleurs prospérer la stratégie des « routes de la soie » qui, sous couvert d'une ambition pacifique, était en fait une manœuvre d'encerclement de l'Occident et un moyen de le concurrencer sur le plan commercial. En développant son plan pharaonique des « nouvelles routes de la soie » la Chine avait promis au monde un scénario « gagnant-gagnant ». Or, cette mondialisation à la chinoise se traduit par un sinistre d'ampleur mondial « perdant-perdant », car le régime chinois a refusé de prendre en compte des éléments sanitaires et épidémiologiques cruciaux. Le reste du monde pourrait avoir le droit de demander des comptes, mais la Chine en raison de son statut de puissance se refusera à un tel compromis. Alors qu'elle a bénéficié de transferts scientifiques de l'Occident, elle a refusé d'aider les laboratoires occidentaux dans leurs recherches et rejeté une enquête de l'OMS à Wuhan. Il ne restera plus au reste du monde que d'essayer de réduire drastiquement sa dépendance à ce pays, ce qui prendra du temps et ne sera pas facile. Cette crise marque aussi la fin du leadership mondial des États-Unis qui n'exercent plus le rôle qu'ils s'étaient attribué au XXe siècle, celui du leadership mondial. Le rôle clé dans la déstabilisation de ce système a été joué par la montée en puissance de la Chine. Le retard avec lequel l'OMS a alerté la communauté internationale sur le risque de pandémie ne fait que confirmer la dépendance de cette institution vis-à-vis de Pékin. Un désordre multipolaire a succédé à l'ordre bipolaire d'autrefois.

Ce faisant, la Chine a eu vite fait de s'approprier très rapidement le savoir-faire occidental, d'autant qu'elle a été peu regardante sur le respect des brevets internationaux, renforçant ainsi ses atouts industriels pour l'avenir. Elle est ainsi devenue leader d'industries de pointe, notamment dans le domaine pharmaceutique, et ce, par la faute même de l'Occident qui lui a confié ses secrets. Ainsi, alors qu'il est patent que la pandémie du coronavirus est née sur son sol et qu'elle avait ainsi toutes les chances de s'attirer l'opprobre des autres pays, la Chine a réussi à renverser la situation et à apparaitre comme une nation modèle qui aura réussi la première à maitriser la pandémie, mais aussi le pays de référence pour conseiller les autres nations contaminées à leur tour. L'impréparation de l'Occident a redonné une chance de leadership inouïe à la Chine qui, suite à cette épreuve, est devenue plus imposante, face à un Occident en déroute, et particulièrement face à une Amérique considérablement affaiblie qui ne pense plus qu'à elle-même et qui se retire progressivement du monde. Certes, sa perte d'activité au premier trimestre 2020 aura été énorme, mais elle escompte un rebond en cours d'année pour atteindre une faible croissance annuelle de 2,3 %, au moment où tous les autres pays connaitront un recul de leur PIB. Elle a profité de cette aubaine pour porter secours à tous ses adversaires, au premier chef les démocraties européennes, incapables, faute de moyens suffisants, d'endiguer rapidement la pandémie. Le chantage a été cependant de rigueur et l'importance de l'aide accordée a tenu compte de la position de chaque pays à l'égard de la technologie

Huawei relative à la 5G. Face à l'Amérique qui se retire du monde et à une Europe affaiblie, la Chine a désormais un boulevard devant elle pour asseoir son hégémonie mondiale. Comme l'affirmait le journal « *Global Times* » de Pékin en avril 2020, « *l'Occident est épuisé et l'heure est venue pour une globalisation à la chinoise.* » C'est presque un cri de guerre. La Chine essaye de mettre en place désormais « une route de la soie sanitaire » avec les pays qui acceptent sans limites son aide, comme l'Italie et les ex-pays PECO. Avec ses réserves financières considérables, un potentiel industriel hors norme, elle pourra racheter, d'abord en Europe, des entreprises en faillite ou mal en point. C'est un marché d'opportunités qui s'ouvre devant elle. Le coronavirus aura servi ses intérêts géostratégiques, comme la Seconde Guerre mondiale avait servi ceux de l'Amérique en 1945. La Chine s'attend à un découplage entre son économie et celles du reste du monde, car ses exportations seront désormais menacées, ce qui limitera à son tour les importations. Elle bénéficiera toujours d'une certaine croissance et donc d'une longueur d'avance par rapport aux autres pays. Mais si sous couvert d'une nécessaire relocalisation d'usines nombre d'entreprises étrangères doivent quitter le pays, un problème de chômage massif pourrait vite apparaitre et présenter un nouveau défi pour le pouvoir et l'ordre social. C'est son défi majeur, car jusqu'à maintenant le régime n'a tenu que par la politique de plein emploi que lui permettait sa forte croissance.

Avec les affres de la pandémie a resurgi le procès de la mondialisation outrancière visant à abolir les frontières nationales supposées appartenir à un autre âge, au « Vieux Monde ». C'est ce que préconisait avec force Francis Fukuyama. La croissance de la mondialisation va être ralentie, mais certains flux d'échanges, considérés comme avantageux ou vitaux pour deux partenaires, subsisteront. D'ailleurs, s'il en fallait une preuve, la Commission européenne n'a nullement l'intention de dénoncer les accords de libre-échange entre l'UE et respectivement le Canada, l'Amérique du Sud et le Japon. La Commission ne reviendra pas en arrière. Début mai 2020 elle vient même de terminer les négociations de libre-échange avec le Mexique. Les échanges commerciaux seront loin d'être morts, comme l'escomptaient un peu trop vite les écologistes. D'ailleurs, tout n'était pas mauvais dans la mondialisation et les échanges internationaux subséquents : les consommateurs occidentaux ont longtemps profité de prix favorables. De plus, nombre d'économistes s'accordent sur l'idée que ce sont les volumineuses importations de produits chinois à prix cassés qui ont brisé les tendances inflationnistes en Occident. En d'autres termes, si l'Occident ne connait plus d'inflation, ce serait grâce à la Chine.

Déjà malmenée dès 2008 par ceux qui lui reprochaient d'avoir fomenté la grande crise financière, vilipendée par les tenants d'une écologie pure et dure l'accusant, comme on l'a vu, de contribuer à accroitre l'effet de serre, la mondialisation est aujourd'hui accusée d'avoir propagé la pandémie ayant causé 350 000 victimes en raison de l'incapacité des pays occidentaux à rapatrier rapidement sur leur sol national les produits et équipements pharmaceutiques et médicaux qui auraient pu sauver des dizaines de milliers de vies humaines. Certes, l'Allemagne qui avait fortement préservé son tissu industriel, en particulier dans le domaine pharmaceutique et paramédical, n'a pas connu la débâcle française. L'Allemagne n'a jamais abdiqué la fabrication de tous les composants pharmaceutiques pas plus qu'elle n'avait renoncé à la production des équipements de protection (gants et masques). En 2019, pour le secteur pharmaceutique et paramédical, les échanges de l'Allemagne avaient dégagé un excédent de 20 milliards d'euros tandis que pour cette rubrique le solde correspondant de la France était nul. Il ne faut pas s'étonner que pendant la pandémie, la France ait été dans l'obligation de demander le secours permanent de l'Allemagne en matériel, en équipement respiratoire et en lits disponibles. Comme souvent dans de nombreux domaines, l'Allemagne avait préparé une stratégie de défense contre la pandémie, contrairement à la France. Si par millier d'habitants la France a eu environ cinq fois plus de morts que l'Allemagne dans cette pandémie, il faut en chercher la cause dans l'organisation sanitaire des deux pays et le degré fort différent de préservation de leur tissu industriel, notamment dans le domaine pharmaceutique et paramédical. Cette douloureuse pandémie aura creusé encore plus l'écart entre les performances économiques des deux pays, comme le signale le FMI qui prévoit une récession moindre en Allemagne.

Dans les faits, la crise du coronavirus a permis la prise de conscience de l'erreur stratégique ayant conduit de nombreux pays, dans les années 1990, à abandonner une large part de leur souveraineté en matière de médicaments à la Chine et à l'Inde, créant par ailleurs sur leur propre territoire un désert industriel qui a contribué à ruiner les économies occidentales et à paupériser des millions de citoyens. Amérique et Europe en tête ont ainsi cédé aveuglément à la Chine une part importante de leur souveraineté en matière de fabrication de médicaments et d'équipements médicaux vitaux à la vie et à la survie de leurs populations. Ainsi la Chine est actuellement « l'usine de production » de plus de 80 % des principes actifs utilisés par l'industrie pharmaceutique, de 80 à 90 % des matières premières qui constituent ces ingrédients actifs et d'une part « substantielle » de la production de médicaments « finis ».Le manque criant de médicaments essentiels en Europe, et particulièrement en France, est devenu tellement primordial que le gouvernement français a été obligé de laisser passer un décret le 3 avril 2020 spécifiant le fait suivant : « *En cas d'impossibilité d'approvisionnements en spécialités pharmaceutiques à usage humain, des médicaments à usage vétérinaire à même visée thérapeutique peuvent être prescrits en milieu hospitalier.* » Tandis que la guerre des masques faisait rage, avec des cargaisons raflées au prix fort sur le tarmac, celle des médicaments s'est avérée bien pire. De ce fait, suite à de nombreuses fermetures d'usines en Chine au premier trimestre 2020, les hôpitaux occidentaux, et notamment français, se sont ainsi retrouvés complètement démunis pour livrer bataille à la pandémie. Pour 86 % des hôpitaux en

Europe, la question des pénuries est alors devenue un sujet de préoccupation quotidien en ce qui concerne les anti-infectieux et les anticancéreux, suivis de près par des médicaments d'urgence, de réanimation, ainsi que des produits de cardiologie et les anesthésiques selon un rapport de *l'Académie nationale de pharmacie de France*. Il est prouvé aussi que l'Europe ne produit plus un gramme de paracétamol. Rien que pour les États-Unis, 97 % des antibiotiques sont fournis par la Chine. C'est un véritable défi lancé à l'Occident. Il s'avère aujourd'hui que cette perte de souveraineté est ressentie comme une aliénation de l'indépendance des nations occidentales et une cause essentielle de leur désertification industrielle.

Cette situation de pénurie qui s'est avérée vitale pour la survie de la population occidentale a poussé enfin les gouvernements et les chefs d'État à réfléchir à une diversification et à un rapatriement des lignes de production des secteurs pharmaceutiques, médicaux et paramédicaux, brisant ainsi les forces du marché qui étaient à l'origine des choix initiaux. On ne peut éloigner géographiquement, sous peine de dangers évidents, les populations et les moyens thérapeutiques nécessaires à leur survie. Avoir toléré pendant des décennies une telle organisation est hautement condamnable. Certes, depuis quelques années, on observait déjà le rapatriement timide de quelques entreprises pharmaceutiques concernant la « chimie fine » fabriquant des principes actifs. Mais ces relocalisations étaient plus que modestes et surtout peu caractéristiques d'un mouvement de fond. En ce qui concerne la France, Bruno Lemaire, ministre des Finances, n'a pas eu tort d'affirmer : « Nous *ne pouvons pas continuer à dépendre à 80 %, voire à 85 %, de principes actifs de médicaments produits en Chine ; cela serait irresponsable et déraisonn*able. » Pis, les ruptures de stock concernent exclusivement les médicaments les moins rentables financièrement malgré leur utilité thérapeutique essentielle, les laboratoires préférant se concentrer sur de nouvelles molécules plus rémunératrices, mais pas plus efficaces.

Ces « menaces » à la souveraineté économique des pays développés peuvent avoir pour origine des multinationales, mais aussi des gouvernements, sujets à leur lobbying continu. Pendant longtemps, la vulgate du libéralisme triomphant consistait à affirmer que ce concept de souveraineté nationale était dépassé. Il n'en est rien si on en juge l'ampleur des réactions qui se sont opérées pendant la pandémie. Ainsi, au nom de la souveraineté de tout pays, d'autres productions éparpillées dans le monde devront être aussi rapatriées sur le sol national ou sur le territoire de l'Union. En ce sens, rapatrier une filière sur le sol national ou européen est sensiblement équivalent en termes géopolitiques. Compte tenu des économies d'échelle, la création d'une filière dans l'UE permettant de couvrir et sécuriser les besoins des pays de l'Union est certainement une bonne solution en termes de couts de production. Cependant, l'Allemagne et la Corée du Sud ont démontré déjà leur autosuffisance dans des secteurs essentiels.

Les filières stratégiques à rapatrier sur le sol national ou sur celui de l'UE dépassent largement celles de la pharmacie et de la médecine au sens large. Il en va ainsi d'activités comme l'aéronautique, le spatial, l'automobile l'informatique, la sécurité, l'armement. Il faut y ajouter aussi la filière alimentaire, donc agricole. En effet, des pays comme le Vietnam, mais il n'est pas le seul en Asie dans ce cas, ont interdit l'exportation du riz, préférant consacrer sa production aux besoins nationaux, obligeant les pays importateurs à trouver d'autres sources d'approvisionnement. La Russie a fait de même pour son blé pendant le premier semestre 2020. Le critère décisif à considérer pour un rapatriement est celui du pourcentage de la dépendance vis-à-vis de l'étranger (est étranger, dans cette optique, tout pays extérieur à l'UE). Si cette dépendance vis-à-vis de l'étranger dépasse 70 à 80 %, alors la relocalisation de la filière est souhaitable, voire indispensable. C'est certes une stratégie de moindre risque, mais c'est aussi une opportunité économique. En effet, trop longtemps le facteur cout-compétitivité a dicté la carte mondiale des implantations industrielles. Mais, aujourd'hui, l'écart de cout se réduit d'autant plus vite que les salaires augmentent en Chine et en Inde. Par ailleurs, avec le respect de normes plus nombreuses en termes de qualité et d'environnement, les couts de fabrication augmentent dans ces pays, réduisant ipso facto le différentiel initial de cout. Ce sera encore plus vrai si une taxe carbone est prélevée aux frontières de l'UE. C'est ainsi que les *Laboratoires Sanofi* vont devenir le numéro deux mondial des principes actifs en regroupant six de ses onze usines et son siège sera établi en France. Défendre les secteurs stratégiques avait déjà inspiré certaines politiques gouvernementales françaises. En 2014, cette protection avait pris une autre forme. L'État avait imposé un contrôle strict des investissements étrangers dans des entreprises françaises stratégiques dans le domaine de la défense, de la sécurité, de l'eau, de l'énergie, des transports, de l'information et de la santé publique, en se donnant un droit de veto. Le but était déjà de protéger ces fleurons stratégiques même si le décret n'a pas été utilisé.

En matière énergétique, l'énergie nucléaire tellement décriée par les écologistes pourrait prendre sa revanche. Certes, le nucléaire devrait passer de 70 % à 50 % dans le mix énergétique français d'ici 2035, mais il assure à la France d'être maitresse de sa production d'électricité avec en plus une sécurité certaine d'approvisionnement. Il se stocke facilement et bénéficie de sa forte concentration. Ces atouts, en plus de l'indépendance énergétique qu'elle confère à la France, sont importants à l'heure où les panneaux solaires contiennent des composants provenant de terres rares dont la Chine a le quasi-monopole et dont l'extraction décriée est une entorse aux principes de l'écologie.

Réduire la mondialisation pour mieux renforcer la souveraineté nationale ou européenne qu'on avait négligée ne veut cependant pas dire démondialiser ou arrêter tout commerce avec l'étranger. Cela veut encore moins signifier se replier ou pratiquer un protectionnisme lequel impliquerait d'autres motivations, souvent plus agressives envers le reste du monde.

Protéger la souveraineté nationale correspond à un objectif noble en termes d'éthique et en termes d'efficacité comme le démontre le désarroi des nations occidentales démunies face à la pandémie du coronavirus. La prise en compte de l'indépendance et de la sécurité d'une nation sont des critères qui doivent trouver leurs lettres de noblesse dans la science économique de demain.

Mais il ne faudrait pas généraliser. La croissance des pays développés implique des importations multiples qui, tant qu'elles ne remettent pas en cause la souveraineté nationale, concourent à la croissance de toutes les nations. Importer est donc dans de nombreux cas une politique nécessaire et utile à la croissance de chaque pays. La mondialisation s'avère donc nécessaire même si l'écologie doit nous apprendre dans des cas bien précis à en réduire l'ampleur, notamment en matière de distance à parcourir et en matière de « circuit court » à privilégier, ce qui n'est pas condamnable. Les critères écologiques et sanitaires doivent tout simplement contribuer à limiter et à canaliser la mondialisation de demain. D'ailleurs, on doit se souvenir que, déjà, dans tout traité d'échange commercial ont toujours prévalu des clauses de sauvegarde et des restrictions à l'exportation qui se justifiaient par des circonstances exceptionnelles qui n'ont jamais posé problème. C'est ce qui se passera de façon plus systématisée avec les nouveaux critères écologiques et sanitaires.

Rapatrier des activités délocalisées sur le sol national n'est pas du tout une stratégie antilibérale, comme le pensent certains. Cette stratégie est tout à fait compatible avec la doctrine libérale et peut se rentabiliser aisément en établissant un environnement favorable au développement des entreprises rapatriées ou à créer- ce qui est du ressort des pouvoirs publics-, et en abaissant certaines taxes comme celles qui frappent aveuglément la production. En effet, les gains de compétitivité sont les meilleurs antidotes à la délocalisation. Rapatrier des entreprises n'est pas nécessairement négatif dans l'optique libérale, ce phénomène pourrait constituer au contraire un nouvel élan dont les retombées peuvent être positives pour tous.

Entre la relocalisation de certaines activités qui s'impose désormais aux yeux de toutes les opinions publiques occidentales et le maintien en l'état des délocalisations pour d'autres filières non stratégiques existe une troisième voie, celle de la diversification des sources d'approvisionnement, notamment dans les pays émergents. Au lieu de dépendre d'un seul pays pour un type d'approvisionnement de produits, il conviendrait de décider de ne plus dépendre d'un seul pays, mais de plusieurs, chaque fois que cela se peut, et ce en vue de réduire au mieux les risques de dépendance. Les pays émergents sont souvent des pays à risques géopolitiques et une dépendance exclusive pour un approvisionnement donné s'avère fortement dangereuse. La diversification des sources d'approvisionnement sera certainement une caractéristique des importations de demain et offrira un nouveau visage à la mondialisation. La mondialisation de toute manière ne peut pas mourir, car mourait alors avec elle la croissance des nations.

Mais les activités relevant de la souveraineté nationale ne sont pas seules en jeu. Dans les grandes sociétés, il va falloir s'attaquer aux chaines de valeur non seulement pour l'intérêt des entreprises, mais aussi pour celui des pays où se trouvent les consommateurs. Ce modèle ancien est caduc, car trop complexe et peu fiable : plus le nombre d'éléments qu'il contient est important, plus croit le danger que le produit final ne puisse être élaboré en temps et en heure. Il suffit pour cela qu'advienne une seule défaillance provenant d'un seul pays. Or, aujourd'hui, le monde n'est plus un espace pacifique, cet « espace plat » qu'avait prédit Francis Fukuyama, mais un espace instable livré à la guerre commerciale où tous les coups sont permis et où beaucoup de pays émergents sont devenus instables. Déjà, ces chaines sont tellement longues et complexes que même les grandes entreprises pensent que pour leur propre sécurité il est indispensable d'en modifier la teneur d'autant que certains de leurs composants ne sont fabriqués que dans un seul pays, n'offrant aucune possibilité de secours en cas de dysfonctionnement, d'autant que ces composants sont fabriqués à flux tendus, ce qui est une autre source de préoccupation. Certes, le prix de revient total de la chaine pour laquelle les composants sont élaborés dans des pays aux couts salariaux très bas et pour laquelle le cout du transport est faible par rapport au cout prépondérant de l'énergie fossile incorporée peut donner l'illusion d'un avantage de compétitivité à l'épreuve du temps. Il est vrai que ce processus permet aux entreprises participant à l'élaboration d'une chaine de se concentrer sur la fabrication d'un seul produit et de réaliser ainsi des économies d'échelle, ces gains d'efficacité venant neutraliser par exemple le cout des transports. Mais dans un monde de plus en plus instable, l'insécurité de telles chaines est patente et alors c'est la pérennité de la chaine qui est en jeu. La victime ne peut être que le client final qui verra s'accumuler retards et surcouts. Toute chaine à multiples composants est donc vulnérable. La firme Renault avait déjà mis l'accent sur la fragilité des processus de fabrication de toutes ses pièces- plus d'un millier- pièces font la fabrication est dispersée dans le monde. La fabrication de l'iPhone d'*Appl*e fonctionne aussi selon les mêmes principes impliquant par exemple un seul producteur de mémoires (S*amsun*g), un seul fournisseur de composants de réseaux de télécommunications (*Inneon*) et un seul assembleur (*Foxconn*). Les filières françaises exportatrices, transports, automobile, chimie, appareils électriques, sont aussi fortement intégrées dans les chaines de valeur internationales. Ce type d'organisation ne résistera plus aux chocs géopolitiques ou autres. Pour ces raisons, les entreprises sont en train de réorganiser leurs chaines, en la simplifiant et surtout en diversifiant leur « *sourcing* ». Ceci implique des sources d'approvisionnement plus proches, ce que les écologistes ne peuvent condamner, et la recherche de substituts ou *backu*p en cas de dysfonctionnement de la chaine. La « re-régionalisation » a bien sûr un cout.

Il ne faut pas croire non plus que le principe des chaines de valeur n'intéresse que la fabrication de produits industriels. Cela peut aussi intéresser les produits alimentaires pour lesquels certains composants font deux fois le tour de la planète pour arriver dans nos assiettes. Il suffit qu'un élément de la chaine soit à l'arrêt pour que le produit alimentaire final ne soit pas confectionné. De ce fait, c'est l'approvisionnement alimentaire des pays développés qui est en jeu.

La mondialisation sera donc repensée et reconfigurée, mais elle continuera d'exister, tout en respectant beaucoup mieux les impératifs écologiques et sanitaires des nations. Dans certaines filières, comme celles relatives à la santé, la production à flux tendus ou à stock zéro sera désormais impensable, car potentiellement dangereuse pour une communauté. Beaucoup de filières devront apprendre à réorganiser leurs stocks.

À moyen voire à long terme, les « métropolitains » vont devenir des « périurbains » « enracinés » dans des villes moyennes revitalisées. Le Covid-19 va sans doute accélérer la relocalisation de la chaine de valeur de l'activité de fabrication. *« La vie moderne dans son cadre de béton, de bitume et de néon créera de plus en plus chez tous un besoin d'évasion, de nature et de beauté »* déclarait *le* 17 juillet 1970 le président Georges Pompidou. Cinquante ans ont passé, et cette prophétie s'est réalisée. Dès l'annonce du confinement, les Franciliens ont pris leur voiture pour rejoindre leurs résidences secondaires à la campagne. À moyen voire à long terme, ces « métropolitains » vont devenir des périurbains grâce au télétravail et ces nouveaux modes de travail vont donc changer impactant à leur tour les chaines de valeur.

Par ailleurs, toute réintégration de certaines activités dans les pays occidentaux pourrait certes provoquer une augmentation directe des prix de revient que certains fixent entre 3,5 % et 4 % environ. Le produit final rapatrié verrait donc son prix légèrement augmenter. Tout d'abord la mise en place d'une taxe carbone aux frontières de l'UE devra renchérir le prix des produits similaires importés, ce qui réduira d'autant le différentiel de couts susmentionné. De plus, un vrai bilan économico-social du phénomène montrerait aussi qu'une telle relocalisation augmente la sécurité de la production et celle de la mise à disposition du produit en temps et en heure au client final, ce qui est un avantage inestimable dont la valeur est susceptible de neutraliser le surcout direct de production. De toute façon le surcout résiduel de telles opérations de transferts d'activités pourrait aussi être neutralisé par une modification de la fiscalité d'entreprise concernant les impôts de production. Mais tout bon économiste ne pourra s'empêcher de penser que si la relocalisation d'une filière stratégique n'implique qu'une hausse modique du produit final de l'ordre de 3,5 à 4 %, il faut se demander si les stratégies de délocalisation lointaine de tant de filières -qui n'ont fait que transférer un gain si minime de pouvoir d'achat au client final pendant une vingtaine d'années- valaient vraiment la peine. La réponse est : non. Il convient de mettre en face de ce gain si minime les couts de la désertification des pays occidentaux causée par la désindustrialisions et les couts du chômage subséquent. En définitive, la stratégie de relocalisation pour les filières stratégiques s'avère positive pour l'Occident.

Que restera-t-il demain des lois du marché dans un monde où l'éthique sociale, l'éthique écologique et l'éthique sanitaire uniront leurs forces pour imposer un modèle de développement nouveau ? Déjà se font entendre des voix qui placent le respect de la vie au-delà des forces du marché et qui proclament que la valeur suprême d'une société humaine n'est plus l'économie, mais le respect de la vie des hommes. Les économistes devront en tenir compte dans leurs analyses. Il conviendra rapidement de définir de nouveaux objectifs inclusifs et humanistes.

CONCLUSION

Un nouveau rôle pour l'entreprise du « monde d'après ». L'entreprise doit devenir un des acteurs majeurs du fonctionnement de la société de demain. Le passage d'un capitalisme d'actionnaires à un capitalisme de « stakeholders »

« Nous avons connu un peuple que l'on ne reverra jamais. »

(Charles Péguy)

Cette phrase prémonitoire de Charles Péguy s'applique merveilleusement bien au monde nouveau qui va naitre du cataclysme qui s'est abattu dans le monde avec la pandémie du coronavirus. Le « monde de l'après » sera fort différent du monde que nous avons connu, surtout que la probabilité est grande que le coronavirus ne soit pas complètement vaincu à court terme. Les hommes de « l'après » auront socialement un comportement bien différent de celui d'hier, ce qui réagira nécessairement sur le monde économique et donc sur la vie des entreprises. Le peuple de demain vivant dans une atmosphère plus anxiogène risque fort de bouleverser la hiérarchie traditionnelle des valeurs en mettant le respect de la vie bien au-dessus de « l'économique ». Cette nouvelle tendance de fond est apparue depuis des mois et de nombreuses voix se sont élevées contre la tyrannie du « tout économique » qui avait réussi à s'emparer des esprits et de la conscience des vivants depuis des décennies. La science économique devra en tenir compte et modifier certains de ses paradigmes si elle ne veut pas être attaquée en permanence. La recherche permanente du profit maximal chère à Milton Friedman appartient au passé et les nouveaux modèles économiques devront en tenir compte. L'organisation du travail sera profondément modifiée avec l'émergence grandissante du télétravail. Les citoyens « de l'après » contesteront aussi beaucoup plus qu'hier le monde des élites dont le divorce semble déclaré, celles notamment qui ont déserté les champs de bataille en abandonnant les plus humbles à leur triste sort. La société en sera profondément modifiée. Le peuple de demain ne sera plus celui d'hier que nous avons connu, pour reprendre la métaphore de Charles Péguy. Certains, plus pessimistes, récusent l'expression de la « vie d'après » lui préférant celui, de « la vie d'avec », pensant que le virus ne sera pas vaincu d'aussitôt.

Mais on pourrait reprendre la métaphore en l'appliquant aussi au monde des entreprises. Si rien n'est fait, si les pouvoirs publics de par le monde n'ont pas le courage de limiter drastiquement les pouvoirs exorbitants des *Gafam,* alors la formule de Charles Péguy pourra aussi, par extension, s'appliquer au monde des entreprises, à celui des petites et moyennes entreprises qui jusqu'ici ont été le socle de l'économie mondiale. Ce monde de petites et moyennes entreprises indépendantes et responsables, symbole du plus pur libéralisme économique, pourrait s'éteindre lentement sous les coups de boutoir des gigantesques entreprises mondialisées qui, comme un trou noir dans l'espace intersidéral, ont le pouvoir de tout aspirer inexorablement. Si oui, alors on pourra reprendre presque entièrement la très belle phrase de Charles Péguy en changeant uniquement quelques mots : « *Nous avons connu un monde d'entreprises que l'on ne reverra jamais.* » Espérons que les concentrations tentaculaires qui se réalisent devant nos yeux n'arriveront jamais à cet excès. Le danger est pourtant devant nous et on ne peut pas le dissimuler. L'indice phare de la Tech US pèse 10300 milliards de dollars au total, ce qui signifie que les cinq plus grosses valeurs de l'indice (*Gafam*) représentent 50 % de sa capitalisation totale. Où va-t-on ? En Europe, Margrethe Vestager n'a pas pourtant hésité à infliger de lourdes amendes à tous ces géants qui ont transgressé les lois de la concurrence. Peine perdue. Le monde de demain très anxiogène du fait des ravages de la pandémie et des agissements incontrôlés des *Gafam* risque fort d'être pire que celui d'hier. Cette domination des *Gafam* va se poursuivre créant un fossé toujours plus grand entre l'Europe et les États-Unis, et le risque est grand que ces géants investissent désormais le domaine lucratif de la santé, domaine qui s'est montré très défaillant pendant la pandémie. Les actions européennes ont perdu dix points de plus que les actions américaines depuis janvier 2020. Cela est la conséquence des succès des géants du numérique américains dont les services ont explosé dans un monde contraint de se défier des contacts humains. Le monde de demain ne ressemblera pas à celui d'hier.

La fin de l'Histoire annoncée en 1992 par Francis Fukuyama n'a pas eu lieu. La raison est géopolitique : les égoïsmes nationaux forment le socle incontournable des relations internationales. Chaque crise le démontre. La nation reste de loin le seul cadre protecteur auquel adhère l'immense majorité des hommes et sans frontière le monde serait un champ libre où la barbarie s'exercerait. C'est vers elle que les hommes se tournent en cas de malheur. La notion de marché mondial sans frontières en est l'antithèse. Les hommes ne pourront plus partager cette utopie, et encore moins après la pandémie qui a déferlé sur le monde et dont les causes sont à rechercher dans cette mondialisation effrénée qui n'est autre qu'une marchandisation de la planète. Des impératifs nouveaux vont s'imposer. La recherche de la baisse des couts se poursuivra dans certains secteurs, mais elle devra laisser la place à d'autres impératifs dans le domaine stratégique. La souveraineté nationale sur les activités stratégiques va devenir incontournable et les entreprises les plus réfractaires devront s'incliner devant cette exigence. Les peuples, après la souffrance endurée et des deuils inconsolables, n'abdiqueront pas leur souveraineté dans nombre de domaines, car ils exigeront désormais de maitriser leur propre destin. La liberté d'entreprendre deviendra donc pour certaines activités une liberté conditionnelle. La recherche de couts toujours plus bas ne peut plus conduire à l'abandon de productions vitales pour notre indépendance. Le monde du libéralisme de « l'après » sera donc différent de ce qu'il était avant. Déjà, aux États-Unis, le libéralisme s'était fissuré juste avant la pandémie, comme l'ont montré les travaux de la *Edmond Burke Foundation.* Une ligne de fracture entre néolibéralisme et conservatisme national est apparue : d'un côté, un capitalisme planétaire dit « *woke* » (« éveillé ») comme celui du *technocapitalisme* de la *Silicon Valley*, et d'un autre côté un capitalisme axé sur une vision nationale. Cet antagonisme n'est pas nouveau, mais il n'a jamais été aussi prégnant. Nul doute qu'en Europe le premier concept ne sera pas plébiscite par les peuples. Mais le libéralisme français doit, lui aussi, être transformé, car il se caractérise par des dépenses publiques hors norme, des transferts énormes et une bureaucratie étatique qui n'est pas à envier. La place des dépenses publiques françaises doit être revue. En pourcentage du PIB, elles sont les plus importantes d'Europe et pourtant elles n'ont nullement contribué à protéger le peuple pendant la pandémie. Des pays comme l'Allemagne, qui ont un taux de dépenses publiques plus faible, ont obtenu des résultats meilleurs que ceux de la France dans la lutte contre le coronavirus La France vit dans une économie d'endettement permanent et stérile qui n'a même pas réussi à stimuler la production et l'emploi. Tout est à revoir. Ce sont les pays dits frugaux du nord de l'Europe qui sont les mieux placés pour faire face à la crise économique. Si en particulier, l'Allemagne est mieux placée, c'est que depuis des décennies elle a su mettre en œuvre une politique de l'offre et d'innovation.

Nous sommes cependant entrés dans une ère d'instabilité, face à de nombreux défis. La pandémie du Covid-19 en déstabilisant les systèmes de santé publique occidentaux a ébranlé le capitalisme et surtout le capitalisme mondialisé. La forte récession qui s'annonce conduira non seulement à se demander si la réponse actuelle à l'épidémie était la meilleure, compte tenu de son gigantesque cout social, et si le modèle économique qui prévaut était le mieux adapté pour combattre les nouveaux défis. La gestion de la crise s'est soldée par le confinement de plus de trois milliards de personnes à travers le monde ; il a été qualifié « de moyenâgeux » par beaucoup d'experts mondiaux. Face à l'absence élémentaire de moyens, les pays occidentaux n'ont eu que cette solution à proposer, ce qui démontre le délabrement de nombreux secteurs vitaux des pays occidentaux.

La crise financière est par ailleurs devant nous. La terrible pandémie a poussé les États européens à voter des plans de relance colossaux. Des centaines de milliards d'euros vont être mis sur la table. Or, de nombreux États européens étaient déjà très endettés. Avant la crise actuelle, la France et l'Italie devaient déjà composer avec des ratios dettes/PIB supérieurs à 110 % - vraisemblablement 158 % pour l'Italie-, sans parler de pays comme l'Espagne ou la Grèce. Le déficit de la Sécurité sociale française s'élèvera au moins à 41 milliards d'euros fin 2020, ce qui va l'amener à emprunter 95 milliards. D'où les inquiétudes sur une crise possible de la zone euro, entre les pays frugaux qui ont les moyens de se sauver et les autres qui vont être acculés à quémander de l'aide, et parmi lesquels se retrouve désormais la France. Le combat entre « cigales » et « fourmis » au sein de la zone euro n'est pas terminé comme vient de le démonter le projet de relance franco-allemand de 500 milliards d'euros. Les fourmis consentiraient du bout des lèvres à faire un effort à condition qu'il s'agisse de prêts remboursables, mais surtout pas de subventions, lesquelles sont revendiquées par les cigales de la zone. L'euro joue sa survie. Un chômage de masse est à nouveau devant nous. En France, les aides de l'État vont financer le redémarrage, mais quand le système du chômage partiel s'arrêtera, les entreprises dont le niveau d'activité est trop faible disparaitront. La France, entre autres, verra son taux de chômage augmenter à un niveau inégalé depuis des décennies, certains prédisent jusqu'à 14 %. La question sociale va s'imposer.

Ce n'est pas pour remédier à l'endettement public qui explose qu'il faudra augmenter pour autant les impôts alors que la France accumule déjà des impôts énormes, un déficit important et des transferts sociaux hors norme. Dans un tel contexte, toute augmentation de la fiscalité serait fatale à l'économie. Cela n'empêche pas certains syndicats et certains partis de gauche de revendiquer pour le « monde d'après » une nouvelle taxation de capital, une augmentation des droits successoraux, et une hausse des plus forts revenus. Une nouvelle lutte idéologique va s'engager. L'épargne française pourrait attirer aussi des convoitises, car elle n'est plus assez bien protégée. L'assurance-vie, avec ses milliards d'euros qui restent adossés à la dette française, n'est plus un investissement sécurisé quand on réfléchit à l'état du pays. Il en est de même pour les propriétaires immobiliers pour lesquels les propositions les plus folles ont couru, comme introduire des loyers fictifs ou permettre à l'État de devenir propriétaire à 50 % de ces biens. Certains économistes du FMI ont été même jusqu'à proposer de taxer davantage les épargnants en prélevant un impôt négatif. Toutes les pistes extravagantes sont ouvertes. Certes, des mesures exceptionnelles ont été prises pour des situations exceptionnelles, mais en France ce qui est exceptionnel devient vite une norme qui dure longtemps. L'argent magique et gratuit fera l'objet de futures revendications populaires. Il n'est pas sûr que la BCE puisse facilement les esquiver alors qu'elle n'a été fondée que pour combattre l'inflation et non pas pour soutenir la production. L'Allemagne est déjà vent debout contre la générosité de la BCE, mais la France a pris la tête d'un *« recovery bond »* pour nourrir un fonds de relance commun, marquant de façon ostensible son appartenance au club des pays du Sud. Le mythe d'une Europe unie et homogène est bien loin. Par ailleurs, les thérapies de reprise nationale sont bien floues : faut-il stimuler la demande pour encourager les Français à dépenser l'épargne accumulée pendant la pandémie, évaluée à 55 milliards d'euros par l'OFCE, ou bien l'urgence n'est-elle pas de reconstituer l'offre pour qu'elle puisse vite répondre au redémarrage de la demande et éviter aussi le pillage par des prédateurs chinois ou américains de nos entreprises affaiblies ?

Dans bien d'autres domaines, des modifications structurelles s'imposeront aussi. Déjà, le confinement prolongé a provoqué une chute du gaz carbonique dans le monde et met ainsi en exergue la faisabilité matérielle de l'engagement écologique. A contrario, les milliards d'euros nécessités par la révolution écologique vont se trouver en concurrence avec les milliards nécessités par la relance massive de l'économie. On ne pourra pas tout financer et des choix importants seront à faire créant inévitablement des mécontentements. Les nouvelles questions de l'énergie, du climat, de la croissance inclusive, des externalités, les interrogations sur certains aspects de la croissance très rapide du commerce international ébranleront les fondements non seulement de la géopolitique, mais aussi ceux de l'économie politique et donc ceux du libéralisme.

Il faudra aussi comme la Première ministre d'Islande l'a affirmé « *arrêter de penser exclusivement en termes de PIB* » et enrichir *l'Indice de développement humain* ou *IDH* utilisé au niveau de l'ONU, index beaucoup plus extensif dans ses fondements, car prenant en compte des questions sociétales et humaines. Il faudra y ajouter désormais d'autres dimensions, notamment la dimension écologique, la dimension sociale et celle des inégalités. Ce nouvel indice *IDH* ainsi enrichi se substituera lentement mais surement à celui du PIB. Les classements par pays en seront bouleversés ; ainsi, la France ne figure pas aujourd'hui parmi les vingt premiers pays du classement *IDH.* Tous les modèles économiques sont à revoir et à recalibrer. Isabelle Kocher, ancienne directrice d'ENGIE, a pu dire : « *il faut redéfinir ce qu'est le succès. La comptabilité ne mesure que la performance par rapport au capital financier. Mais quid du capital humain, du capital naturel ?* » La maximisation des profits, la minimisation systématique des couts seront à relativiser selon les secteurs, car ces objectifs seront soumis à d'autres priorités qui constitueront les valeurs suprêmes du monde de demain, comme le respect de la valeur de la vie et de son corollaire, la valeur de l'humain. Une société qui a frôlé une catastrophe planétaire ne raisonnera plus comme le jour d'avant ; elle élaborera une nouvelle échelle de valeurs dans laquelle les métiers du « don de soi » seront valorisés, don qui va du « sacrifice égologique » au « sacrifice biologique » comme l'a affirmé le philosophe Robert Redeker. La place résiduelle de la santé dans l'équation budgétaire des pays ne sera plus possible. Il faudra repenser les logiques de rentabilité et de concurrence dans ce domaine. En Occident, les gouvernements successifs ont pensé qu'on pouvait économiser toujours plus sur les ressources humaines, ils ont imprudemment et inconsciemment préparé la catastrophe actuelle. Les seuls critères financiers ne peuvent plus être la boussole de notre monde.

Par ailleurs, les problèmes de l'égalité entre êtres humains vont devenir de plus en plus cruciaux. Il ne s'agira pas seulement d'inégalités de revenus, thème suffisamment documenté en économie depuis une décennie, mais d'une inégalité plus fondamentale, l'inégalité de destin, notamment face à la maladie, à la pandémie et à la mort. Si le coronavirus a affecté toutes les catégories sociales, il n'en reste pas moins qu'il a existé des disparités considérables. Les gens aisés ont pu s'extraire facilement des principaux foyers de contamination urbains tandis que les classes défavorisées n'ont pas eu cette chance et se sont retrouvées prisonnières de l'environnement épidémique auquel elles n'ont pu s'échapper. Pour les premiers la mort était lointaine, tandis que les seconds l'ont côtoyée chaque jour. Aux États-Unis, patrie du libéralisme, la situation a été bien pire puisque plus de 80 millions de personnes n'ont pas d'assurance-maladie ou en ont une qui ne les couvre que très peu. Ils ne peuvent pas accéder aux soins et ont été les premières victimes expiatoires de la pandémie. Face à la mort, l'égalité de destin n'existe pas dans nos sociétés. Il convient de méditer à cet égard ce que John Rawls appelle dans son ouvrage « *Théorie de la Justice* » les « *biens fondamentaux* », des biens qui n'existent plus pour tous.

Au-delà des inégalités de destin, les inégalités de revenus continueront toujours à questionner le capitalisme. Certains théoriciens proposent un nouveau partage des richesses, une sorte de *New Deal* du XXIe siècle, impliquant la création, voire la résurgence, de nouvelles taxations du patrimoine, et un transfert de capital aux moins fortunés. Dans son dernier ouvrage « *Capital et idéologie* », Thomas Piketty prétend dépasser le capitalisme et refonder le système économique mondial en transformant la propriété privée en une « *propriété sociale et temporaire* » et en instaurant ainsi un héritage pour tous. Jean-Jacques Rousseau y avait pensé. Les mobiles de ces théoriciens du partage sont certes généreux, mais ces derniers oublient la question fondamentale qui est de savoir d'abord comment créer plus de richesse avant de la répartir. Le risque est qu'en se cantonnant au seul principe de répartition, on ne fasse à la longue que répartir les fruits d'une croissance déclinante. Comme l'exemple de l'empire soviétique l'a démontré, plus on impose une égalité par la contrainte, et plus la croissance décroit. À quoi bon d'ailleurs faire de lourds efforts si le revenu attendu est trop déconnecté du travail fourni ? Cependant, réduire les trop fortes inégalités de revenus reste un objectif louable.

La bataille théorique, voire idéologique, entre les théories classiques et keynésiennes va reprendre de l'ampleur, car coup sur coup, en 2008 puis en 2020 le monde occidental n'a pu trouver de salut qu'en adoptant de gigantesques plans de sauvetage d'inspiration keynésienne de sorte que John Maynard Keynes est devenu de fait le sauveur de l'Occident, ce qui redonne du crédit à sa théorie, mais ce faisant, il replace l'État au centre du jeu économique. L'État, en effet, doit redevenir garant de certaines fonctions ou missions essentielles de l'économie, ce qui ne veut pas dire gérant de toute l'économie. Le marché ne suffit plus à tout réguler et les simples forces du marché dans notre monde si complexe s'avèrent très insuffisantes pour déterminer partout et toujours un équilibre pérenne et fixer un cap. De plus, l'État doit pouvoir intervenir en temps de crise pour protéger les biens, les avoirs des citoyens si les banques font faillite et il doit pouvoir prendre des mesures correctrices en matière de chômage, de marché de l'emploi, de formation. Seul l'État peut être le garant non seulement des biens personnels, mais aussi des biens immatériels comme la liberté, la sécurité, la protection des plus faibles. En effet, les forces du marché ne peuvent pas garantir de tels biens immatériels fondamentaux. L'État ne peut être l'ennemi du libéralisme s'il s'en tient à la défense de ces seuls principes. Par ailleurs, son rôle dans la genèse des grandes innovations est désormais avéré, comme nous le rappelle l'économiste Lester Thurow dans son célèbre livre : *« Les fractures du capitalisme »* (Éditions : « *Village mondia*l »). C'est ce nouveau visage que doit se donner le libéralisme contemporain.

Il résulte de ces considérations que les pressions écologiques, sanitaires, sociales ne pourront que perturber les lois du marché, fondement de l'éthique libérale. Il deviendra plus délicat dans le « monde d'après » d'invoquer en permanence la nécessité de l'équilibre budgétaire annuel au moment de l'explosion sociale, l'équilibre devant s'instaurer désormais sur une période pluriannuelle, ou bien d'invoquer les « forces du marché » comme on le faisait avec insistance depuis 1990, à l'époque de gloire du néolibéralisme, pour justifier toute décision. Un slogan a été souvent répété pendant la pandémie : *« La vie est bien au-dessus des forces du marché. »*. On ne pourra que s'en souvenir. Cependant, si le concept de forces du marché est appelé à s'atténuer, le concept de marché, malgré ses imperfections, ne saurait dépérir, car il reste ce qu'on a trouvé de mieux pour organiser la production décentralisée de biens et de services. Le collapse de l'économie planifiée en est la meilleure preuve.

Dès1990, suite à la chute du mur de Berlin et à l'effondrement du monde soviétique, le libéralisme qui avait encore un visage humain et qui était respectueux des libertés individuelles s'est transformé brusquement, suite à un violent sentiment d'hubris. La célébration décomplexée de la victoire totale du libéralisme sur le modèle de l'économie planifiée et des démocraties populaires a été écrasante. Il n'y avait plus de barrière, plus de retenue. L'horizon de l'humanité est devenu alors celui des idées non plus libérales, mais néolibérales. Ainsi, est né brusquement, sans que l'on s'en rende compte, l'ultralibéralisme ou néolibéralisme. Il a emprunté dans sa dénomination le nom de libéralisme sauf que, dans la réalité, il s'en est vite éloigné. En effet, il ne peut revendiquer être l'héritier direct de l'idéal libéral historique, car il n'en partage pas tous les principes de base, à commencer par celui du respect de la liberté individuelle théorisée par Alexis de Tocqueville. Ce néolibéralisme constitue en particulier une césure dans l'évolution historique de l'idéologie libérale. Il n'est pas alors surprenant que

Sergueï Lavrov, ministre des Affaires étrangères de la Fédération de Russie, ait pu parler à son égard d'un monde *« post occidental »* à savoir d'un monde déconnecté des valeurs de l'Occident, tandis que son mentor, Vladimir Poutine, pouvait déclarer sans ambages que le libéralisme était devenu « *une idée morte.* » Déjà, le politologue américain, Yascha Mounk, dans son livre intitulé « *Le peuple contre la démocratie* » (Éditions : l'Observatoire) avait théorisé la *« fatigue de la démocratie »*, ce qui impliquait pour lui « *une fatigue du libéralisme économique.* » Quant à l'éminent politologue singapourien Kishore Mahbubani, il a pu affirmer que nous vivions la fin de la « *parenthèse occidentale* » c'est-à-dire la fin de la pensée libérale qui lui est consubstantielle. Tout ceci est exagéré.

Cependant, ce néolibéralisme ne saurait caractériser la totalité du capitalisme contemporain. Il caractérise d'abord le capitalisme anglo-saxon qui avait mis le marché au sommet de son échelle de valeurs et avait créé une anarchie mondiale favorable aux plus puissants. Il symbolise aussi le capitalisme financier débridé, celui qui a délaissé la production pour la spéculation et l'innovation pour la rente. Il est par ailleurs incarné par les stratégies de très grandes entreprises mondialisées et ne saurait représenter le capitalisme de millions de petites ou moyennes entreprises qui, dans le monde, et dans leur pays respectif, ont toujours conservé ce visage humain à l'égard de leur personnel, de leurs clients ou fournisseurs, de leurs « stakeholders », ceux de la société civile. Ce sont des entreprises respectueuses du Droit et donc des règlements et des législations, mais surtout des libertés individuelles. A contrario, l'ultralibéralisme est représenté par un nombre limité d'hyper entreprises mondialisées qui ont souvent grandi grâce aux leviers bien connus des concentrations, des fusions acquisitions, des rachats de petites entreprises, de LBO et tant d'autres modes opératoires aboutissant parfois à de vrais dépeçages. Sur leur route vers la démesure elles n'ont souvent rencontré que peu d'obstacles. Aux États-Unis, comme l'a bien précisé Thomas Philippon dans son ouvrage déjà cité « *The Great Reversal* » (« *Le grand renversemen*t »), la concurrence a été affaiblie par des pratiques anticoncurrentielles et des législations favorables aux grands groupes. Ces pratiques ont abouti à la création d'empires mondiaux soutenus par ailleurs par des lois américaines protectrices, voire abusives, telles que celle de l'extraterritorialité du droit américain. Ainsi se sont créés des monopoles ou oligopoles peu respectueux des libertés individuelles et désireux d'éradiquer leurs propres concurrents. Respect des libertés individuelles et respect de la concurrence étaient les paradigmes du libéralisme classique, mais la violation des libertés individuelles et l'éradication de toute concurrence jugée dangereuse sont les paradigmes des nouveaux géants planétaires. Ainsi, fonctionnent en particulier les *Gafa* (ou *Gafam*, si on y ajoute Microsoft). Libéralisme classique et néolibéralisme ne sont donc plus porteurs de valeurs convergentes. Il n'est pas anormal que les excès notoires de l'ultralibéralisme représentés par les agissements des nouveaux géants planétaires aient fait l'objet de critiques sévères, voire cinglantes, mais, ce faisant, en amalgamant injustement libéralisme et néolibéralisme, ces critiques se trompent de cible et tendent injustement à porter un préjudice mortel aux millions de petites et moyennes entreprises du monde, lesquelles ne peuvent endosser la responsabilité des turpitudes des géants planétaires. Il y a donc parmi les contempteurs du libéralisme un aveuglement coupable consistant à amalgamer géants planétaires, petites et moyennes entreprises, entreprises artisanales, en faisant supporter à ces petites et moyennes entités des accusations qui, dans les faits, ne concernent que les quelques mastodontes mondiaux. Les accusations contre le libéralisme ne sont donc pas correctement ciblées.

Les entreprises savent aussi désormais qu'elles ne seront plus jugées sur leurs seules performances financières, elles doivent s'adopter aux exigences nouvelles de la société. C'est donc le capitalisme qui va se réinventer. Aujourd'hui, elles ne peuvent plus se désintéresser de leur environnement et donc de leurs « *stakeholders* » (ou « parties prenantes ») qui gravitent autour d'elles. Pendant trop longtemps, il y a eu trop de « *stakes without holder* » (ou « *d'enjeux sans personne pour les détenir* ») et donc de responsabilités non assumées. Ces entreprises doivent à leur tour devenir actrices de la vie de la cité et ne doivent plus rester dans l'indifférence de ce qui s'y produit tant les défis à relever sont nombreux. Les entreprises veulent être parties prenantes de la gestion de ces défis. Elles se portent d'ores et déjà volontaires, comme on l'a vu, pour contribuer à trouver des solutions à côté des pouvoirs publics, notamment en ce qui concerne les défis sociétaux : politique d'intégration des plus faibles sur le marché du travail, politique plus juste des salaires, lutte contre la pauvreté, participation au défi écologique. Contribuer à des solutions signifie aussi contribuer à des financements directs ou indirects. C'est une refondation des fondamentaux de l'entreprise qui se précise. L'heure est venue, car il est peu probable que les États financièrement exsangues face aux catastrophes sanitaire, climatique, sociale et humaine refusent la main tendue par les entreprises. Si la finance a longtemps suscité la méfiance des citoyens, c'est pourtant vers elle que l'on se tournera pour sauver le monde du danger climatique et le délivrer des pandémies planétaires. Mais c'est aussi parce que cette refondation s'opérera que le libéralisme pourra survivre. Milton Friedman a en définitive fait plus de tort que de bien à l'entreprise en la confinant continuellement à la seule stratégie du profit maximum ; c'est le meilleur moyen pour qu'elle soit sans cesse vilipendée par ses contempteurs. Ce monde changera et ce changement est nécessaire. Schumpeter ne disait-il pas « *qu'entreprendre consiste à changer l'ordre existant* » ?

Mais il faudrait ajouter aussi qu'être libéral doit protéger du fanatisme sous toutes ses formes à commencer par le fanatisme idéologique prêt à faire table rase du présent pour imposer à pas forcés une autre vision du monde. Ce constat prévaut au moins dans deux domaines. Tout d'abord en matière de robotique dont on nous présente que les avantages. Or, un monde de robots ne peut être le meilleur monde rêvé par les libéraux comme l'usine sans homme imaginée par Elon Musk pour ses véhicules *Tesla*. Il ne faudra donc pas abdiquer systématiquement devant les promesses de la technologie. En second lieu, il faut encadrer les projets d'intelligence artificielle. En ce sens, l'IA qui remet en cause la promesse kantienne d'émancipation humaine pourrait jouer un rôle différent de celui qu'on lui prête aujourd'hui. Grâce aux mégadonnées collectées, elle pourrait, un jour, en l'absence de lignes rouges, se substituer au marché pour décider d'une allocation optimale de ressources et contribuer à une manipulation de masse. Le monde du libéralisme devra être vigilant.

Il n'empêche que sans une dose de liberté suffisante, il n'existe pas de possibilité de croissance véritable comme l'a démontré l'histoire de l'Union soviétique. Mais, dans un tout autre domaine relatif à l'avenir de l'humanité, ce n'est pas la décroissance, mais l'innovation qui sauvera le monde ; c'est le libéralisme rénové qui permettra aux milliards d'êtres humains qui sortent à peine du cauchemar de la misère du sous-développement de rattraper notre niveau de vie auquel ils ont droit. Il serait inhumain de les empêcher de ne pas y accéder. Des innovations nombreuses seront nécessaires pour y parvenir, mais il n'y a jamais eu de capitalisme sans innovation ni d'innovation sans libéralisme, car la liberté est d'abord créatrice de projets. Certes, des dangers guettent l'humanité. On sait par exemple que l'entité qui dominera les infrastructures de la prochaine installation de la norme 5G pourra aspirer nos données, bloquer des pans entiers de nos économies et sera en capacité de dominer le monde. On peut parler à cet égard de *« la moderne apocalypse »* chère à George Steiner. L'avenir est donc incertain et c'est pour cela que le vrai libéralisme respectueux des principes fondamentaux de notre civilisation n'a jamais été autant nécessaire. Comme l'a écrit Tyler Cowen, économiste, professeur à l'université George Mason : *« Il faut démontrer sans cesse et toujours qu'un monde plus libre est un monde meilleur pour le plus grand nombre. »* À une condition cependant, que l'homme ne soit plus circonscrit à un cout à réduire en permanence dans tous les projets. Il vaut plus que cela. Kant nous a appris qu'il était dépositaire de dignité « la *dignité étant la valeur de ce qui n'a pas de prix »* selon lui. Il n'y a de richesse que d'hommes affirmaient aussi les théoriciens libéraux. Il faut que cela se voie et alors le libéralisme à visage humain ne sera plus un oxymore !

Structures éditoriales du groupe L'Harmattan

L'Harmattan Italie
Via degli Artisti, 15
10124 Torino
harmattan.italia@gmail.com

L'Harmattan Hongrie
Kossuth l. u. 14-16.
1053 Budapest
harmattan@harmattan.hu

L'Harmattan Sénégal
10 VDN en face Mermoz
BP 45034 Dakar-Fann
senharmattan@gmail.com

L'Harmattan Cameroun
TSINGA/FECAFOOT
BP 11486 Yaoundé
inkoukam@gmail.com

L'Harmattan Burkina Faso
Achille Somé – tengnule@hotmail.fr

L'Harmattan Guinée
Almamya, rue KA 028 OKB Agency
BP 3470 Conakry
harmattanguinee@yahoo.fr

L'Harmattan RDC
185, avenue Nyangwe
Commune de Lingwala – Kinshasa
matangilamusadila@yahoo.fr

L'Harmattan Congo
67, boulevard Denis-Sassou-N'Guesso
BP 2874 Brazzaville
harmattan.congo@yahoo.fr

L'Harmattan Mali
Sirakoro-Meguetana V31
Bamako
syllaka@yahoo.fr

L'Harmattan Togo
Djidjole – Lomé
Maison Amela
face EPP BATOME
ddamela@aol.com

L'Harmattan Côte d'Ivoire
Résidence Karl – Cité des Arts
Abidjan-Cocody
03 BP 1588 Abidjan
espace_harmattan.ci@hotmail.fr

L'Harmattan Algérie
22, rue Moulay-Mohamed
31000 Oran
info2@harmattan-algerie.com

L'Harmattan Maroc
5, rue Ferrane-Kouicha, Talaâ-Elkbira
Chrableyine, Fès-Médine
30000 Fès
harmattan.maroc@gmail.com

Nos librairies en France

Librairie internationale
16, rue des Écoles – 75005 Paris
librairie.internationale@harmattan.fr
01 40 46 79 11
www.librairieharmattan.com

Librairie l'Espace Harmattan
21 bis, rue des Écoles – 75005 Paris
librairie.espace@harmattan.fr
01 43 29 49 42

Lib. sciences humaines & histoire
21, rue des Écoles – 75005 Paris
librairie.sh@harmattan.fr
01 46 34 13 71
www.librairieharmattansh.com

Lib. Méditerranée & Moyen-Orient
7, rue des Carmes – 75005 Paris
librairie.mediterranee@harmattan.fr
01 43 29 71 15

Librairie Le Lucernaire
53, rue Notre-Dame-des-Champs – 75006 Paris
librairie@lucernaire.fr
01 42 22 67 13

www.ingramcontent.com/pod-product-compliance
Lightning Source LLC
LaVergne TN
LVHW011015061026
849535LV00006B/1887